臺灣歷史與文化 研究輯刊

二十編

第 5 冊

臺灣「帝女花」戲曲研究

沈 彤 著

花木蘭文化事業有限公司

國家圖書館出版品預行編目資料

臺灣「帝女花」戲曲研究／沈彤 著 -- 初版 -- 新北市：花木
蘭文化事業有限公司，2021〔民 110〕
目 4+196 面；19×26 公分
（臺灣歷史與文化研究輯刊二十編；第 5 冊）
ISBN 978-986-518-552-7（精裝）
1. 地方戲曲 2. 戲曲評論
733.08   110011281

ISBN-978-986-518-552-7

9 789865 185527

臺灣歷史與文化研究輯刊
二十編 第 五 冊   ISBN：978-986-518-552-7

臺灣「帝女花」戲曲研究

作　　者　沈彤
總 編 輯　杜潔祥
副總編輯　楊嘉樂
編　　輯　許郁翎、張雅淋、潘玟靜　美術編輯　陳逸婷
出　　版　花木蘭文化事業有限公司
發 行 人　高小娟
聯絡地址　235　新北市中和區中安街七二號十三樓
　　　　　電話：02-2923-1455／傳真：02-2923-1452
網　　址　http://www.huamulan.tw 信箱 service@huamulans.com
印　　刷　普羅文化出版廣告事業
初　　版　2021 年 9 月
全書字數　161122 字
定　　價　二十編 14 冊（精裝）台幣 35,000 元

臺灣「帝女花」戲曲研究

沈彤 著

作者簡介

沈彤，臺灣苗栗人，彰化師範大學國文所碩士班畢業。家裡有兩隻可愛的肥貓，最近愛上種菜。喜歡填詞，喜歡傳統戲曲，也喜歡歐美文學和超級英雄，因此被說守備範圍相當廣。熱愛學習語言，更熱愛 Chris Pine。因緣際會而有不少港澳朋友，所以能與他們學習廣東話。由於喜愛傳統戲曲表演之美，因此近日開始點崑曲技能，希望有一天能把技能點點滿。

提　　要

　　明末長平公主的一生，經由清人黃燮清與香港著名粵劇編劇唐滌生之手，乃成「帝女花」戲曲，其中尤以唐滌生之粵劇《帝女花》最廣為人知，也最受歡迎，至今搬演不斷之外，更有不少改編，或是引用《帝女花》故事之作品，《帝女花》儼然已經成為香港文化的一個不可分割的部分。而「帝女花」來到臺灣，已為三個不同的劇種改編成劇作，分別是京劇《紅綾恨》、歌仔戲《帝女‧萬歲‧劫》及客家戲《長平公主》。不同時空環境以及不同劇種藝術特色，各版本的思想旨趣與改編方式令人好奇，加上前人研究，主要在黃燮清《帝女花》傳奇以及唐滌生《帝女花》粵劇；又，前人研究唐滌生《帝女花》，所用劇本多非原貌，本文使用之劇本，以開山泥印本為底本，力求原作真實面貌。至於臺灣有三部「帝女花」戲曲，研究數量卻相對極少，因此筆者擬以此為題，研究臺灣的「帝女花」戲曲藝術特色及其思想旨趣，彌補「帝女花」戲曲研究史在臺灣的部分。

　　本文的幾點成就：

一、整理歷史及前人著作及臺灣「帝女花」戲曲相關資料。

二、梳理「帝女花」戲曲之人物特點以及各版本比較。

三、分析各版本「帝女花」戲曲之藝術特色。

謝　誌

　　光陰似箭，距離這篇論文的寫成，不知不覺經已過去三年。距離我初次踏入彰化師大，也已經將近十個寒暑。在這段時間裡，事多換變，一時亦難以道遍。我很幸運能成為慧瑩老師的學生，對老師，我滿懷感激也充滿抱歉，如此衷腸又怎能單靠謝辭一面。

　　這些年健康陰晴輾轉，病體消磨；然而我是幸運的，撰寫論文的過程，有笑有苦，不過都已苦盡甘來；我是幸運的，無論身在何處，我都得到了不少幫助。

　　感謝我的爺爺，雖然您已遠去，但是我仍希望能將這份喜悅與您分享；感謝我可愛的奶奶一直默默地支持著我，在我需要到香港搜集資料時大大地幫助了我；感謝我的雙親、姑姑、乾爹、乾媽給了我許多鼓勵；感謝彰化師大國文系師長們的循循善誘；感謝慧霜老師的多方幫助；感謝親愛的佳蓮老師帶我進入戲曲世界；感謝清華大學陳國球老師、香港大學賴慶芳老師以及香港大學朱耀偉老師，在文獻的蒐集上得到三位老師的幫助，令我的論文更臻完滿；感謝郭澤寬老師及王祥穎老師給予這篇論文寶貴的建議；感謝中央大學語言中心的同仁給我的許多祝福。

　　謝謝晉安學長從大學以來便一直給我加油打氣；謝謝玫君不斷地給我鞭策與支持；謝謝穎堯、子軒、德彥，當我有粵語問題時，不厭其煩地為我解釋；謝謝佳馨、予安、峻維、雲昕以及我的妹妹依依，謝謝你們給了我許多安慰與鼓舞；謝謝美伶與我互相砥礪；謝謝 Chris Pine，在我低迷時伴我度過，令我振作……此外，還有許多未能提及的好友親朋，恕我無法一一道謝。

　　要感謝的人太多了，讓我引陳之藩的名言吧：「感謝之情，無由表達，還是謝天罷！」

　　還是謝天罷！確實是必須謝天的，因為有一位可愛的神，一直在我身邊給予祝福，將我引至康莊大道。

　　由衷感謝。

2021 年 3 月

沈彤　謹誌於桃園中壢

目

次

緒 論

　　「落花滿天蔽月光，借一杯復薦鳳台上，帝女花帶淚上香，願喪生回謝爹娘……。」落花紛飛，甚至能將天上的月光遮掩，這樣秀麗的曲詞營造出了一片美景，卻緊接著唱出「喪生」而引起聽者的猜想其中的悲情。這段曲文，若是接觸過粵劇的人應都知曉這一段出自唐滌生〔註1〕（1917～1959）之筆，是粵劇《帝女花》最後的一個唱段，也是最有名的唱段。

　　粵劇《帝女花》為傳奇劇作家唐滌生為著名粵劇表演家任劍輝〔註2〕（1913～1985）及白雪仙〔註3〕（1928～）之仙鳳鳴劇團〔註4〕第四屆演出所編寫之劇目，自1957年上演，至今依舊傳唱不衰。《帝女花》一劇演明朝（1368～1644）長平公主〔註5〕（1629～1646）故事。劇本詞藻瑰麗，情節鋪排緊湊，

〔註1〕唐滌生，廣東省中山縣人。生於1917年，卒於1959年，是一位多才且多產的劇作家，一生創作粵劇劇本超過四百部，劇本曲詞典雅，富有文學性。其為仙鳳鳴劇團編寫的劇本如《帝女花》、《紫釵記》、《牡丹亭驚夢》等更是經典名劇。

〔註2〕任劍輝，廣東南海人。原名任麗初，學名婉儀，戲迷、大眾以「任姐」尊稱之。生於1913年，卒於1985年。是著名粵劇女文武生，有「戲迷情人」之美稱。一生參演過數百部劇作，粵劇、電影皆有。與白雪仙、梁醒波等人共組仙鳳鳴劇團，為香港粵劇寫下精彩的篇章。1960年代退休後，培養粵劇新秀，助學生組雛鳳鳴劇團。著名弟子有龍劍笙、梅雪詩、謝雪心等人。

〔註3〕白雪仙，廣東順德人。本名陳淑良，生於1928年，為著名粵劇花旦，父親白榮駒亦是粵劇名角。一生為粵劇藝術奉獻，人稱「仙姐」，與任劍輝齊名，並稱「任白」。

〔註4〕仙鳳鳴劇團成立於1956年，共演了九屆十二齣戲，除最後一屆《白蛇新傳》之外，所演劇本皆為唐滌生所編之劇目。

〔註5〕長平公主，名朱徽媞。生於1629年，卒於1646年。詳見本文第一章。

融家國情操於兒女情愛之中。上演之初雖不受觀眾喜愛,部分觀眾更認為文詞不太平易近人﹝註6﹞;然而隨著《帝女花》唱片大賣以及時間的推進,《帝女花》結合唐滌生之文采與任白等人的細膩表演,遂成為香港粵劇瑰寶。《香夭》一折的〈妝台秋思〉一曲更從市場肉販到街上小孩都會哼唱﹝註7﹞,誠可謂紅遍大街小巷、深入民心。

在唐滌生之前,有清人黃燮清﹝註8﹞(1805~1864)也以長平公主故事敷演了《帝女花》傳奇,詞文哀婉頑豔,一時傳頌。

長平公主的故事究竟如何?她是明末崇禎皇帝﹝註9﹞(1611~1644)的女兒。崇禎皇帝是明朝最後一個皇帝,史書上載其「在位十有七年,不邇聲色,憂勤惕勵,殫心治理,臨朝浩歎,慨然思得非常之材。」﹝註10﹞可知其有憂國救民之心,然而時不我與,且其信任宦官、舉措失當,兩百多年的皇朝終究無力回天。

明末是一個紛亂四起的時代,內有流寇作亂,外有強敵之患。長平公主在這樣的時空環境下誕生、成長,眼看著國家消亡,心痛難當;經歷改朝換代,身不由己﹝註11﹞、有口難開,年方二八便溘然長逝,《明史》對她僅有短短幾行的紀錄。另有吳梅村(1609~1671)替她寫的〈思陵長公主輓詩〉﹝註12﹞,較為詳盡記載其生平者,為張宸(生卒不詳)所撰〈長平公主誄〉﹝註13﹞。而後有黃燮清以公主生平填為新詞,敷演成二十折的劇本。此外,還有清末民初的楊圻(1875~1941)於1926年作之〈長平公主曲并序〉,假托明

﹝註6﹞葉紹德編撰,張敏慧校訂:《唐滌生戲曲欣賞(一):帝女花、牡丹亭驚夢》,(香港:匯智出版有限公司,2015年),頁321。

﹝註7﹞見馮梓:《帝女花演記》,(香港:匯智出版有限公司,2017年),頁4。

﹝註8﹞黃燮清,字韻珊,其生平可見於徐用儀:《光緒海鹽縣志》,收錄於《中國地方志集成》,(上海:上海書店,1993年),頁890。

﹝註9﹞崇禎皇帝,本名朱由檢,為明朝最後一位君主。李自成攻入北京,崇禎下旨命令妃嬪自裁並手刃親女。後自縊於煤山,身邊僅有太監王承恩陪侍並以身殉之。

﹝註10﹞〈莊烈帝本紀〉,見﹝清﹞張廷玉等:《明史》,收錄於《文淵閣四庫全書》,(臺北:臺灣商務,1984年),冊297,頁242。

﹝註11﹞長平公主上書請求出家,清帝不允,使之婚配駙馬周世顯。

﹝註12﹞﹝清﹞吳梅村:〈思陵長公主輓詩〉,見其著《梅村集》,收錄於《文淵閣四庫全書》,(臺北:臺灣商務,1984年),冊1312,頁163。

﹝註13﹞﹝清﹞張宸:〈長平公主誄〉,收錄於見﹝清﹞吳梅村:〈思陵長公主輓詩〉後附,見其著《梅村集》,收錄於《文淵閣四庫全書》,(臺北:臺灣商務,1984年),冊1312,頁165。又,見﹝清﹞談遷《北游錄》,(北京:中華書局,1960年)。

末公主事，感慨民國對清室之不厚〔註14〕。粵劇《帝女花》即以黃燮清《帝女花》一劇為本，而又開展出自我的一套風格，唐滌生的撰寫，搭配任、白的舞台表演藝術，終令長平公主故事——《帝女花》成為不朽經典。

第一節　研究動機與目的

　　文學與人息息相關，與人息息相關的還有土地。香港是一個具有特殊歷史背景的地方：歷經英佔、割讓與租界等歷史軌跡，再經歷清末民初、香港淪陷之日治時期，而後國共戰亂、港英政府時期，九七年回歸以及回歸之後的二十年間，生活的改變與風俗習慣的衝擊，甚至是對自己身分的認同，種種因由都在在影響香港人。香港人們找尋自我定位與對家國的認同，實非其他地區之住民所能體會。講述末代公主的愛情與家國情懷的《帝女花》之所以能夠在這六十年間感動香港人——甚至是每一個喜愛這部作品的戲迷——並迅速成為香港文化之一，實與香港特殊的文化背景有著密不可分的關係。

　　《帝女花》在香港如此一個具有特殊歷史背景的地方誕生，又成為香港特色，不單只是因為劇作與觀眾自身產生共鳴，《帝女花》已被融入香港人的生活中，潛移默化成為香港文化的一部分。不但《香夭》的〈妝台秋思〉一曲家喻戶曉，甚至還有不少改編的、化用的趣味作品出現，如：鄭君綿〈落街冇錢買麵包〉（1968年）：「落街冇錢買麵包，靠賒又怕被人鬧。肚飢似隻餓貓，受了飢寒我開聲喊……」〔註15〕；尹光〈落番半邊白葉窗〉（1970年）〔註16〕；香港卡通人物「麥兜」也用了〈落街冇錢買麵包〉，只是歌詞稍做了改變而成〈蛋撻我最想吃蛋撻〉（2004年）〔註17〕；蘇姍、呂珊的「帝女花英文版」

〔註14〕楊圻：〈長平公主曲并序〉，收錄於《江山萬里樓詩詞鈔》，（上海：上海古籍出版社，2003年），頁456。詩後集評謂：「先生此篇，殆為取消清皇室優待條件而作……。」

〔註15〕鄭君綿：〈落街冇錢買麵包〉前四句歌詞意思是：「上街沒錢買麵包，靠賒又怕被人罵。肚飢似隻餓貓，受了飢寒我放聲哭……。」見：https://youtu.be/9JB6040e17U（上傳日期：2015年4月25日）。

〔註16〕尹光〈落番半邊百葉窗〉歌名意思是：「拉下半邊百葉窗」，歌詞講男主人公洗澡時被女生偷窺，所以要趕緊拉下半邊百葉窗，見：https://youtu.be/bpCUgAY4lzg（上傳日期：2018年2月26日）

〔註17〕〈蛋撻我最想吃蛋撻〉的歌名意思是：「蛋塔我最想吃蛋塔」，歌詞前半範基本上與鄭君綿所作相同，後半範說他最想吃蛋塔，但他媽媽叫他吃香蕉，見：https://youtu.be/0Jz52uJNuHA（上傳日期：2028年5月23日）。

〈Never Say Goodbye〉〔註18〕；岑南羚的英文版〔註19〕等。此外，電影《豪門夜宴》（1991 年）中，曾志偉、劉嘉玲與張曼玉唱了搞笑的英文版女花〔註20〕。其他如《庵遇》一場中，長平公主唱：「雪中燕已是埋名和換姓，今生長願拜觀音掃銀瓶。」後周世顯因為長平公主的幾番「不認不認」而唱道：「縹緲間往事如夢情難認。百劫重逢緣何埋舊姓，夫妻斷了情，唉鴛鴦已定，唉烽煙已靖，我偷偷相試佢〔註21〕未吐真情令我驚〔註22〕。」也被巧妙用在劉德華與邱淑貞主演的《五億探長雷洛傳 II 父子情仇》（1991 年），雷洛與初戀

〔註18〕 蘇姍、呂珊：〈Never Say Goodbye〉，歌詞很長，有許多搞笑意味，大意為兩人分手，女方想挽回對方，男方也有意復合。節錄歌詞於後，中譯放於英文歌詞之後：「駙馬：Baby I did try, All I wanted was for you, to find a better and rich guy.（寶貝我試了，我所希望的是你找到更好更有錢的人。）

公主：Hey Babe I don't mind, without you by my side, when the winter wind blows so lonely I could die. Oh my love, do come back to me. Let me hold you, baby, one more time, then we can fly. I'll make you smile sweeter than the taste of summer wine.（嘿，寶貝，我不介意，沒有你在我身邊，當冬天的寒風吹得如此孤單時我會死的。噢，吾愛，回來吧，讓我抱著你，寶貝，再一次。然後我們可以飛，我會讓你笑得比夏天的紅酒更甜。）

駙馬：I know that to love is not a crime. We'll be back soon side by side, really sooner, counting one two three four five.（我知道愛並非犯罪，我們很快就能復合，非常快，數一二三四五。）

公主：I will love you all the time, all the while. If you play mahjong, I will never criticize.（我會一直愛著你，一直。如果你打牌，我絕不會批判。）」歌詞、影片見 https://youtu.be/v4OWKMjHN84（上傳日期：2013 年 8 月 23 日）。

〔註19〕 岑南羚的英文版帝女花歌詞為「Wind blows flowers to the sky. Dark moon hanging way up high. Let's pray for our parents before we die. Though we have no time to say goodbye. Tell me why you don't smile. Don't just kneel down, my princess, please don't cry. For our true love just like a dream. Let us fly to the moon. Side by side.」中譯為「風將花兒吹向天，暗月在上高高懸。祈禱為親身殉前，即便話別無時間。為何卿卿無笑顏？莫要跪地於此間。公主更莫淚漣漣，你我真愛似夢甜。如今我倆化飛仙，執手比翼向月圓。」則有一些唐滌生原曲詞之味，但主要是以駙馬的角度寫之，而非公主、駙馬互唱。歌詞、歌曲可見於 https://youtu.be/OsY_pzEPJhg（上傳日期：2013 年 12 月 03 日）。

〔註20〕 《豪門夜宴》中，該首英文歌歌詞：「Are you going to die? If I die, I become butterfly. Butterfly flying to the sky. Side by side. Low and high. Stolen look, stolen cry. I cry, you cry, everybody cries.」中譯為「你要去死了嗎？如果我死了，我會變成蝴蝶。蝴蝶飛向天。一同並肩。高高低低。被偷來的樣子。被偷來的哭泣。我哭，你哭，大家都哭。」歌詞及歌曲可見於 https://youtu.be/0d_JQTvQttc（上傳日期：2014 年 3 月 28 日）

〔註21〕 粵語「佢」為書面語「他」之意。

〔註22〕 粵語「驚」有書面語「害怕」之意。

情人阿霞唱戲相認的橋段之中類似情節也曾在《與龍共舞》（1991 年）中用過，只是變成吳孟達和午馬的「主題曲」。

香港以《帝女花》為主題的電視劇有汪明荃、黃允材主演的《民間傳奇之帝女花》（1977 年）；劉松仁、米雪主演的《武俠帝女花》（1981 年）；佘詩曼主演的《帝女花》（2002 年）。其他還有屈文中《帝女花幻想序曲》〔註23〕（1986 年）、一舖清唱的《香‧夭》（2016 年），宣傳上寫著「一闋作為給香港的安魂曲」〔註24〕、廖偉棠的〈香夭／序曲〉（2016 年）等〔註25〕，2017年還有江記《離騷幻覺》動畫的八分鐘預告片裡也出現了作《香夭》扮相的花旦，背景是化用《帝女花》曲詞的佈景〔註26〕。《帝女花》儼然是香港文化最具代表性的作品之一。

雖然臺灣人對於長平公主的認識可能不及香港人，對於她的命運、她的一生，臺灣年輕人可能更知道她是金庸筆下的「獨臂神尼」。不過，如此經典的戲曲作品在臺灣已被四度改編〔註27〕，按照時間分別是京劇《紅綾恨》

〔註23〕屈文中作曲：《帝女花幻想序曲‧帕米爾綺想曲》，（臺北：上揚有聲出版有限公司，1986 年）。

〔註24〕〈一舖清唱‧無伴奏合唱劇場【香‧夭】〉，見：http://www.arts-news.net/artevent/event/%E4%B8%80%E8%88%96%E6%B8%85%E5%94%B1-%E7%84%A1%E4%BC%B4%E5%A5%8F%E5%90%88%E5%94%B1%E5%8A%87%E5%A0%B4%E3%80%90%E9%A6%99%E2%80%A7%E5%A4%AD%E3%80%91（最後查閱日期：2018/07/03）

〔註25〕以上參考陳國球〈政治與抒情——論唐滌生的《帝女花》〉：「……由是《庵遇》、《香夭》，轉成文藝創作泉源；例如也斯 1982 年小說《剪紙》，當中嵌入唐滌生幾個粵劇的情節，而結尾一章就以《帝女花》」作悲劇的收束；又如鍾曉陽1985 年的短篇小說《良宵》，也以《帝女花》作『互文』（intertext）。1997 年香港主權轉移，在中國回收香港的慶典上，音樂家譚盾把《香夭》的旋律裝置入《交響曲 1997：天、地、人》之中；2010 年香港舞蹈團以《帝女花》取得『香港舞蹈年獎』；2016 年 6 月『一舖清唱』樂團演出《香‧夭》，作為『給香港的「安魂曲」』；差不多同時，詩人廖偉棠寫下『為香港而作』的〈香夭／序曲〉，詩中崇禎帝女長平公主與英國瑪嘉烈公主構成『疊影』，好比『綺殿陰森奇樹雙，明珠萬顆映花黃』。『帝女花文化』的播散，已成為香港意識中最深層的銘刻，足以黏連雅俗的文化政治。」見陳國球：《香港的抒情史》，（香港：香港中文大學，2016 年）頁 389。

〔註26〕影片故事是屈原來到現代香港，並坐上一班開往汨羅江的列車。片中穿插著屈原與楚王的對話，又穿插帝女片段。屈原憂心國之將亡而帝女傷國之亡，將這兩名人物穿插在香港的場域中，不禁讓人思考作者有何特殊意指。見影片 3 分 58 秒處：https://youtu.be/w-e6yhjbuN0。

〔註27〕除臺灣改編粵劇《帝女花》以外，尚有評劇於 1985 年演出，情節幾乎一樣，

（1989 年）、中視連續劇《帝女花》（1994 年製作，1995 年首播）〔註28〕、歌仔戲《帝女・萬歲・劫》（2006 年）以及客家戲《長平公主》（2017 年）。其中，京劇《紅綾恨》更早在上個世紀八零年代末便已經在臺灣上演，比中國國家京劇院於 2018 年三月才要上演的京劇《帝女花》早了近三十年的光景。京劇《紅綾恨》為臺灣知名劇作家王安祈為雅音小集所編之劇本，說的是明末長平公主的愛與憾。其作《國劇新編》中提及該劇劇情基於長平公主生平，略參考黃燮清、唐滌生的兩本《帝女花》。連續劇《帝女花》由趙雅芝、葉童分別飾演長平公主及周世顯，情節走向大致與粵劇《帝女花》一樣，只是多了更多曲折之處〔註29〕。歌仔戲《帝女・萬歲・劫》寫長平公主從待嫁女兒美夢，轉眼山河巨變，好夢驚醒。她由一個養在深宮的公主，一夕間必須獨自承擔各種擔子。編劇施如芳〔註30〕特意拿掉駙馬周世顯，讓公主孤身一人面對各種困境，她說：「……因為我老早想根據《帝女花》，寫點什麼不一樣的了……《帝女花》裡頭，我最折服的便是《庵遇》、《香夭》兩折，可從起念要動這題材時，我便直覺地想掐掉被形塑成『中國歷史上最深情的駙馬』周世顯，以斬斷前作千絲萬縷的生旦戲……。」〔註31〕客家戲《長平公主》幾乎直接將粵劇《帝女花》照搬上演，然而不管如何曲更文改，基本上仍保留了〈妝台秋思〉一曲，可見此曲之經典。

第二節　相關文獻回顧

一、主要參考文獻

　　本文所用主要文獻有黃燮清《帝女花》、唐滌生《帝女花》、王安祈《紅綾恨》、施如芳《帝女・萬歲・劫》及謝培竺《長平公主》，以下分點述之：

　　　　只改動了一些地方。見張傳若《黃燮清與倚晴樓戲曲》，（上海：上海戲劇學院碩士論文，2010 年 3 月），頁 60。不過，若該版本如同此連結（https://youtu.be/6Yarxl9-7Ng）之影片演出內容，則不能說幾乎一樣。

〔註28〕又名《亂世不了情》。

〔註29〕本文之研究鎖定在「戲曲」類別，因此這部連續劇並不在筆者研究範疇之內，本文將不會專列篇章討論。

〔註30〕施如芳，臺灣彰化人。

〔註31〕施如芳：〈《帝女・萬歲・劫》創作者自序〉，見《帝女・萬歲・劫》，（桃園：國立中央大學黑盒子表演藝術中心，2014 年）。

（一）黃燮清《帝女花》

光緒刻本收錄於《傅惜華藏古典戲曲珍本叢刊》第 93 冊《倚晴樓七種曲》
（北京學苑出版社）；同治四年重刊本收錄於盧瑋鑾主編《辛苦種成花錦繡
——品味唐滌生粵劇《帝女花》》（香港：三聯書店），互相對照，以同治四年
重刊本為底本。

盧瑋鑾主編《辛苦種成花錦繡——品味唐滌生粵劇《帝女花》》（香港：
三聯書店，2009 年）收錄黃燮清《帝女花》傳奇劇本及一些單篇文章，其中
傳奇劇本能與古籍本互相參照，此外也收錄阮兆輝與張敏慧的對話，阮為知
名粵劇演員，其心得或可當作參考。

以黃燮清《帝女花》作為研究對象的論文有：呂莉《黃燮清戲曲研究》
（北京：首都師範大學碩士論文，2006 年 4 月），此研究為黃燮清作品之綜
論，並探討黃創作之曲文特色，並非專門研究黃之《帝女花》。其中，作者認
為《帝女花》與黃另一作品《茂陵弦》對愛情的處理方式很相似，又比較《帝
女花》與《桃花扇》男女主角身分的異同，認為公主和駙馬本身身分的限制，
導致他們無法自由戀愛；而這部作品的目的是傳揚公主的孝貞與清朝的恩德，
自然不會有過多的愛情描寫。

蔡慶《黃燮清創作研究》（上海：華東師範大學中國語言學系研究所碩士
論文，2009 年 4 月）研究範圍包括黃燮清的詩詞、戲曲。戲曲只是內文的一
個部分，作者分析了黃燮清諸劇中的特色，認為他是傳奇衰弱期的文體堅守。

張傳若《黃燮清與倚晴樓戲曲》（上海：上海戲劇學院碩士論文，2010 年
3 月）第三章分四小節專論黃燮清《帝女花》，述及本事，即歷史文獻與前人
詩文；劇藝，包含關目、人物、文辭等；主旨，餘論論及粵劇《帝女花》及其
他相關創作，可供筆者參閱。

梁慧《以劇寫「史」：黃燮清《倚晴樓九種曲》研究》（香港：香港中文大
學，2011 年 5 月），寫黃燮清《帝女花》中的抒情與歷史，論及該劇藝術構
思，包含服飾穿戴、時空安排等，研究完整，能幫助筆者處理該劇文獻。

（二）唐滌生《帝女花》

本文採用葉紹德編撰、張敏慧校訂：《唐滌生戲曲欣賞（一）：帝女花、
牡丹亭驚夢》（香港：匯智出版有限公司）所收《帝女花》劇本。該書除劇本
外，還有葉紹德在每一場戲文前作的說明文字。葉紹德參與粵劇工作數十年，
他的文章很有參考價值。

　　而以唐滌生《帝女花》作為研究對象的有：陳素怡《改編與傳統道德：唐滌生戲曲研究（1954～1959）》（香港：嶺南大學哲學碩士論文，2007 年）以道德教化為軸心，探討唐滌生如何改編古典名著，第五章專論《帝女花》，認為唐滌生用愛情包裝政治創作《帝女花》。

　　戴淑茵《1950 年代唐滌生粵劇創作研究》（香港：香港中文大學民族音樂學課程哲學博士論文，2007 年 11 月）探討唐滌生在 1950 年代的創作與當時女性關係，認為當時唐滌生創作多名勇於爭取自身權益的女性，與香港女性逐漸抬頭有關係，其中當然也與觀眾組成多是女性有關，因此能夠幫助筆者了解當時香港的社會文化背景。另外，作者大量分析戲曲音樂，音樂也是這篇論文的重點之一。

（三）臺灣「帝女花」戲曲相關資料

　　臺灣以粵劇《帝女花》為底本改編的戲曲有京劇《紅綾恨》、歌仔戲《帝女・萬歲・劫》以及客家戲《長平公主》三種，然而相關文獻卻非常少，因此筆者不再細分，僅將與三者相關之文獻列於一處。

　　王安祈《國劇新編》（臺北：文建會，1991 年）收錄《紅綾恨》劇本及他人序文；王安祈《光照雅音——郭小莊開創臺灣京劇新紀元》（臺北：相映文化，2008 年），收錄王安祈創作的相關回顧，其中有〈抒情言志的舞台〉，述及創作《紅綾恨》的前由。

　　施如芳《願結無情遊：施如芳歌仔戲創作劇本集》（臺北：聯合文學，2010年）、《帝女・萬歲・劫》劇本（桃園：國立中央大學黑盒子表演藝術中心，2014 年）以及收錄《帝女・萬歲・劫》唱段的李靜芳唱念專輯《帝女花・長平恨》中隨付的冊子。

　　客家戲《長平公主》僅有影像資料。

　　三部臺灣的「帝女花」戲曲，以《紅綾恨》為研究者有廖秀霞：《戲曲虛實論研究——以王安祈劇作為例》（臺北：臺灣師範大學國文研究所碩士論文，2001 年）研究王安祈之編劇手法，分析其編劇時的虛寫與實寫，然而《紅綾恨》僅為其文本之一，並非專屬研究。

　　韓仁先《臺灣新編京劇研究（1949～2003）》（臺北：中國文化大學中國文學研究所博士論文，2005 年）雖述及《紅綾恨》，然亦是概括論之，並非專文研究。

　　由上述整理可知，關於《帝女花》戲曲相關研究多數是研究黃燮清《帝

女花》傳奇與唐滌生《帝女花》粵劇，或研究黃燮清《帝女花》傳奇到《帝女花》粵劇者。「臺灣《帝女花》戲曲」相關論文雖有廖秀霞《戲曲虛實論研究——以王安祈劇作為例》及韓仁先《臺灣新編京劇研究（1949～2003）》提及《紅綾恨》，然而著重點與本文不同，其餘歌仔戲《帝女‧萬歲‧劫》、客家戲《長平公主》更是無相關論文。

二、其他相關文獻

除上述主要參考文獻以外，尚有：

（一）專書方面

何冠驥〈粵劇的悲情與橋段：《帝女花》分析〉（收錄於《借鏡與類比——中國文學研究的現代化》，臺北：東大圖書公司，1989 年）以《帝女花》來討論粵劇中的悲情，並認為周世顯才是該劇第一主角；然而，其中有些論點過於主觀，例如說《上表》一場「長平知道世顯的上表比然凶多吉少，不禁在周氏父子面前『灑淚暗牽袍』，險露馬腳；幸好世顯處變不驚，化解了眾人的懷疑。」並以此相較長平與世顯的優劣，言崇禎之愛女是錯誤，是無知人善任之明。〔註32〕

劉步釗《五十年欄杆拍遍——唐滌生粵劇劇本文學探微》（香港：匯智出版有限公司，2009 年）討論離合情寄興亡恨，並論周世顯的最動人的書生形象。

陳素怡、劉燕萍編著《粵劇與改編——論唐滌生的經典作品》（香港：中華書局，2015 年），與陳素怡的論文《改編與傳統道德：唐滌生戲曲研究（1954～1959）》是一樣的。

陳守仁《唐滌生創作傳奇》（香港：匯智出版有限公司，2016 年）收錄唐滌生本人文章。

馮梓《帝女花演記》（香港：匯智出版有限公司，2017 年）講述從仙鳳鳴到雛鳳鳴演繹此一名劇的過程。

〔註32〕在灑淚暗牽袍之前，世顯被寶倫要求先朗誦表文給他們聽時，周世顯略帶驚慌，是公主解圍，再由周瑞蘭的誤會而令寶倫打消疑心，並非因公主的珠淚而令周氏父子起疑心；再者，差點露馬腳的反而是周世顯，因為他差點說錯話「含樟樹下埋……諧鴛譜。」；第三，以崇禎之愛長平為其無知人善任之論證，似有偏頗，因為長平乃其親女，愛親女是人之常情……。詳見該書頁 52 以及本文第一章第三節。

（二）其他論文

曾永義〈黃韻珊的帝女花〉（收錄於《中國古典戲劇論集》，臺北：聯經，1975 年）從作者生平、創作旨趣談到戲劇藝術，有關目有排場，有音律有曲文、賓白，對筆者分析劇本很有助益。

楊龢之：〈關於長平公主和《帝女花》〉（《歷史月刊》1995 年第 88 期），以中視 1995 年的連續劇為主要評判對象，與本文相關性不大。劉燕萍〈性格與命運、亂世情和謫仙──論《帝女花》的改編〉（收錄於《文學論衡》總第 15 期，2009 年 12 月）認為唐滌生的《帝女花》雖是改編黃燮清《帝女花》的作品，但呈現出一種「背叛」，進而創造衝突與趣味。

區文鳳〈唐滌生後期的粵劇創作與香港粵劇的發展〉（收錄於《粵劇研討會論文集》，香港：三聯書店，1995 年）認為唐滌生向鴛鴦蝴蝶派靠近，而他的劇作影響到香港粵劇舞台以生旦情戲為主的情況。

《驚艷一百年：2013 紀念任劍輝女士百年誕辰粵劇藝術國際研討會論文集》（香港：中華書局，2013 年）及《長天落彩霞──任劍輝的劇藝世界》（香港：三聯書店，2009 年）。分別收錄多篇與唐滌生《帝女花》或任劍輝劇藝相關的論文。

陳國球〈政治與抒情──從黃燮清到唐滌生的《帝女花》〉（《中國文學學報》第七期，香港：香港中文大學，2016 年 12 月），寫唐滌生《帝女花》中的「政治」與「抒情」。

因粵劇在臺灣極少見，語言又不太相通，因此初識者很難接觸粵劇，也不太能明白粵劇之美，上列書目能幫助筆者更了解粵劇《帝女花》。

由於筆者本身很喜歡粵劇《帝女花》，於大學時期偶然在 YouTube 上與之相遇。當時系上的韋金滿教授來自香港，有一次與他提起《帝女花》，老師說戲時神采飛揚的樣子──他甚至將《帝女花》的唱片帶來臺灣，說隨時可以相借──誠令筆者印象深刻。又如在各個網站中看《帝女花》時，總能看到有人留言評論說此戲是經典、是戲寶，唐滌生的文筆如何如何精湛，任白的演出如何如何精彩等，如此深刻的印象一直伴隨筆者到如今。

如此經典之《帝女花》故事在臺灣為三個不同劇種改編，劇作家的改編動機是什麼？他們的改編手法以及舞台呈現又是如何？作品的思想旨趣又與原來的有什麼差異？臺灣改編的版本又是否像粵劇一樣，成為在地文化的一部分？種種問題，在在引起筆者的研究動機。

第三節　研究方法與架構

一、文本分析

在研究方法方面，本文使用「文本分析」的方法，選擇使用的文本有：清張廷玉等奉敕編纂之《明史》，收錄於《文淵閣四庫全書》（臺北：臺灣商務）。清人及民初文人以長平公主為主角寫的詩作，有：吳梅村〈思陵長公主輓詩〉，《梅村集》，收錄於《文淵閣四庫全書》（臺北：臺灣商務）、楊圻〈長平公主曲〉，《江山萬里樓詩詞鈔》（上海：上海古籍出版社）等。黃燮清《帝女花》傳奇，收錄於《傅惜華藏古典戲曲珍本叢刊》第93冊《倚晴樓七種曲》（北京學苑出版社），版本為光緒刻本；盧瑋鑾主編《辛苦種成花錦繡——品味唐滌生粵劇《帝女花》》（香港：三聯書店）所收同治四年重刊本，互相對照，以同治四年重刊本為底本。

清人文獻之後，進入唐滌生《帝女花》粵劇，本文採用葉紹德編撰、張敏慧校訂：《唐滌生戲曲欣賞（一）：帝女花、牡丹亭驚夢》（香港：匯智出版有限公司）所收劇本。同書雖於1986年已由週刊出版社有限公司出版成冊，然而兩書所收之劇本底本不同，新書所採劇本之底本為白雪仙當年開山所使用之泥印本劇本。本文為求原貌，故爾採用新書版本。〔註33〕

王安祈《紅綾恨》，收錄於其作《國劇新編》（臺北：文建會，1991年），配合雅音小集：《紅綾恨》（臺北：台視文化，2008年）舞台影像記錄。施如芳《帝女·萬歲·劫》，收錄於其作《願結無情遊》（臺北：聯合文學，2010年），配以乾坤大戲班：《歌仔折戲展風華：帝女·萬歲·劫：香蓮告青天》，（臺北：乾坤大戲班，2006年）演出影像記錄。謝培竺《長平公主》，因無出版劇本，故採客家電視台播出之影視版本。

二、論述架構

本文一共分為六個部分四個章節，各章重點如下：

緒論敘述本文研究動機與目的、相關文獻回顧與研究方法及架構。

第一章〈歷史文獻上的長平公主：史書到詩文〉第一節梳理史書以及各種清人詩文文獻，整理長平公主生平以及形象；第二節處理黃燮清《帝女花》傳奇，處理情節架構與創作動機、人物塑造、戲曲藝術；第三節則是唐滌生

〔註33〕兩部《帝女花》電影因為改動之處頗多，故而僅作參考之用。

《帝女花》粵劇，同樣處理情節架構及創作動機、人物塑造、戲曲藝術。

第二章〈臺灣的帝女花戲曲〉分三節，分別處理京劇《紅綾恨》、歌仔戲《帝女·萬歲·劫》、客家戲《長平公主》之情節架構，並且與前人作品相互比較，最後是創作動機。

第三章〈臺灣帝女花的人物塑造〉，以作品為區分，分述長平公主、周世顯、崇禎以及周鍾等人物塑造。

第四章〈臺灣帝女花的戲曲藝術〉，分為三節，包含曲文說白、舞台美術以及主題思想等。

最後是結論，回顧各個版本的「帝女花」故事、整體研究成果，總結「帝女花」戲曲的創作意義與價值。

第一章　歷史文獻上的長平公主：
史書到詩文

　　《帝女花》既然是脫胎於真實歷史人物生平而成的故事，自然就有本事本源。本章將從她的生平開始梳理，接著是黃燮清《帝女花》傳奇劇本、唐滌生粵劇《帝女花》粵劇。以下分為：長平公主生平及其相關詩文、黃燮清《帝女花》、唐滌生粵劇《帝女花》等三個小節，分別介紹長平公主的生平、兩個版本的《帝女花》故事的來龍去脈。

第一節　長平公主生平及其相關詩文

　　關於長平公主之生平，《明史》對她僅有短短幾行的紀錄：

> 長平公主，年十六，帝選周顯尚主。將婚，以寇警暫停。城陷，帝入壽寧宮，主牽帝衣哭。帝曰：「汝何故生我家！」以劍揮斫之，斷左臂；又斫昭仁公主於昭仁殿。越五日，長平主復蘇。大清順治二年上書言：「九死臣妾，蹐高天，願髡緇空王，稍申罔極。」詔不許，命顯復尚故主，土田邸第金錢車馬錫予有加。主涕泣。逾年病卒。賜葬廣寧門外。〔註1〕

長平公主十六歲時，崇禎帝選周顯為駙馬並婚配之。婚事因流寇之亂而暫停。
後紫禁城陷，崇禎進入壽寧宮，公主牽著崇禎的衣服哭泣，崇禎對她說：「汝

─────────────────────

〔註 1〕〈長平公主列傳〉，見〔清〕張廷玉等：《明史》，收錄於《文淵閣四庫全書》，
　　　　（臺北：臺灣商務，1984 年），冊 299，頁 113。

何故生我家！」便以劍斬之，斷左臂；又砍昭仁公主於昭仁殿。五日後，長平公主甦醒。清朝順治二年，公主上書請求出家，順治不准，命與周世顯完婚，土地、宅邸、金錢與車馬都賜與新婚夫婦。婚後隔年，公主病卒，賜葬於廣寧門外。

《明史》對於長平公主著墨委實不多，關於公主生平，另有吳梅村為她寫的〈思陵長公主輓詩〉〔註2〕，其中有「國母摩笄刺，宮娥掩袂傷。他年標信史，同日見高皇。」、「元主甘從殉，君王入未央。抽刀凌左闈，申脰就干將。嚔血彤闈地，橫屍紫籥汪。」、「絕吭甦又咽，瞑睫倦微揚。裹褥移私第，霑胸進勻漿。誓肌封斷骨，茹戚吮殘創。死早隨諸妹，生猶望二王。」諸句描寫國破家亡的悲哀。吳氏又有〈蕭史青門曲〉〔註3〕提及：「苦憶先皇涕淚漣，長平嬌小最堪憐。青萍血碧它生果，紫玉魂歸異代緣。盡嘆周郎曾入選，俄驚秦女遽登仙。青青寒食東風柳，彰義門邊冷墓田。」等句，亦是據史實所作的七言詩，讀來很是哀怨，大概本事已很悲涼，詩人寫詩更添悽愴。

對長平公主生平較為詳盡記載者，為張宸所撰〈長平公主誄〉，除了〈長平公主誄〉描述公主生平〔註4〕，還有談遷《北游錄》之記載，連公主與周駙馬的互動及死時懷胎五月之事都記載了下來：

> 公主喜詩文，善針飪，視都尉君加禮。御臧獲，陽笑語，隱處則飲泣，呼皇父皇母。泣盡繼以血，是以坐羸疾，懷娠五月，於丙辰八月十八日薨。〔註5〕

〔註2〕見〔清〕吳梅村：〈思陵長公主輓詩〉，《梅村集》，收錄於《文淵閣四庫全書》，（臺北：臺灣商務，1984年），冊1312，頁163。

〔註3〕見〔清〕吳梅村：〈思陵長公主輓詩〉，《梅村集》，收錄於《文淵閣四庫全書》，（臺北：臺灣商務，1984年），冊1312，頁51。

〔註4〕見〔清〕吳梅村：〈思陵長公主輓詩〉後附，見其著《梅村集》，收錄於《文淵閣四庫全書》，（臺北：臺灣商務，1984年），冊1312，頁165。

〔註5〕「又宸記事曰。甲申春。上議降主時。中選者兩周君。其一即都尉也。其一人。內臣糾家教失謹。即披羣內侍。環都尉譁曰。貴人貴人。是無疑矣。順治二年。詔故選子弟。都尉君應詔起。是時有市人子張姓者。冒選應。詭得之矣。召內廷給筆札。各書所從來。市人子書祖若父皆市儈。則大叱去。曰。皇帝女配屠沽兒子。命都尉書。則書父太僕公。祖儀部公。高曾以下皆簪纓。遂大喜。曰。是矣。即故武清侯之第。賜金錢牛車。莊一區。田若干頃。具湯沐。成吉禮焉。時乙酉六月上浣事也。公主喜詩文。善鍼飪。視都尉君加禮。御臧獲。陽笑語。隱處即飲泣。呼皇父皇母。泣盡繼以血。以是坐羸疾。懷娠五月。於丙戌八月十八日薨。淑齡十有七耳。都尉藏所遺像。右頰三劍痕。即上所擊也。老內寺見。輒拜曰。眉似先帝云。

寫公主婚後生活，在公開場合是笑語盈盈的，但在隱避之處則時時啜泣，眼淚流乾後甚至泣血，因而體弱害病。黃燮清創作《帝女花》傳奇時，在〈殤敘〉及《香夭》二齣都詳細描繪了公主的愁苦與病容，可以看出來其中參考〈長平公主誄〉以及《北游錄》的部分內容。

　　除了上述清人之作，尚有清末民初楊圻的〈長平公主曲〉〔註6〕，今全詩並序可見於《江山萬里樓詩詞鈔》，亦刊登於《仙鳳鳴劇團第四屆演出特刊》之中。此作雖晚於黃燮清，然因分類之便，筆者仍將此作寫在此一章節之中。綜觀〈長平公主曲〉全詩兩百四十二句，描寫公主的並不算多，僅有八十句，佔33%，剩餘66.9%則在描述明末、崇禎皇帝事以及清朝之恩。雖名為〈長平公主曲〉，長平公主的事跡卻連一半也不到。

　　提及公主事有以下八十句：

> 景山樓殿鎖春光，紅閣年年發海棠。一代君臣亡國恨，兩朝兒女返生香。放勳二女英皇體，長平阿姐昭仁弟。教養宮中有大家，紅牌家法敦詩體。太液春濃玩物華，兩宮傳語召香車。龍樓問寢家人禮，鳳輦陪遊帝女花。百花風底妝初靚，並立瓊軒去定省。萬方多難不知愁，愛日綿綿蓬壺靜。

這十六句為曲文開頭，除了「一代君臣亡國恨，兩朝兒女返生香」破題之外，就是介紹長平公主與昭仁公主，還有明朝宮中的紅牌家法、公主平日的生活等。

> 此時兩主入宮門，痛絕驚魂不能視。生兒殺兒兒莫嗟，奈何生我帝王家。何如從母全家死，地下相隨伴阿爹。兒生從父死從母，國破家亡敢獨後？他生不到貴人家，來世願為太平狗。君王拔劍淚如線，欲斫不斫走繞殿。后妃浴血在一旁，姊妹牽衣齊掩面。雪膚花貌化遊魂，朱簾玉砌殷紅濺。

這時崇禎后妃已賜死，曲文雖然提及公主，實際上卻以崇禎皇帝的視角下去描寫，只有「此時兩主入宮門，痛絕驚魂不能視。」及「姊妹牽衣齊掩面。雪

孫承澤春明夢餘錄曰。公主名徽娖。甲申年十五。傷右臂肩際。明年九月成婚。丁亥卒。公主葬周氏宅旁。今地賜豐盛王。垣之不可入。在廣寧門內。周世顯。父國輔。」見〔清〕談遷：《北游錄》紀聞上，（北京：中華書局，1960年），頁323。

〔註6〕楊圻：〈長平公主曲〉，收錄於《江山萬里樓詩詞鈔》，（上海：上海古籍出版社，2003年），頁456。

膚花貌化遊魂，朱簾玉砌殷紅濺。」等句是敘公主事，描述公主進宮見后妃死以及被父皇斬之事。然如此詳盡的描寫，對照史書只寫「帝入壽寧宮，主牽帝衣哭。帝曰：『汝何故生我家！』以劍揮斫之，斷左臂」，則多有增補修改之處，因為史書中寫長平公主先被砍，崇禎才砍昭仁公主於昭仁殿，並非兩主進入宮中等云云，是否故意改動史書描寫，則不可知。

> 皇子難容外家第，長平五日還魂異。倉皇扶入武安家，血肉模糊埋玉臂。

寫外戚不願接收皇子，長平公主五日後復甦等事。若配合序文看，則是寫太子等人因為身分緣故，外戚周奎怕惹禍上身不肯接納，而長平公主則是因為李自成之命不敢不接納。

> 似聞公主在民間，早選清才似王濟。流離皇子在泥塗，如此風霜定有無。萬里死生斷消息，思皇骨血此遺孤。上書削髮詔不許，此是吳王偏憐女。便為蕭郎築鳳台，好教弄玉隨仙侶。犢車魚笏媵乘鸞，駙馬威儀是漢官。看到樂昌圓破鏡，高皇龍種盡平安。鍾陵天判雲中下，人間猶看天孫嫁。沁水園田內府錢，叢鈴碎珮銀潢夜。周郎才調復溫存，夜擁春寒話返魂。九死未能酬故國，再生猶得荷新恩。金根玉勒紫駝釜，新築平陽公主府。夫婿青春比翼歡，哀家方寸攣髻苦。國破山河滿眼中，朝朝啼淚唾壺紅。妝樓猶見含章樹，腸斷新恩出故宮。春風秋雨愁悍獨，翠袖單寒臥金屋。都尉明年賦悼亡，吹簫鶴市哀相續。靈藥難教再返生，舊臣遺老俱顰蹙。紫玉魂來陰火紅，窮泉應見先皇哭。溫明祕器下東園，新賜墓田鄠杜曲。招魂猶上樂遊原，紅葉無情溝水綠。桃花開到殯宮深，落日牛羊辨陵谷。

此處描寫清朝聞公主尚在，並早有婚配，並且崇禎帝骨血只剩長平一人〔註7〕。長平公主上書願出家，然而清帝不允，復配周顯。接著各種賞賜下來，更新築平陽公主府。雖然結婚以後有比翼之歡，但經歷這麼多變故以後，公主天天以淚洗面甚至吐血，最終香夭。駙馬賦悼亡，遺老舊臣皆傷痛。清室賜公主墳墓。後面四句則似是鋪墊了。

　　整首詩讀來，除了參考了《北游錄》，寫公主哭泣吐血之事，尚有其他添肉增骨之處。其實讀楊圻該篇序文就可以知道，他作此曲的動機是感傷清朝

〔註7〕兄弟永王、定王於 1644 年後不知所蹤。

對前朝「盛德宏量為不可及」，而作文書歎。不過，以文寄情本就不一定要完全遵照史實，楊圻創作時增補鋪墊亦在情理之中。

〈長平公主曲〉確實影響了唐滌生之作，一些曲文可在粵劇《帝女花》中得見，尤其是「含樟樹」，更是在〈長平公主曲〉中首見〔註8〕。又如《庵遇》中，長平公主終於與駙馬相認後的滾花：「劫後鴛鴦重合併，點對得住杜鵑啼遍十三陵。」便是出自〈長平公主曲〉中的：「天壽山高萬壑深，杜鵑啼遍十三陵。」不過為避免混淆與爭議，這句話在新校的劇本中被改為「杜鵑啼血泣皇陵」。

本曲作提及長平公主事者，大約八十句，以全詩兩百四十二句來說仍是偏少。然而從楊圻序文中可見，他認為長平公主是崇禎皇帝當時所剩之唯一骨血，而清室為公主所作等等事跡，剛好能夠讓他抒發前朝之厚恩，是故捨她其誰？雖然大部分不是寫公主，仍以公主的名號為作品名稱。另外，楊圻應知曉黃燮清《帝女花》，因為他寫了「鳳輦陪遊帝女花」之句。而黃燮清作《帝女花》乃藉清朝對待公主之殊恩來歌功頌德；楊作〈長平公主曲〉又是藉清朝對待公主之事來諷刺民國對待前朝之惡〔註9〕，可謂異曲同工。

除了上述詩文，還有蔡東藩（1877～1945）所著《明史通俗演義》中第九十九、一百回中有長平公主，不過情節與《明史》所記相去不遠，描述也不多。〔註10〕

綜合以上史料與前人詩文，皆對長平公主性格方面的描寫不多，大抵都是在國破家亡以後，思念皇父皇母，以抑鬱為主；感情方面，則「視都尉君加禮」，並無太多描寫。

第二節　黃燮清《帝女花》傳奇

黃燮清，原名憲清，字韻甫，後改名燮清，字韻珊。清代浙江海鹽人，生於嘉慶十年，卒於同治三年。地方志載他「少負奇才，博通書史」，甚至「工

〔註8〕「妝樓猶見含樟樹，腸斷新恩出故宮。」見楊圻：〈長平公主曲〉，收錄於《江山萬里樓詩詞鈔》，（上海：上海古籍出版社，2003年），頁456。
〔註9〕〈長平公主曲〉後陳寶泉集評謂：「先生此篇，殆為取消清皇室優待條件而作，語讚清室待明之厚，意識今代待清之薄，詩哀明社，心哀清室也。」見《江山萬里樓詩詞鈔》，（上海：上海古籍出版社，2003年），頁464。
〔註10〕蔡東藩：《明史通俗演義》，（臺北：世界書局，1959年），頁595～599。

詞翰、審音律」〔註11〕，可謂多才之人。然而屢試不第，道光十二年秋闈報
罷，更加放浪詞酒。〔註12〕著有倚晴樓詩集十六卷、詩餘四卷以及樂府七種。
〔註13〕

　　黃燮清《帝女花》傳奇為敷演長平公主故事之始祖，以下就情節架構與
創作動機述之：

一、情節架構

　　黃所作《帝女花》傳奇，除卻《宣略》開宗明義，卷上有《佛貶》、《宮
歎》、《傷亂》、《軼闕》、《割慈》、《佛餌》、《朝鬨》、《哭墓》、《駭遁》、《探訊》
等；卷下有《殲寇》、《草表》、《訪配》、《尚主》、《傷敘》、《醫窮》、《香夭》、
《魂遊》、《殯玉》、《散花》計有二十齣。

（一）卷上

1. 第一齣《佛貶》

　　寫散花天女與侍香金童因「芳情流露」〔註14〕而遭貶凡間，說明公主與
駙馬是天上謫仙人。

2. 第二齣《宮歎》

　　為公主自報家門。公主傷國家逢亂時，不知將來怎生結局。皇后娘娘
上場，告知她已被許配予太僕公子都尉周世顯，不日便當下嫁。公主以為
當以天下大事為重，然而皇后云此乃終身之事，不可耽誤了。公主也就服
從了。

3. 第三齣《傷亂》

　　為周世顯自報家門。周世顯傷國家遭亂離，只見群臣無策，卻不見勤王
豪傑，很生痛憤，卻無可奈何。危機已至，周世顯與家丁共同避難去，不知道
誰人能幫助中興，也不知公主會如何結局。

〔註11〕〔清〕徐用儀纂：《光緒海鹽縣志》，收錄於《中國地方志集成》冊 21，（上
　　　　海：上海書店，1993 年），頁 890。

〔註12〕曾永義：〈黃韻珊的帝女花〉，收錄於《中國古典戲曲論集》，（臺北：聯經出
　　　　版社，1975 年），頁 282。

〔註13〕〔清〕徐用儀纂：《光緒海鹽縣志》，收錄於《中國地方志集成》冊 21，（上
　　　　海：上海書店，1993 年），頁 891。

〔註14〕黃燮清：《帝女花》，見盧瑋鑾主編：《辛苦種成花錦繡──品味唐滌生粵劇《帝
　　　　女花》》，（香港：三聯書店，2009 年），頁 78。

4. 第四齣《軼關》

寫叛將降於闖王流寇，李自成入城燒殺擄掠，眾百姓流離逃竄。

5. 第五齣《割慈》

寫李闖兵臨城下，崇禎欲殺公主，但只砍斷左臂一半，公主昏厥。崇禎殺昭仁、砍死袁貴妃，遣人逼太后、李妃速死，周后自盡。周鐘救回公主。

6. 第六齣《佛餌》

寫維摩居士下凡救活公主，公主甦醒後得知國破家亡，痛煞肝腸。

7. 第七齣《朝鬨》

寫忠臣王之俊恨降臣朱純臣等人靦腆事賊，聽聞他們在午門投報職名，因此夥同幾個舊臣去跟他們廝鬨一場。最後散下，一班降臣仍寡廉鮮恥掙官做。

8. 第八齣《哭墓》

此齣由一名老太監自白崇禎帝后殉國後的情況，朝中舊臣奔走投靠逆闖，無人來此祭奠。周世顯全出貴妃墓祭奠崇禎帝妃，又觸景傷情想起公主，並從老太監那兒得知公主未死之訊。

9. 第九齣《駭遁》

寫李自成驚清兵南下「問罪」，於是帶走金銀財帛遠逃他方。

10. 第十齣《探訊》

寫周世顯得知公主未死以後至周府尋找，然而只見到周府淒涼景況。後來探聽到公主卜落，得知公主避居彰義門外的維摩庵中。

（二）卷下

1. 第十一齣《殲寇》

寫清兵殲滅闖軍，李闖被百姓圍剿剁爛。百姓歡迎清兵，而清兵嚴守紀律，與闖軍先前的形象形成對比。

2. 第十二齣《草表》

寫公主自訴不恥與靦腆事賊的周鐘同處一室，後假借進香名義，一去不返。並描述公主在庵內生活，她感謝清室替她滅了國讎，最後公主寫表請求出家。

3. 第十三齣《訪配》

寫清帝不允公主出家，下詔令公主出嫁，官兵因而尋訪周世顯。

4. 第十四齣《尚主》

寫公主駙馬成婚,並特別安插了一個老贊禮的角色,自述孔尚任作《桃花扇》時派了他一個腳色;今黃秀才作了一部《帝女花》又硬把他扯在裡頭,順便嘲諷了黃秀才「年紀輕輕不去讀書,作什麼《帝女花》。」

5. 第十五齣《傷敘》

寫公主與駙馬婚後的愁悶,雖然歷盡艱辛,終成眷屬,然而內心仍然愁苦心痛。透過周世顯的口中得知公主又生病了。

6. 第十六齣《醫窮》

寫庸醫為公主治病,治心病。

7. 第十七齣《香夭》

寫公主病入膏肓,駙馬為此非常憂愁,公主最終還是故去了。

8. 第十八齣《魂遊》

寫公主死後欲見父母、重登故宮卻不可得,後被引升天宮。

9. 第十九齣《殯玉》

寫清室將公主賜葬於彰義門外,諡曰長平。駙馬睡夢中被帶入眾香國。

10. 第二十齣《散花》

寫公主駙馬一同聽佛說法,公主問道為何明朝會有如此結果,佛將因由告訴公主,另外交代了帝后皆已升天。

此二十齣,公主傷懷時亂,被許配給周世顯,穿插闖王流寇之亂,國亂變成家恨,公主獲救以後藉故避居維摩庵中。是時已是清朝天下,公主寫表以求出家不可得,復尚故主後抑鬱成疾,久病香夭,死後升天。可見基於史實創作的痕跡,並且墊下後作故事之大抵走向。雖然故事中有些歡慶的部分,如清室剿滅逆闖,然而整個基調仍是沉苦的,尤其是公主,鬱鬱寡歡,最後傷心故去。若是真的搬演起來,雖前後有佛來說法,說因緣,卻始終是抽刀斷水,積著一股難以舒緩的情在其中,正如黃燮清在戲文最後所寫「不盡傷心事。引殘杯搔首呼天。抽刀劃水。一斛勞愁何處說。芒角縱橫而起。且付與冷吟閒醉。」〔註15〕

〔註15〕黃燮清:《帝女花》,頁189。

二、創作動機

事出必有因，賦文皆由情。黃燮清創作《帝女花》傳奇的動機，不外乎歌功頌德，其友人陳其泰（即陳琴齋）替他寫的序文，文中提及陳其泰在一次與黃燮清聊天時，談及長平公主之事：

> 談次適及明季長平公主事，公主謹肅母儀，矜莊家法，磨練冰霜之質，躑躅烽火之年，卒能續餘膏，鳳諧前侶，自天作合，真破格之殊恩，曠古未聞，洵非常之奇遇，所宜形為歌舞，播諸管絃者也……今使按雲璈之譜，調瑞鳥之聲，可以附熙朝之雅頌焉，可以傳貴主之孝貞焉，韻珊於是翠管頻抽，紅牙小揣，譜興亡之舊事，寫離合之情悰，一月而成新詞二十折……。〔註16〕

其言「所宜形為歌舞，播諸管絃者也」指的是長平公主的「謹肅母儀」、「矜莊家法」、「孝貞」等典範應該譜為新曲，使世人弦頌之，而長平公主之所以可以「鳳諧前侶」，則是因為「自天作合」的「殊恩」及禮待，因此這樣的歌舞是要「可以附熙朝之雅頌」的。又黃韻珊胞兄黃際清於《帝女花》後跋云：

> 歲壬辰（韻珊）秋闈報罷，益放浪詞酒。陳子琴齋，將發其鬱以觀其才，請傳坤輿故事。謂吾朝之恩禮勝國，與貴主纏綿生死，皆前古稀覯；當不似還魂等記，託賦子虛，且亦我輩未得志時，論古表微所必及也。韻珊韙之，彌月而稿出，哀感頑艷，聲情俱繪，一時傳覽無虛日。〔註17〕

言黃燮清考試又不中，更加放浪詞酒。友人陳其泰建議他作長平公主故事，謂當朝之恩德與公主之纏綿生死等皆史所罕見。若作此文，當不似《牡丹亭》等記，憑空捏造，而是有史有據的。

又從《帝女花》第十四齣《尚主》中，一名老贊禮被問道：「你曉得他為甚作這部帝女花？」時回答：

> 他說道中天揖讓。那商君的妹子。夏禹王不曾替她嫁箇郎君。三代征誅。那般受的女兒。周武王也不曾為他贅箇夫婿。我
>
> 熙朝待前明的

〔註16〕陳琴齋：〈帝女花傳奇·序〉，見《倚晴樓七種曲》，收錄於《傅惜華藏古典戲曲珍本叢刊》第93冊，（北京：學苑出版社，2010年），頁175。

〔註17〕黃際清：〈跋〉，見《倚晴樓七種曲》，收錄於《傅惜華藏古典戲曲珍本叢刊》第93冊，（北京：學苑出版社，2010年），頁361。

恩德。別的也說不盡。即如坤興公主這椿情節。已是上軼虞夏。遠

邁商周。連他也憑空感激。所以做這本樂府。無非歌詠

聖德的意思。〔註18〕

說明清君令公主與駙馬破鏡重圓事前古未有的殊恩，他憑空感激而作《帝女花》來歌詠聖德。這段文字是作者透過劇中人物所作的最直接的表述。

上引三段文字互相對照，可以看出黃燮清作《帝女花》傳奇，為的是借明季長平公主事來歌頌「聖朝之恩德」，此為他創作時的主題思想。而觀整部傳奇，公主與周駙馬之相見不過《尚主》、《殤敘》、《香夭》、《散花》四齣，佔全劇比例才五分之一；而涉及歌頌清廷者，有《殲寇》、《草表》、《訪配》、《尚主》、《殤敘》、《殯玉》、《散花》，超過全劇三分之一，若配合黃韻珊自序言及「恭逢我聖朝蕩平寇黨，撫馭寰瀛，闓澤溢於普天」等話語，對照提及流寇亂事之齣目，有《宮歎》、《傷亂》、《軼關》、《割慈》、《佛餌》、《朝閧》、《駭遁》等，亦可知本劇的重心不在愛情，而是假托長平公主之先顛沛後合諧，歌頌清朝掃寇平天下之恩德，劇中人物屢言興亡之感、痛罵尸位素餐之臣以及諷刺靦腆小人，亦可見作者透過劇中人物抒發己情。

黃燮清《帝女花》以傳奇體裁寫成，將長平公主生平敷演成二十齣的戲曲，以悲傷基調貫穿全劇，將興亡哀歎除卻《佛貶》、《魂游》、《散花》以及帶有點神仙色彩的《佛餌》四齣，其餘故事基本就是由史實為基底，增添血肉而成的一齣傳奇。

三、人物塑造

人物角色的性格對一部作品而言是很重要的，而作為長平公主故事的第一部劇作，對於後世作品自然有供借鑑參考之處。

（一）長平公主

長平公主作為明朝長公主，自然在肩上背負了許多擔子，加上亡國遺民的身分，這些都是塑造她性格的重要元素。關於她的人物特徵，大抵有憂國愛民、忠君愛國、對愛情的態度三點：

1. 憂國愛民

黃燮清《帝女花》第二齣《宮歎》，長平公主初出場時便道明心跡，除了

〔註18〕黃燮清《帝女花》第十四齣《尚主》，頁150。

說明了時勢背景干戈四起、鼙鼓漁陽，文武將相皆失職外，透過唱詞可知她對國家的擔憂：

> 【前腔】**蒼鷹擊殿飛。鐵騎連雲起。破壞乾坤。急切難收拾。**況且目下。聞得這些百姓們。紛紛避難。室家不能相顧。對此茫茫。尤為心痛。**民間夫與妻盡流離。哪裏有雙宿雙飛命共依。念孩兒呵。不能做平陽躍馬親鋒矢。忍學那嬴女騎鳳賦倡隨。艱難際。紅裙駕杳不妨遲。顫巍巍一座城池。亂橫橫一箇朝暉。且慢議因緣事。**〔註19〕

戰亂破壞了明朝，兵亂難以收拾。聽聞百姓紛紛避難，她對此特別痛心。民間的夫婦顛沛流離，無法雙宿雙飛。她傷自己無法在前線爭戰，如此國難之際，希望能推遲婚期。在這一段唱詞中，可以看出公主對於時事的擔憂，以及對百姓的不忍。皇后在此時仍要舉辦公主的婚禮，公主因而希望能夠慢議此事，然而皇后並未答允。又：

> 【前腔】**眉銜一段悲。語雜三分喜。有箇人兒添入心窩裏。婚姻值亂離。好驚疑。向風火堆中繫彩絲。惟願取聘錢十萬充軍費。不煩他宮女三千作嫁衣。**〔註20〕

皇后未允婚期延後，長平公主便也接受了。悲喜之間，有一個人進入了她的心房。當此國難之際，她仍希望用自己的聘錢當軍費，也不勞煩宮女替她作嫁衣，可謂與國家共體時艱。

2. 忠君愛國

黃燮清將對闖賊的憤恨與對誤國奸臣的憤恨主要交給了周世顯。他筆下的長平公主也有類似情懷，主要是對家破以後的悲涼。

> ……**心疼倉皇骨肉捐軀殉。撇下孤兒誰憐憫。待追隨泉壤雙親。怎勾留年華一瞬。這精靈何勞送轉風輪。**如今二王及招仁公主。怎生結果。（老旦）二王下落。未有確耗。昭仁公主。已被萬歲斫死了。（旦大哭介）**二王消息參疑信。死生未準。不如姊妹同行。向修羅一問。**〔註21〕

長平公主剛剛甦醒，問過老旦父母下落，得知崇禎自縊、皇后殉國時的痛；

〔註19〕黃燮清：《帝女花》第二齣《宮歎》，頁86。粗字為唱詞，後同。
〔註20〕黃燮清：《帝女花》第二齣《宮歎》，頁87。
〔註21〕黃燮清：《帝女花》第六齣《佛餌》，頁112。

又問及二王與昭仁公主，知道昭仁公主已死，令其心痛欲絕。此外，在後來的第十二齣《草表》，公主依然懷念著故去的父母、手足：

> 【仙呂入雙調】【風雲會四朝元】淹然逝矣。尋來夢亦稀。便呼天籲恨。灑血成淚。夜臺魂未知。記當時生我。記當時生我。繡褓成香。金縷裁衣。玉洞藏嬌。瓊花闘麗。愛惜珍珠比。嗟。未得報春暉。石馬銅駝。一霎悲風起。留下我孤星曙後淒。在陽間。怎滋味。況沒箇至親骨肉。兄兄妹妹。都難尋覓。〔註22〕

懷念故國，懷念親人的長平公主鎮日傷心〔註23〕，對她而言浮生已若夢，思及山河全非以及故國茫茫，她便潸然淚下。〔註24〕因為國亡家破，而想要遁入空門的長平公主，後來寫下表章，呈上新朝。

除了上述對於故國與家人的追思與哀愁，長平公主對奸臣也是有所表示，她描述周奎「雖為國戚，實負朝廷」；說周鍾「腆顏事賊，尤我仇敵」，對這些辜負明朝、侍奉賊君的臣子非常痛憤：

> （旦）咏。周鍾你還在人世麼。（丑）蒙新主錄用。恩遇頗隆。是以不曾死得。（旦怒介）周鍾。你身為國戚。受恩深重。不能為國捐軀。反面事賊。何顏再來見我。甚心肝面目。尚稱休戚臣。擁一座假銅山。全不念朝廷困。你生時點污乾坤。死後如何見故君。不顧人唾罵。靦腆因循。（丑）周鍾雖有不是。畢竟救了公主性命回家。怎的倒着起惱來。（旦）禁聲。我雖女子。視死如歸。不似那誤國奸臣。要勉強活在世上也。化煙不想骸髏剩這箇身。誰要你鬼惺惺胡安頓。（丑背介）難道倒救差了不成。（旦）周鍾吓周鍾。庸庸一生。衣冠齊整。兩朝領袖。帶毛皮做人。〔註25〕

罵得周鍾狗血淋頭，趕緊離去。對於長平公主而言，闖賊是害她家破國破的壞人，侍奉闖賊的臣子俱都是靦腆小人；然而她卻對入主中原的清朝感恩戴德。歷史上明末同時有流寇與邊患，但是在黃燮清的傳奇中，前段不提清朝，

〔註22〕黃燮清：《帝女花》第十二齣《草表》，頁140。

〔註23〕黃燮清：《帝女花》第十二齣《草表》：老旦：「……那公主懨懨愁病。鎮日傷心。」，頁139。

〔註24〕黃燮清：《帝女花》第十二齣《草表》：「【正宮引子】【破齊陣】天地浮生若夢。河山舉目全非。銅雀荒臺。玉簫舊館。杜宇數聲而已。一點癡魂無歸束。回首茫茫故國悲。潸然彈淚絲。」頁139。

〔註25〕黃燮清：《帝女花》第六齣《佛餌》，頁112。

只提流寇，並且渲染流寇妖氛；到中段時，清朝兵下，反倒變成了正義之師，長平公主還得謝謝聖清恩德浩蕩：

> 如今已是順治二年了。且喜
>
> 聖清御極。流賊蕩平。先帝后梓殯荒涼。蒙
>
> 與朝恩德。改葬如禮。國讎既雪。陵寢亦安。〔註26〕

聖恩浩蕩，替她雪了國仇家恨，還替她將帝后安葬。明明清朝也佔了她的國家，在歷史上甚至是邊患，她在劇中卻多次謝聖朝，家國不復似乎也不是重點了。這樣的安排放到今日來看很是奇怪，然而作者黃燮清身為清朝臣民，雖屢次參與科舉考試不第，但無論如何，不敢明言清室之不是，乃作者受時代背景之侷限。〔註27〕

3. 對愛情的態度

黃燮清筆下的長平公主對愛情的態度屬於傳統女性，她雖然稍微提出異議，最後仍安然接受了父母替她安排的婚姻，甚至於「有個人兒添入心窩裡」〔註28〕。在庵觀時，她也思想起未曾見過的駙馬：

> 旦作。我在這裏茹苦含悲。那周駙馬不知怎生潦倒。這情緒好難安頓也。
>
> 【前腔】伯勞燕子。東西兩處飛。料一般酸楚。同時憔悴。這愁懷各自知。算尋常忼儷。算尋常忼儷。有多少玉傍香挨。贅貼饔依。

〔註26〕黃燮清：《帝女花》第十二齣《草表》，頁140。

〔註27〕黃燮清作此傳奇的目的，在第十四齣《尚主》中，藉由劇中人物之口表露無遺：「（副末白鬚藍衫披紅笑上）……今有箇姓黃的秀才。他自號繭情生。新打一部帝女花樂府。又把我硬扯在裏頭。做箇贊禮。我老人家東呼西喚。忙箇不了。倘然兩本戲一同唱將起來。要用孫行者分身法才好。可笑那繭情生年紀輕輕。不去讀墨卷做試帖詩。偏弄這些筆墨。不知他有甚好處弄出來。（內）你曉得他為甚麼做這部帝女花。（副末）他說道中天揖壤。那商均的妹子。夏禹王不曾替他嫁箇郎君。三代征誅。那殷受的女兒，周武王也不曾未他贅箇夫壻。我　　熙朝待前明的恩德。別的也說不盡。即如坤與公主這樁情節。已是上軼虞夏。遠邁商周。連他也憑空感激。所以做這本樂府。無非歌咏　　聖德的意思。（內）原來如此。」，頁150。

〔註28〕「【前腔】眉銜一段悲。語雜三分喜。有箇人兒添入心窩裏。婚姻值亂離。好驚疑。向風火堆中繫彩絲。惟願取聘錢十萬充軍費。不煩他宮女三千作嫁衣。朱媺娖吓朱媺娖。你雖有所歸。只是又添許多挂礙了。從今起。便莊生化蝶也向他飛。渺茫茫一點情兒。蕩悠悠一縷魂兒。須索要跟隨你。」見黃燮清《帝女花》第二齣《宮歡》，頁87。

> 葉共枝連。眉齊目比。拆不散同心結。嗟。一樣做夫妻。離亂顛危。
> 偏有咱和你。紅鸞星慘悽。青鸞鏡蕭瑟。也算因緣一世。空空色色。
> 畫中夫婿。〔註29〕

夫妻本是同林鳥,如今卻東西兩處飛。駙馬應同我一樣心中酸楚、憔悴。在愁苦中還不忘素未謀面的駙馬,真的就如她在第二齣中所唱「便莊生化蝶也向他飛。渺茫茫一點情兒。蕩悠悠一縷魂兒。須索要跟隨你。」的一樣了。雖然為男性描寫女性的筆墨,愛情又來得沒來由,但若不這麼寫,似乎也沒有戲可以讓從未見過面的公主與駙馬兩人演了。

後來兩人完婚,婚後生活算是愜意,然而公主憂從衷來不可止,漸漸病重。在第十七齣《香夭》時,她問駙馬在何處,侍女說駙馬去維摩庵替公主祈福,此時長平公主說道自己「總是要死的。能多見一刻也好。怎生又去了吓。」〔註30〕又唱道「郎情厚我無福消。只待化銜泥乳燕。向君屋營巢。」〔註31〕可見愛夫情重。

(二)周世顯

常言道國家興亡,匹夫有責,作為駙馬,周世顯自然也必須扛起一些責任,否則非但配不起長平公主,也與作者的創作動機相悖。關於傳奇版本的周世顯,與公主的性格特徵有幾點相似之處:如憂國愛民、忠君愛國、對愛情的態度等,只是表現方式不同,而最不同的仍在對愛情的態度上,這一點,周世顯對愛情可說是無怨無悔。

1. 憂國愛民

周世顯於第三齣《傷亂》中出場,從他的對白中,可以看出他也是一個憂國憂民的人物,只可惜對時事無力,也無挽救之法:

> ……豈料蟻賊鴟張。中原虎鬥。羽書迅發。陡聞傳箭之聲。鹵簿消
> 停。暫緩催粧之詠。目下闖賊連破大同宣府。勢如席捲。鋒不可當。
> 不知京城怎生守禦。早起又遣家僮高義探聽寇信去了。咳。諸藩鎮
> 權統三軍。不見勤王豪傑。眾臣茫無一策。但稱聖主威靈。病劇醫
> 庸。棋輸子亂。我太祖艱難創業。今皇帝辛苦守成。何竟一敗至此。

〔註29〕黃燮清《帝女花》第十二齣《草表》,頁141。
〔註30〕黃燮清《帝女花》第十七齣《香夭》,頁165。
〔註31〕黃燮清《帝女花》第十七齣《香夭》,頁168。

好生痛憤也。〔註32〕

此段除了說明他對天下局勢之擔憂之外，也描繪了他的性格：對於國家亂離的局勢感到痛憤，對於眾臣毫無作為感到憤恨。又：

> 【宜春令】傷時事。枉歡嗟。問根由。誰為禍芽。自古云。人之云亡。邦國殄瘁。自黨禍一興。正士刪夷殆盡。朝內無人。至有今日。**東林獄起。衣冠一例憑糟蹋。壞元陽。天啟皇爺亂朝綱。中璫枝葉今日裏零星。敗局更誰支架。**

> 時事至此。這班庸臣。尚不盡心幹濟。朝端仍以門戶相爭。體面把持。謀腹缺。卸邊缺。營高陞。求速轉。真狗彘之不若。恨不以上方斬馬劍誅之也。〔註33〕

他提及了國家受禍至此的緣由，是東林獄起，朝綱毀壞，以至今日亂局。而天下亂至此，朝堂上的庸臣卻仍然內鬥、內耗，汲汲營營只為了自己好，他恨不得用上方寶劍殺了那些禍國庸臣。

2. 忠君愛國

在黃作，周世顯的忠君表現在第八齣《哭墓》，在這裡他並不表現忠君護主，在劇本情節的安排上，他也沒有這樣的機會。且因為崇禎已死，所以他只是哭弔：

> 咳。萬歲吓萬歲。生前玉食萬方。死後這般蕭索。想起來好痛心也。〔註34〕

想到崇禎生前錦衣玉食，死後如此淒涼，不由得他感慨。他又道：

> 哎喲。萬歲呵。有明三百餘年。二祖列宗。生成覆載。萬歲憂勤惕勵。十七載如一日。豈意蟻賊憑陵。神京穢毒。一棺長掩。九廟齊灰。悠悠蒼天。此恨何極。看了這淒涼梓殯。怎不腸迴心碎也。〔註35〕

說崇禎憂勤惕勵，十七年如一日，沒想到流寇「妖氣穢毒神京」，現在還被葬在田貴妃墓斜，令他腸迴心碎。

因此當清朝趕走流寇，並且改葬崇禎以後，他感恩戴德，竟稱揚起清朝的恩德來了。故此他的忠令人感到矛盾，卻也是作者時代的必然。

〔註32〕黃燮清：《帝女花》第三齣《傷亂》，頁89。
〔註33〕黃燮清：《帝女花》第三齣《傷亂》，頁90。
〔註34〕黃燮清：《帝女花》第八齣《哭墓》，頁121。
〔註35〕黃燮清：《帝女花》第八齣《哭墓》，頁122。

3. 對愛情的態度

黃燮清傳奇中的生旦在第十四齣《尚主》才終於相見，但也只是上台拜堂，沒有對話。在這之前，都是生旦各自思念，並無什麼可觀之處。即便如此，周世顯思念公主時，仍是十分深情的，如第八齣《哭墓》：

> 咳。萬歲與田貴妃。也得九泉聚首。只是我那公主千秋永別。這一副遺尸。不知拋擲何方。便要死在一處也不能夠了。

他看著崇禎跟田貴妃葬在一起，便想起自己與公主，他至今不知道公主下落，所以說要跟公主死在一處也不能夠，頗是深情。第十齣《探訊》時，周世顯得知公主出家帶髮修行，唱道：

> 【前腔】聞言淚涌。為他心痛。待皈依丈六金身。卻辜負一雙玉種。**嘆飄零斷蓬。嘆飄零斷蓬。**早難道紅粧斷送。青燈供奉。既不在這裏。俺且回去。再行探聽音信便了。**問芳蹤。**可能夠同證三生果。只怕他愁消一鏡容。〔註36〕

雖然未曾見過面，但在以為公主死了的時候，周世顯為她哭；聽說公主帶髮修行時，周世顯也為她淚流，可謂深情。除此以外，在第十五齣《傷敘》裡演公主婚後，身體逐漸變差。在這一齣裡可以看到公主與駙馬婚後生活不錯，還能夠擺酒筵。兩人感謝「天心憐憫」，在歷盡艱辛以後終成眷屬。〔註37〕當公主惆悵心起，周世顯還「為旦拭淚」，告訴她不用惆悵。〔註38〕當看見公主臂上傷痕，他感到「好痛殺也。」〔註39〕可見非常愛惜她。

在第十六齣《香夭》時，周世顯還為公主去求神拜佛，希望她的病體能夠好轉。公主的憂愁一直無法排解，周世顯也一直建議她休息養神。當公主昏而復醒，要駙馬隨她去了，周世顯說「這是如何捨得。你好忍也。」〔註40〕又昏過去，周世顯便讓人將公主扶到床上，公主死了，周世顯道「噯喲。痛煞我也。」掩泣下。〔註41〕

〔註36〕黃燮清：《帝女花》第十齣《探訊》，頁 132。

〔註37〕「（生）公主。下官和你二人。烽煙踯躅。蓬絮飄零。備歷艱辛。終成眷屬。天心憐憫。這因緣非比泛常也。」黃燮清：《帝女花》第十五齣《傷敘》，頁 155。

〔註38〕「（生為旦拭淚介）公主不用惆悵。當此秋光明淨。正該消遣。和你小飲一回罷……。」黃燮清：《帝女花》第十五齣《傷敘》，頁 156。

〔註39〕「（生攜旦手看介）呀公主。你臂上紅絲一縷。傷痕宛然。教人好痛殺也。」黃燮清：《帝女花》第十五齣《傷敘》，頁 157。

〔註40〕黃燮清：《帝女花》第十七齣《香夭》，頁 168。

〔註41〕黃燮清：《帝女花》第十七齣《香夭》，頁 169。

於第十九齣《殯玉》安葬了公主以後，周世顯睡著夢見兩名仙童，要領他去聽佛說法。他問道能否見到公主，聽聞公主已在那裡，他便欣喜說要快點去，很是癡情。〔註42〕

（三）崇禎皇帝

身在明末亂世的崇禎皇帝，外有邊患，內有流患，內外夾擊下，闖賊日漸逼近，朝中無有救國良臣，他只能坐困愁城，並做一些能力尚可及的事，如賜死后妃女兒。而在殺女之時，他則流露出了人倫親情，突顯了帝王家的悲哀。

1. 悲嘆興亡

崇禎皇帝於第五齣《割慈》中出場。他出場時，賊兵已經闖入宮廷，他已經沒有挽救的方法了：

【中呂過曲】【粉孩兒】慌慌的滿朝官無救法。任天狼封豕憑空飛下。盼勤王兵在天一涯。苦伶仃一箇官家。問蒼天啞口無言。念蒼生清淚交灑。〔註43〕

滿朝官員竟都沒有救國良方，放任流患四竄，他只能期盼勤王兵到，無語問蒼天。接著他自報家門，說道：

鳳闕龍樓慘暮煙。妖星直犯紫微躔。明知天運終難復。歷盡艱辛十七年。朕乃崇禎皇帝是也。即位以來。焦勞備至。豈料人心已去。寇燄日張。〔註44〕

他深知天運難復，感嘆即位以來，治國辛勞，卻不想人心已去，流寇的氣燄日益增大。返回宮中，先斬公主，後賜死昭仁公主與袁貴妃，又傳旨命皇后歸天。最後別無他法的他，說道：

願天早生聖人。削平盜賊。一雪有明之恥。使百姓免致塗炭。復見昇平。〔註45〕

因為他已無他法，只能求天賜聖人，將流寇之亂給削平，讓世界再次昇平。隨後崇禎便引內侍前往煤山去了。

〔註42〕黃燮清：《帝女花》第十九齣《殯玉》，頁179。
〔註43〕黃燮清：《帝女花》第五場《割慈》，頁100。
〔註44〕黃燮清：《帝女花》第五場《割慈》，頁100。
〔註45〕黃燮清：《帝女花》第五場《割慈》，頁105。

2. 舐犢情深

《割慈》一齣，當崇禎走回宮中，長平公主剛好上場，見他跪泣，問他現在應當如何是好。崇禎便說了最有名的一句話「你投生錯入帝王家」，長平公主哭泣，哭得他腸都裂：

【會河陽】**事到如今。安能顧他。你投生錯入帝王家。**（旦哽咽介）**可憐小鳳雛凰。恁般狼藉靠不住爹和媽。親爺苦得我心如結。**（生）**嬌娃哭得我腸都裂。**

（推旦離立介）**事已至此。尚有何說。當以一劍了你殘生。免致賊人凌辱。**（拔劍欲殺介）（旦作驚顫牽衣哭介）（生手軟不能殺介）（旦）**我的親父呵。**（內侍宮女各淚介）（旦哭唱）

【縷縷金】**難離母。慘呼爹。常時疼熱我。百樣愛憐咱。親生的皮和肉。怎生要殺。孩兒死不足惜。只是夜台縹緲不知可能再見父母否。怕黃泉無處覓慈鴉。遊魂易飄泊。遊魂易飄泊。**〔註46〕

從括號中的動作可以看到崇禎欲殺而不能殺的掙扎，而公主知道父親要殺她，卻還是關心泉台下是否能再見到父母，可見公主與父母的情感頗深。崇禎也很愛這個女兒，他砍了長平公主以後，說道：

（撫旦屍猛看介）**哎喲。我的親兒。真箇死了麼。你好苦也。不如生在那百姓人家。倒得箇慈父親娘憐他。管他做了斷腸花。看着你隕黃沙。**

（哭下）〔註47〕

他對公主說：「你好苦，你倒不如生在百姓人家，還有個慈父慈母憐惜自己，怎會教你做了斷腸花，還要父母看你隕落黃沙」接著哭下。黃燮清筆下的崇禎皇帝雖然戲分不多，不過能在短短數行文字間看見他對女兒的愛憐，看得出他們舐犢情深。

（四）周鍾：只圖享樂，不顧國家

在黃燮清的筆下，周鍾以「丑」扮演，他在《割慈》中上場，是時宮廷一片混雜，他「昨晚在公侯家引九。直至五更方散。一路回來。遠遠聽見人喊馬嘶。莫非內城已破。不免進宮去探望探望。也見得做皇親的休戚相關呀……。」

〔註46〕黃燮清：《帝女花》第五齣《割慈》，頁102。
〔註47〕黃燮清：《帝女花》第五齣《割慈》，頁102。

國家危難之際，他還同人飲酒作樂，大難之時，他也不知道發生了什麼事，甚是誇張。進宮之後被公主的身體絆跌，竟道：「這箇人怎的不睡在床上。卻躺在這裏。」然後將公主抬回府中。

當他出宮時，碰上了一些人：

> （小淨）我們都是大明的官府。如今李闖殺來。本該做箇忠臣。（眾）是麼。（小淨）只是這一副寡廉鮮恥的面目。平日演就。急切更改不來。剛才聞得傅太監已獻城投降。賊兵一到。我輩須得早早歸順。還可以永保富貴。（丑）高見極是。〔註48〕

周鍾竟以此為高見，也可知作者有意諷刺這些不為事的皇親國戚以及降臣。另外，當公主甦醒以後，看到周鍾，罵道：

> （旦）咏。周鍾你還在人世麼。（丑）蒙新主錄用。恩遇頗隆。是以不曾死得。（旦怒介）周鍾。你身為國戚。受恩深重。不能為國捐軀。反面事賊。何顏再來見我。**甚心肝面目。尚稱休戚臣。擁一座假銅山。全不念朝廷困。你生時點污乾坤。死後如何見故君。不顧人唾罵。靦腆因循。**（丑）周鍾雖有不是。畢竟救了公主性命回家。怎的倒着起惱來。（旦）禁聲。我雖女子。視死如歸。不似那誤國奸臣。要勉強活在世上也。**化煙不想骷髏剩這箇身。誰要你鬼惺惺胡安頓。**（丑背介）難道倒救差了不成。（旦）周鍾吓周鍾。**庸庸一生。衣冠齊整。兩朝領袖。帶毛皮做人。**〔註49〕

義正詞嚴，把周鍾罵得趕緊下場。之後清軍入關，周鍾從賊西去，再無消息。

總而言之，傳奇中的周鍾是一個昏昧只知貪圖榮華之人，靦腆事賊，沒有節操，故而由丑角扮演，並作一個箭靶，為劇中人物所唾罵。

四、戲曲藝術

以下分別就曲文說白、舞台美術及思想旨趣分作敘述：

（一）曲文說白

黃燮清的《帝女花》聽說很早便傳入日本，頗受喜愛，傳唱不絕。至 1953 年，任白為電影《富士山之戀》而至日本取景，看到此劇演出，回港後交由唐

〔註48〕黃燮清：《帝女花》第五齣《割慈》，頁107。
〔註49〕黃燮清：《帝女花》第六齣《佛餌》，頁113。

滌生改編，是為今日粵劇《帝女花》〔註50〕。

　　《中國曲學大辭典》云黃燮清《帝女花》目前最早有清道光十三年（1833）刻本，作於道光十二年（1832），據孫恩保〈《桃溪雪》題詞〉自注，言「韻珊前製《帝女花》，日本人咸購誦之。」〔註51〕可知傳入日本所言不假。

　　《帝女花》傳奇的曲文如何？曾永義於〈黃韻珊的帝女花〉中言其寫作該劇試逢秋闈報罷他放浪詞酒之際，心情抑鬱〔註52〕。其所作《帝女花》傳奇中，詞文皆有此特色，如卷首許麗京撰序曰：

> 韻珊黃君，獨參妙旨，鬱為宏詞，覺情文之相生，悟空色之即是。
> 鋤奸擄憤，鐵筆森嚴⋯⋯借前朝之幽怨，刻羽引商，仗我佛之慈悲，
> 驚神泣鬼。此《帝女花》之所由作也。古直滄涼，則曹公樂府，哀
> 感頑豔，則玉茗風流。是以信而可徵，言以婉而多諷。〔註53〕

觀此傳奇中，鋤奸擄憤確實是一個重點，黃燮清除了借公主、駙馬之口宣洩時局紛亂，奸臣禍國之憤；在第四齣《軼關》中寫守關的將軍與太監將城門打開，投降於李闖，又寫李闖劫掠財帛與婦人，眾百姓紛紛逃竄。第五齣《割慈》讓崇禎皇帝悲殺妻女家人的家國悲劇。綜觀卷上齣目，多是抑鬱；卷下雖有「熙朝昇平」，卻仍是「花憔月憔」，一路哀怨，難有舒暢。

　　又黃韻珊胞兄黃際清於《帝女花》後跋云：

> ⋯⋯陳子琴齋，將發其鬱以觀其才，請傳坤輿故事。謂吾朝之恩禮
> 勝國，與貴主纏綿生死，皆前古稀覯；當不似還魂等記，託賦子虛，
> 且亦我輩未得志時，論古表微所必及也。韻珊韙之，彌月而稿出，
> 哀感頑艷，聲情俱繪，一時傳覽無虛日。〔註54〕

黃燮清友人陳其泰建議他作長平公主故事，謂當朝之恩德與公主之纏綿生死

〔註50〕陳國球：《香港的抒情史》（香港：中文大學出版社，2016年），頁368。

〔註51〕齊森華等編：《中國曲學大辭典》（浙江：浙江教育出版社，1997年）帝女花條目。又見蔡毅編著：《中國古典戲曲序跋彙編》，（北京：齊魯書社，1989年），頁2179。

〔註52〕曾永義：〈黃韻珊的帝女花〉，收錄於《中國古典戲劇論集》（臺北：聯經出版社，1975年），頁281。

〔註53〕許麗京：〈序〉，見《倚晴樓七種曲》，收錄於《傅惜華藏古典戲曲珍本叢刊》第93冊，（北京：學苑出版社，2010年），頁169。

〔註54〕黃際清：〈跋〉，見《倚晴樓七種曲》，收錄於《傅惜華藏古典戲曲珍本叢刊》第93冊，（北京：學苑出版社，2010年），頁361。

等皆史所罕見〔註55〕，黃燮清彌月而作成，其詞哀感頑豔，聲情俱繪。還有朱泰修跋云其「以抑鬱之懷，寫蒼豔之思」〔註56〕，看來哀感頑豔、蒼豔之思是《帝女花》曲文之特色。〔註57〕

舉幾個曲文作為例子，如第十二齣《草表》中有：

> 【仙呂入雙調】【風雲會四朝元】淹然逝矣。尋來夢亦稀。便呼天籲恨。灑血成淚。夜臺魂未知。記當時生我。記當時生我。繡褓成香。金縷裁衣。玉洞藏嬌。瓊花鬥麗。愛惜珍珠比。嗟。未得報春暉。石馬銅駝。一霎悲風起。留下我孤星曙後淒。在陽間。恁滋味。況沒箇至親骨肉。兄兄妹妹。都難尋覓。〔註58〕

公主於庵觀之中思念故去的父母家人，是時雖已是順治二年，她國仇已雪，父母安陵，思想起來卻又悽惻苦惱，茹苦含悲，一時間無法排遣。又：

> 【黑麻令】既然是免不過花憔月憔。問當初為甚要仙曹鬼曹。留下這不盡的愁苗恨苗。何若是不見壇郎。也免得他魂消魄消。到今日煙飄絮飄。應丟開鸞交鳳交。夢兒中頃刻恩情。吹斷了瓊簫玉簫。〔註59〕

此時公主久病將死，作者寫了這樣的曲詞，令觀者也無法不同感哀切。像這樣悽切悲涼的詞文，幾乎整部傳奇皆是。不過偶有令人莞爾的安排，如第四齣《軼關》中，逃竄的人中有個短鬚女裝的丑，被擒以後竟作嬌聲：

> （丑捏鼻作嬌聲介）奴家是箇小婦人。求爺爺饒命。情願做你的渾家。
>
> （兵）你是女的。怎麼有連鬢鬍。
>
> （丑）其實差不多。前路不通。請通後路罷。
>
> （兵）不害臊的東西。看刀。〔註60〕

〔註55〕可惜公主終究是個懷柔棋子。雖然此一干人等借公主跟駙馬重新婚配之事來表達清室之殊恩，但其實無人在意公主本人的意願，出家才是她真正的願望，可惜歷史上詔不許，她也沒有改變命運的能力。

〔註56〕朱泰修：〈跋〉，見《倚晴樓七種曲》，收錄於《傅惜華藏古典戲曲珍本叢刊》第93冊，（北京：學苑出版社，2010年），頁369。

〔註57〕曾永義說「因為韻珊以抑鬱之懷寫蒼豔之思，所以流露在筆端的自然是淒麗婉轉之音……所謂『哀感頑豔』，淒惻動人的曲子，在帝女花中，幾乎俯拾皆是。」見曾永義：〈黃韻珊的帝女花〉，收錄於《中國古典戲劇論集》（臺北：聯經出版社，1975年），頁293。

〔註58〕黃燮清：《帝女花》第十二齣《草表》，頁140。

〔註59〕黃燮清：《帝女花》第十七齣《香天》，頁168。

〔註60〕黃燮清：《帝女花》第四齣《軼關》，頁95～96。

像這樣用來調劑悲離的內容，畢竟相較不多，全部傳奇還是以哀婉為主要，故事內容哀戚，曲詞也哀戚，說白也哀戚。然而綜觀全劇，由頭至尾的無奈與志難以伸，即便有些許調劑內容，終難以影響故事大局。而且，黃燮清對於人物的安排總顯拖累：公主鬱鬱抱憾而終，除了借故進香不回與自行上表請求出家以外，一生飄泊都不隨己意，情感上難以紓伸；對於周世顯的安排，除了上場罵奸佞，哭故主之墓抒發情懷以外，當他知道公主未死之訊後竟無所作為，令人覺得鬱悶難填。

曾永義說得好，本傳奇在布局、排場及音律等皆不算成功。〔註61〕整整二十齣的戲，男女主角竟要等到第十四齣時才頭一次同在場上，實在拖泥帶水，加上整齣戲皆是哀哀戚戚的文句，讀之難以歡暢。不過，若單看其文詞，確實不錯，故爾有「遠追玉茗，進抗心餘」〔註62〕之說。

（二）舞台美術

由於明清傳奇多為案頭文學，不一定能搬演，而黃燮清之《帝女花》，在劇情上亦非佳作，今日華人地區不見搬演，故無從得知其舞台美術如何。不過，據梁慧〈以劇寫「史」：黃燮清《倚晴樓九種曲》研究〉一文，云黃燮清《帝女花》傳奇以服飾反映改朝換代。例如長平公主在明朝時穿著宮裝，所以第二場《宮歡》寫「旦宮裝上」；改朝換代以後，她身份已經改變，所以在《草表時》，寫「旦淡裝上」。其後像是：

> 《尚主》文武官穿「補服」、服侍長平的侍女穿的是「滿漢裝」，讓
> 那明朝公主看了，真不得不「雖處歡娛，仍然愁悶，神傷言外，恨
> 鎖眉間」(《傷敘》)仍能夠穿著明朝衣冠的，只有那崇禎帝后。不過
> 這只能在長平魂遊，到了「思陵」才能見到。〔註63〕

分析了黃燮清善用服飾來營造不同的時代感甚至是氣氛。

（三）主題思想

《帝女花》究竟讓黃燮清抒發了什麼胸中塊壘？他在自序中言道：

〔註61〕曾永義：〈黃韻珊的帝女花〉，收錄於《中國古典戲劇論集》（臺北：聯經出版
社，1975年），頁297。
〔註62〕曾永義：〈黃韻珊的帝女花〉，收錄於《中國古典戲劇論集》（臺北：聯經出版
社，1975年），頁297。
〔註63〕梁慧：〈以劇寫「史」：黃燮清《倚晴樓九種曲》研究〉，（香港中文大學中國
語言及文學課程哲學碩士論文，2011年5月）頁77。

嗟呼。循環生死。神仙無了結之期。俯仰興亡。宇宙皆貯悲之境。
大江東去。挽不住恨水波濤。小海西流。問不出冤禽消息。況乃帝
王古肉。鬱痛千年。兒女江山。同聲一哭。如明季長公主者。尤足
動廢書之長歎。愴思古之幽懷者也。〔註64〕

蓋長平公主之故事，寄在國家興亡之中，令人愴思古之幽懷。這是一種對於
歷史興亡的感慨，也是一種衝擊。梁慧云「對他們來說，晚明作為一個歷史
時代，當中的興衰起跌始得有歷史意識的文人感到一種相似而迫切的衝擊；
他們對待歷史產生一種惘然感，本身所處的環境面臨著內憂外患〔註65〕，漸
漸加重了文人『經世載道』的情懷，摒棄過去為了明哲保身，不理國事的態
度，以為借用歷史可以觸動更多人對此時國家狀況有所關注。」〔註66〕本文
第二章述及黃燮清作《帝女花》傳奇，乃是為了歌功頌德，宣揚清室的熙恩。
除此以外，由劇本還能看到他的另外一個目的：鋤奸剷惡，抒懷壯志。

1. 鋤奸剷惡，抒懷壯志

《帝女花》傳奇分上下兩卷，卷上時值明末，國內大亂，妖氣天下；黃
燮清所處作者透過人物之口，抒發了對奸佞的不悅，如第三齣《傷亂》中，周
世顯唱：

【宜春令】傷時事。枉歎嗟。問根由。誰為禍芽。自古云。人之云
亡。邦國殄瘁。自黨禍一興。正士刪夷殆盡。朝內無人。至有今日。
東林獄起。衣冠一例憑糟蹋。壞元陽。天啟皇爺亂朝綱。中璫枝葉
今日裏零星。敗局更誰支架。

時事至此。這班庸臣。尚不盡心幹濟。朝端仍以門戶相爭。體面把
持。謀腹缺。卸邊缺。營高陞。求速轉。真狗彘之不若。恨不以上
方斬馬劍誅之也。〔註67〕

他悲嘆國家傷亂至此，流寇作亂，民不聊生，而在上位者，又尸位素餐，不作
正事，不務正業，真是「豬狗不如」，恨不得將其誅之。

〔註64〕黃燮清〈《帝女花》自序〉，《帝女花》，見《倚晴樓七種曲》，收錄於《傅惜華
　　　　藏古典戲曲珍本叢刊》第93冊，（北京：學苑出版社，2010年），頁169。
〔註65〕嘉慶十八年有天理教之亂，平民竟攻入紫禁城內。後道光年間又爆發鴉片戰
　　　　爭。
〔註66〕梁慧：〈以劇寫「史」：黃燮清《倚晴樓九種曲》研究〉，（香港中文大學中國
　　　　語言及文學課程哲學碩士論文，2011年5月）頁65。
〔註67〕黃燮清：《帝女花》第三齣《傷亂》，頁90。

又第七齣《朝鬧》中，作者安排兩名內侍，因看不慣為人卿相者恁般無恥，靦顏從賊，於是前往跟那些人廝鬧。作者另外安排幾個小人上場，將人心的貪婪與醜陋，宣諸於文字之間。如：

> （副淨）我們都是亡國大夫。想做箇佐命元老。昨日丞相牛金星。
> 出示文武大小官員。俱于今日面聖。不免同往午門。聽點職名去。
> （雜）只是楊兄為何削去頭髮。（丑）先時要做箇遺民。因而披剃。
> 仔細想來。倘能依舊做官。畢竟體面。故爾報名。（合）**由他囉唣。**
> **由他嘲笑。不用假斯文。將就做官好。**〔註68〕

然而這些寡廉鮮恥的小人，想要掙個官位，最後還是遭受了報應。齣末牛金星命人左右將光頭的丑其他的鬍鬚全部拔去，又將其餘人，沒被揀用者都送去權將軍處聽候施刑。然後眾人就被兵士打下。唱詞還寫道「前番榮耀。今番苦惱。寄語滿朝官。切莫尤而效。」〔註69〕來警告世人。

又如第十八齣《魂遊》，公主的幽魂看到鬼卒打周鍾鬼魂，罵他生前欺君負國，造惡萬端，也是一例。蓋作者也想做此為警，警告世人不要作奸犯科、欺君負國；又作者屢屢批判尸位素餐的奸佞、背信忘義的降臣，大有勸人為善、忠君愛國之意。故時人萬立衡〈題辭〉云「阮家固佻達，玉茗終淫佚，詎如帝女花，風人麗以則」之語，批評阮大鋮跟湯顯祖，稱讚黃之《帝女花》有諷諫他人之意。〔註70〕

2. 歌功頌德

這是劇作家創作此傳奇的一個動機，黃燮清藉由清朝禮遇長平公主之事加以鋪墊，甚至讓劇中人物宣之於口。而每當提及當朝或熙恩等語，必定空兩格挪台或空一行〔註71〕以示尊敬，這樣的狀況在全劇中處處可見，下舉一例：

> 如今已是順治二年了。且喜
> 聖清御極。流賊蕩平。先帝后梓殯荒涼。蒙

〔註68〕黃燮清：《帝女花》第七齣《朝鬧》，頁115～116。
〔註69〕黃燮清：《帝女花》第七齣《朝鬧》，頁119。
〔註70〕「……批評阮大鋮和湯顯祖的作品都不如黃燮清的《帝女花》嚴肅，對世人有正面的影響。」見梁慧：〈以劇寫「史」：黃燮清《倚晴樓九種曲》研究〉，（香港中文大學中國語言及文學課程哲學碩士論文，2011年5月）頁62。
〔註71〕《傅惜華藏古典戲曲珍本叢刊》所收清光緒刊本為空兩格；盧瑋鑾主編：《辛苦種成花錦繡——品味唐滌生粵劇《帝女花》》所收同治四年刊本為空一行。

與朝恩德。改葬如禮。國讎既雪。陵寢亦安。〔註72〕

這是第十二齣《草表》中，公主的說白。時值順治二年，前年流寇已被消滅，清朝舉著正義之旗南下，替公主掃除了國仇家恨。又如《帝女花》第十四齣《尚主》中，一名老贊禮被問道：「你曉得他為甚作這部帝女花？」時回答：

> 他說道中天揖讓。那商君的妹子。夏禹王不曾替她嫁箇郎君。三代
> 征誅。那殷受的女兒。周武王也不曾為他贅箇夫婿。我
>
> 熙朝待前明的
>
> 恩德。別的也說不盡。即如坤興公主這椿情節。已是上軼虞夏。遠
> 邁商周。連他也憑空感激。所以做這本樂府。無非歌詠
>
> 聖德的意思。〔註73〕

這樣的言語今日讀來不免感覺怪里怪氣，不過這卻是時代之必然。

黃燮清借明末長平公主之事，有抒發自己懷才不遇之情〔註74〕，更以歷史抒發　國興哀哀歎，然而他的哀歎並非憑空而來，也不是無病呻吟，而是當時社會事件重重，國勢逐漸走向衰敗，黃作此曲，有勸世意味。

第三節　唐滌生《帝女花》粵劇

唐滌生，廣東中山人，1937 年因日軍侵華而輟學，隔年遷徙香港，加入堂姊夫薛覺先〔註75〕劇團負責抄曲，從此與粵劇締下不解之緣。

因時間推移與各家改編搬演等諸多原因，粵劇《帝女花》可說版本眾多。〔註76〕本文採 2015 年由匯智出版有限公司所重新出版之葉紹德編撰、張敏慧

〔註72〕黃燮清：《帝女花》第十二齣《草表》，頁140。

〔註73〕黃燮清《帝女花》第十四齣《尚主》，頁150。

〔註74〕可見梁慧：〈以劇寫「史」：黃燮清《倚晴樓九種曲》研究〉，（香港中文大學中國語言及文學課程哲學碩士論文，2011年5月）頁92。

〔註75〕薛覺先（1904～1956），名作梅，廣東省順德縣人，粵劇名伶。見賴伯彊：《粵劇史》，（北京：中國戲劇出版社），1988年。

〔註76〕除了開山本，還有任白電影版、雛鳳鳴電影版以及歷來搬演、修訂改編版。以《庵遇》一場為例，開山版唱：「孤清清，路靜靜，呢朵劫後帝女花，怎能受斜雪風淒勁。滄桑一載裡，餐風雨續我殘餘命。鴛鴦劫，避世難存塵俗性，更不復染傷春症。心好似月掛銀河靜，身好似夜鬼誰能認。劫後弄玉怕簫聲，說什麼連理能同命。」而1986年所出之劇本中記：「孤清清，路靜靜，呢朵

校訂：《唐滌生戲曲欣賞（一）：帝女花、牡丹亭驚夢》所收劇本。同書雖於
1986 年已由週刊出版社有限公司出版成冊，然而兩書所收之劇本底本不同，
新書所採劇本之底本為白雪仙當年開山所使用之泥印本劇本。本文為求原貌，
故爾採用新書版本。所引用之戲文原文若有粵語文字，則在註腳處標註書面
語，如有整句翻譯者，則不一一註於註腳〔註 77〕。又，因劇本原文都將公主
寫為宮主，為同音通假〔註 78〕，為避免誤會，本文所引唐劇原文，皆將「宮」
改為「公」。

一、情節架構

　　唐所編之《帝女花》乃粵劇戲寶，參考楊圻〈長平公主曲〉及黃燮清《帝
女花》二十齣，「收化運發」成六場〔註 79〕：

（一）第一場《樹盟》

　　寫公主被父皇催粧而設鳳臺親選駙馬。從與昭仁公主的對話中可知長平
公主對於選婿的無奈與擇婿條件——對國家有幫助，要「配得起我哋〔註 80〕
父王掌握住文武三千隊，中原四百州」。因「愁雲戰霧罩南天」，故爾如此。公
主原先認為周世顯又是個從「濁裡」來的攀龍附鳳之徒，透過一來一往的「唇
槍舌戰」而後四目對上，相看儼然，從此定情。

（二）第二場《香劫》

　　寫國家淪陷，崇禎方知「守業難」，為免妻女遭辱而賜后妃自縊，並手刃
兩女。周鐘發現公主未死，將公主救走，周世顯卻以為公主已死，而屍骸為
周鐘帶走。

　　劫後帝女花，怎能受斜雪風淒勁。滄桑一載裡，餐風雨續我殘餘命。鴛鴦劫
　　後此生更不復染傷春症。心好似月掛銀河靜，身好似夜鬼誰能認。劫後弄玉
　　怕簫聲，說什麼連理能同命。」不同之處，尚有很多，此處不一一舉例。

〔註77〕所註解之粵語文字，請參考鄧思穎《粵語語法講義》，（香港：商務印書館，
　　　2015 年），以下不另附註出處。

〔註78〕兩字粵音皆為「gung1」。本處使用香港語言學學會之音標，下標粵音者皆同。
　　　見粵語審音配詞字庫：http://humanum.arts.cuhk.edu.hk/Lexis/lexi-can/（最後查
　　　閱日期：2018/06/23）

〔註79〕按劇本之編排，《上表》是現在的《迎鳳》，而現在的《上表》與《香天》是
　　　在同一場裡，名為《香天》，因此一共是六場。

〔註80〕粵語「哋」為書面語「們」之意。

（三）第三場《乞屍》

寫公主復甦，意外聽見周鍾父子為求榮華富貴而要將她出賣，憤恨想死。因緣際會，有個老道姑因道姑慧清之死來找周小姐。公主巧施詐死之計遁入庵觀。周世顯前往周鍾家欲求公主屍體卻不可得。

（四）第四場《庵遇》

寫公主與駙馬在庵觀意外相遇，公主先是不認駙馬，而後因駙馬已死相逼，心軟相認。雖然相約在紫玉山房破鏡重圓，然而行蹤已經敗露，周世顯決定將計就計，謀取大事。

（五）第五場《上表》

寫周世顯與周鍾一同來到紫玉山房迎接公主，公主先是憤恨欲死，駙馬解釋情由後與駙馬一同共謀大事。

（六）第六場《香夭》

寫公主駙馬在清廷中與清帝互相對峙，最終得以安葬先帝、釋放太子。事成之後，公主與駙馬於完婚之夜仰藥自盡，殉國又殉情。

以上共計六場，劇情大略敘述長平公主招選駙馬後旋即國破家亡，遭父親崇禎皇帝砍傷後被周鍾救走，甦醒後發現周鍾父子的計謀，因緣際會巧計詐死隱入庵觀。一年後，公主在庵觀內與駙馬重逢，欲續舊情卻因事蹟敗露而與駙馬同謀，將計就計，上表以「鳳還朝」的條件迫使清帝厚葬崇禎並釋放太子。事成以後，公主與駙馬於花燭夜飲砒霜守節而亡。粵劇《帝女花》雖然化二十齣為六場，在情節上一定會有所取捨，然而粵劇《帝女花》架構完整且劇情深刻。除情節安排絲絲入扣之外，唱詞動人也是本劇成功的不可或缺之要素。

二、創作動機

凡存在必合理，凡創作必有因。就筆者所得資料來看，唐滌生創作《帝女花》的動機，在其〈我為什麼選編帝女花與紫釵記〉一文中透露得很是詳盡：

> 「帝女花」是清代大詞家黃韻珊的著作，描寫歷朝遭遇最慘的一位公主──長平公主──和駙馬周世顯的復合史，它比最近英格烈褒曼所演的帝俄公主還悲慘百倍，內容在這部特刊裡已經介紹得很詳

盡了，我有一個感覺，便是「仙鳳鳴」歷屆演出成功的劇作，都是
極文藝和抒情的作品，例如「牡丹亭驚夢」、「蝶影紅梨記」等，我
很想找一部有著良好主題的宮闈劇本來調劑一下；而且，在書史裡
記載的長平公主，她的年齡、造型、線條、容貌、嬌弱、敏感，都
與白雪仙有極吻合之處，白雪仙近年來的演技是甚麼性格都可以把
握的，她的藝術修養是每一個稍為熟識粵劇的觀眾都有認識，我極
信任她能把這一位末朝的公主復活過來⋯⋯。〔註81〕

唐滌生很看好仙鳳鳴劇團的實力，認為該劇團能將粵劇帶往康莊大道。他先
提到黃燮清《帝女花》演的是明朝長平公主的故事，並且說長平公主的故事
比帝俄公主還要慘烈百倍。並且他發現，仙鳳鳴歷屆成功作品如《牡丹亭驚
夢》、《蝶影紅梨記》等，都是極文藝與抒情的作品——即有文藝美感而不流
於通俗——他很想找一部立意良好的作品來做調劑。對照長平公主與白雪仙，
覺得兩人有很多相似之處；對於任劍輝與白雪仙的演技，唐滌生也非常肯定，
他相信任白二人內外都能表現得恰到好處。這樣的想法幫助他順利編寫《帝
女花》劇本。

此外，香港《文匯報》一篇〈唐滌生向藝術界呼籲·共同搞好香港粵劇·
使它邁向健康繁榮〉一文中，引述唐滌生對粵劇的看法與期許：

唐滌生說：「保護粵劇的優良傳統，並使之發揚，是粵劇工作者的責
任」，他不滿意將粵劇庸俗化的一切做法。他說：「粵劇為廣大人士
尤其廣東同胞所愛好，它是一個很好的移風易俗、作社會教育的藝
術形式。」把迷信、淫邪、亂七八糟的拉些歐美的低級音樂出來放
在粵劇中去的那些做法，唐滌生說：「這是非常不對的做法，所以這
種做法並不受觀眾歡迎，現在已經不大有人這樣搞了。」〔註82〕

由上面的資料可知唐滌生非常鍾愛粵劇，他認為粵劇是很好的移風易俗並且
可以作社會教育的藝術形式——一個「可以載道」的藝術形式。此外，同篇
文章中還有這段文字：「他說：『粵劇是我國許多優良劇種之一，在嶺南地區、

〔註81〕唐滌生：〈我為什麼編選《帝女花》和《紫釵記》〉，見《仙鳳鳴第四屆演出特
刊》第9頁，收錄於《姹紫嫣紅開遍——良辰美景仙鳳鳴（儂纖本）》，（香港：
三聯書店），2004年。

〔註82〕缺作者名：〈唐滌生向藝術界呼籲·共同搞好香港粵劇·使它邁向健康繁榮〉，
見香港《文匯報》，1958年11月13日，收錄於陳守仁：《唐滌生創作傳奇》，
（香港：匯智出版有限公司，2016年），頁182。

香港，粵劇是受歡迎的，它有廣大的觀眾，粵劇歷史悠久，大家對它又很熟悉。』但是唐滌生說：『香港許多的音樂家、美術家、文藝作家，他們對粵劇的關心是不夠的。他們為甚麼不對粵劇藝術多做些積極扶持和推動的工作呢？』〔註83〕唐滌生認為文藝界對粵劇不夠重視，對粵劇不夠積極，欠缺扶植。而他本人非常希望自己能夠編寫良好且文藝的劇本來替粵劇做出奉獻，因此建立在末代公主愛情的《帝女花》便成為了他考慮創作的對象。又〈我為什麼選編帝女花與紫釵記〉一文云：

> 自「蝶影紅梨記」演完之後，我又和觀眾小別了一個時期，在這個時期裡，我除了每天上午到「麗的呼聲」負責我應負責的事務外，下午的時間仍然是屬於我的。我在屬于我的時間裡，並沒有偷閒，反為很著意的，很忙碌的替第四屆「仙鳳鳴」搜羅有關新劇本的題材和素材，因為我熱愛著「仙鳳鳴」有著渾雄的魄力，不撓的勁力，它推動粵劇走向一條正確的道路……。〔註84〕

唐滌生致力於粵劇工作上，其後期的劇作對香港粵劇頗有影響，區文鳳在《唐滌生後期的粵劇創作與香港粵劇的發展》一文中指出：

> 說唐滌生重「情」的觀念，也使他進一步邁向鴛鴦蝴蝶派的藩籬。
> 由於他對當代香港粵劇觀眾的審美趣味有很大的影響，因此也間接促成今日香港粵劇舞台，生旦唱情戲雄霸舞台的情況……而唐滌生最大的功績，應該是開創了文人化的粵劇創作路線，這使粵劇在思想內容和表現手法上提升了層次，不再是一種民間的通俗娛樂。〔註85〕

可見他的劇作對觀眾影響很深，對觀眾影響深，便會影響到劇團表演上。他又在〈拉雜寫九天玄女〉中云：

> 我從事粵劇工作已十年〔註86〕，梨園裡；我也曾經歷過一個小小的

〔註83〕缺作者名：〈唐滌生向藝術界呼籲·共同搞好香港粵劇·使它邁向健康繁榮〉，見香港《文匯報》，1958年11月13日，收錄於陳守仁：《唐滌生創作傳奇》，（香港：匯智出版有限公司，2016年），頁182。

〔註84〕唐滌生：〈我為什麼編選《帝女花》和《紫釵記》〉，見《仙鳳鳴第四屆演出特刊》第9頁，收錄於《姹紫嫣紅開遍——良辰美景仙鳳鳴（儂纖本）》，（香港：三聯書店），2004年。

〔註85〕區文鳳：《唐滌生後期的粵劇創作與香港粵劇的發展》，收錄於劉靖之主編：《粵劇研討會論文集》，（香港：三聯書店，1995年），頁454～455。

〔註86〕陳守仁於《唐滌生創作傳奇》中云「已十年」相信是筆誤，因而改為「二十年」，見該書頁77下註第22。

滄桑史，直至一九五五年開始，我纔獲得一個無上的鼓勵和安慰，便是，「仙鳳鳴劇團」能在今日踏上一條正確的路途，很嚴肅地對粵劇傳統藝術有所理想及發揚，並爭取了很多新的觀眾，博得了很多新的批評，接受了各界很多很對粵劇推進的寶貴意見，使粵劇不單只是供人娛樂的消遣品，而是負有一鉅大責任的藝術品，這的確值得戰在前哨崗的士兵興奮和努力的。〔註87〕

由上述引文可知唐滌生非常熱愛仙鳳鳴，並且認定仙鳳鳴正推動著粵劇走向正確的道路之上，與他在 1958 年，亦即《帝女花》上演後的隔年，在《文匯報》上所言的「保護粵劇的優良傳統，並使之發揚，是粵劇工作者的責任」相合。他既然身為粵劇編劇，是粵劇工作者，自然身負重任，這些從他作品的文詞瑰美，創作時力求雅致，要求極高中都可以看得出來。在唐滌生等劇作家創作粵劇劇本前，粵劇基本上沒有劇本，只有「提綱」，亦即概要說明該場戲有什麼人物，大致上演什麼。因為只有提綱，沒有劇本，沒有台詞與唱詞，所以常常需要靠演員「爆肚」〔註88〕，靠演員的經驗與累積的墨水來臨場發揮演一場戲，好的演員能夠爆得天衣無縫，功力不好的就會爆得與劇情不相干。

唐滌生非常了解並信任任劍輝、白雪仙兩位粵劇名伶，深信兩人能夠良好詮釋自己的作品。在這樣的信念下，唐滌生創作了數齣經典劇作，對後來劇壇甚有影響。

三、人物塑造

雖然唐滌生創作《帝女花》時參考了黃燮清的《帝女花》，但在人物塑造方面有許多創新之處，以下分述之：

（一）長平公主

粵劇的長平公主仍保留了憂國愛民、忠君愛國等特色，然與前作有很大的不同，最大的不同在於長平公主一角的性格多了一個「聰敏機智」的特色：

1. 憂國愛民

在粵劇《帝女花》裡，長平公主對於國事的心跡並不那麼明顯。然而作

〔註87〕唐滌生：〈拉雜寫九天玄女〉，見《仙鳳鳴劇團第六屆演出特刊》頁 4，收錄於奼紫嫣紅開遍──良辰美景仙鳳鳴（儂織本）》。

〔註88〕因此又分別稱「提綱戲」與「爆肚戲」。見蘇翁〈粵劇編劇藝術流變〉，收錄於黎鍵：《香港粵劇口述史》，（香港：三聯書店），1993 年，頁 80。

者刻意地用愛情來包裝，將她的心藏在字裡行間的劇情裡：在第一場《樹盟》中，長平公主被崇禎皇帝催粧而設鳳臺親選駙馬。昭仁公主說「年前父王諭禮部，替王姐長平擇配偶。只求身出官宦家，年華二十人俊秀。」〔註89〕這是崇禎皇帝選女婿的條件。從長平與昭仁公主的對話中，可知她的擇婿條件——要對國家有幫助，她的配偶必須要「配得起我哋〔註90〕父王掌握住文武三千隊，中原四百州。」〔註91〕她「莫設鳳台難從濁裡求」而先前那些人都是無緣者不能將就。

陳素怡於《粵劇與改編──論唐滌生的經典作品》也有相同說法：

> 長平一句「士有百行」，周世顯一句「女有四德」，他倆既在討論男女的德與行，也有展示自己對「詞令」、「學問」的看法。長平與周世顯訂情不因綿綿情話，而在於一場「唇槍舌劍」……究其所以，此場「選婿」只是其「包裝」，骨子裏別有懷抱，要不然公主用不著以「選賢」的條件覓郎君。〔註92〕

讓公主自己設鳳台選婿，卻選了好幾個都是東不成，西不就，所以昭仁說「長平傲慢真少有」，周后說「倘若佢〔註93〕過於孤芳自賞，就會選婿艱難」，因為這些人都不了解長平公主內心真正的意思。

另有第二場《香劫》中，長平公主被宣上殿，她觀察周圍時唱的「憂國心，難平賊患。也難賴女雲鬟。」除此以外，她大多數心心念念的都是忠孝，心痛亂離、家國覆亡以及對二臣與清室的憤怒。

2. 忠君愛國

不同於黃燮清的傳奇，唐滌生筆下的長平公主是很忠貞的，此外面臨大難時，她是從容就死的〔註94〕：

> 十五年來承父愛，一死酬親有何難。願來生重續父女情，彌補今生

〔註89〕唐滌生：《帝女花》第一場《樹盟》，頁42。

〔註90〕粵語「哋」為書面語「們」之意。

〔註91〕唐滌生：《帝女花》第一場《樹盟》，頁43。

〔註92〕陳素怡、劉燕萍：《粵劇與改編──論唐滌生的經典作品》，（香港：中華書局，2015年），頁157。

〔註93〕粵語「佢」為書面語「他」之意。

〔註94〕黃燮清：《帝女花》第五齣《割慈》中長平公主面對兵荒馬亂時，膽子較唐滌生的長平公主小，旦不失合情合理。她唱道：「【耍孩兒】瘦魄何曾慣驚唬。膽剩星兒細。苦伶俜幼小。哇哇怎支持。風雨惡。未死魂先化。想前生積下冤和業。今世裏應磨折。」頁101。

情太暫。（哀怨譜子喊白）父王，父王，臣女雖不幸生落帝王之家，
但猶幸得為崇禎之女。（介）自古道君要臣死，只憑一諭，父要子亡
只憑一語，父王欲賜紅羅，反覆不能傳諸金口，可見愛女情深。駙
馬反覆不能轉達其情，可見愛妻情切。（介）父王，臣女年雖十五，
經已飽嚐父愛，更難得夫寵新承，雖死亦無些微可怨。（介）（催快）
望父王速賜紅羅，願死後九轉輪迴，來世再托生為父王之女、駙馬
之妻，於願足矣。〔註95〕

在三番兩次探問不得，周鍾將崇禎要賜她一死之事說出口以後，長平公主坦
然面對，與崇禎敘父女恩情，並請崇禎速賜紅羅。領受紅羅以後，她原欲就
死，卻被周世顯拉住紅羅，所以只好唱道：

宮紗三尺了一生。夫婿喚奴還。唉，再莫牽鴛鴦帶，痛哭悲喊〔註96〕。
（序白）唉，駙馬，生離重〔註97〕有十里長亭可送，死別更無陰陽
河界可敘，駙馬你唔好〔註98〕送我叻〔註99〕，你扯罷啦〔註100〕，
保重呀駙馬。〔註101〕

長平公主要周世顯放手，讓她就死，於是說道「生離還有十里長亭可以相送，
死後沒有陰陽河界可以敘話，駙馬你別送我了，你走吧，保重呀」然而周世
顯是沒有那麼容易放棄的，他不願放手，甚至想要同殉難。長平聽聞戰鼓聲，
又道「國事經了，那願再生。含淚告別。」〔註102〕兩人又拉拉扯扯，公主嘆
道「估話精忠報國重千金，又怎料兒女柔情重千擔」〔註103〕兩人相抱而哭。

〔註95〕唐滌生：《帝女花》第二場《香劫》，頁64。
〔註96〕粵語「喊」有書面語「哭」之意。
〔註97〕粵語「重」為書面語「還」之意。
〔註98〕粵語「唔好」有書面語「別」、「不要」之意。
〔註99〕「叻」〔lek1〕（或異讀為〔lak6〕）字一般意思為「聰明」、「厲害」等，這裡
　　　　為語氣詞，可能為「嘞」〔laak3〕之音近通假。粵語語氣詞相當豐富，書面語
　　　　無法精確翻譯，「嘞」在這裡可作書面語「了」解，整句話的意思便是「駙馬
　　　　你別送我了」。
〔註100〕「罷啦」為粵語語氣詞，有「提議或勸告的意味」，也有「說話者的最新決
　　　　　定，作出不能不選擇的建議」。「扯」於粵語中有兩種意思，第一種與書面語
　　　　　相同，為「拉扯」之意；第二種則有「走」、「走開」、「滾」的意思，因此「你
　　　　　扯罷啦」或可解為「你走吧」之意。「罷啦」見鄧思穎《粵語語法講義》，（香
　　　　　港：商務印書館，2015年），頁259。
〔註101〕唐滌生：《帝女花》第二場《香劫》，頁66。
〔註102〕唐滌生：《帝女花》第二場《香劫》，頁66。
〔註103〕唐滌生：《帝女花》第二場《香劫》，頁67。

等到崇禎問起，發現長平仍在人間，長平道：

> 父王，君要臣死臣不死是為不忠，父要女亡女不亡是為不孝。怎奈
> 駙馬緊執紅羅不放，令我傷心魂斷糾纏間。〔註 104〕

長平公主是願意從容就死的，然而周世顯拉住了她。以上是在第二場《香劫》中的幾段文字。除此以外，唐滌生的長平公主在其他方面也顯露了她忠孝之心。她甚至在妹妹昭仁公主被崇禎刺殺以後，對她說：

> ……父王一生仁慈，對我姊妹之間獨存偏愛。今日佢〔註 105〕手刃親
> 生，都無非為怕帝統受人糟蹋啫〔註 106〕……二妹，你唔好〔註 107〕
> 喊〔註 108〕，你只怨我哋〔註 109〕姊妹生錯落在帝王之家，千祈〔註
> 110〕唔好〔註 111〕怨父王對我哋〔註 112〕姊妹用心太狠至好〔註 113〕
> 呀二妹。〔註 114〕

說崇禎一生仁慈，今天手刃親生女兒都是為了怕帝統被人糟蹋而已等等，她還如此替崇禎辯護，即便是要死，她也不埋怨，更勸妹妹昭仁不要哭，要怨就怨姊妹倆生錯在帝王之家，還要她別怪崇禎對她們姊妹太狠才好。處處為崇禎著想，可見其忠君之心。

又如第三場《乞屍》中，聽聞周家父子要賣她求榮，她向周瑞蘭要三尺紅綾，打算盡未盡之責。〔註 115〕此外，她再度說出了「父要女亡女不亡已為不孝」〔註 116〕之話。她不願被人利用，用偷樑換柱之計避難於庵觀中。於第四場《庵遇》中，她告訴周世顯：

〔註 104〕唐滌生：《帝女花》第二場《香劫》，頁 67。
〔註 105〕粵語「佢」為書面語「他」之意。
〔註 106〕「啫」讀音為〔ze1〕時有「僅此而已」的意思。見鄧思穎《粵語語法講義》，（香港：商務印書館，2015 年），頁 217。
〔註 107〕粵語「唔好」有書面語「別」、「不要」之意。
〔註 108〕粵語「喊」為書面語「哭」之意。
〔註 109〕粵語「哋」為書面語「們」之意。
〔註 110〕粵語「千祈」為書面語「千萬」之意。
〔註 111〕粵語「唔好」為書面語「別」之意。
〔註 112〕粵語「哋」為書面語「們」之意。
〔註 113〕粵語「至好」為書面語「才好」之意。
〔註 114〕唐滌生：《帝女花》第二場《香劫》，頁 71。
〔註 115〕唐滌生：《帝女花》第三場《乞屍》，長平口古：「……望你借我三尺紅綾，等我完成了未完責任。瑞蘭，試問前朝帝女，何堪供你父兄作買官之用。呢。（痛哭介）」，頁 80。
〔註 116〕唐滌生：《帝女花》第三場《乞屍》，頁 81。

風雨劫後情。落拓君須聽。唉，駙馬，你重〔註117〕何必強我相認呢。
想當年城破之日，長平淚濺深宮，你亦曾經目睹，所謂君要臣死臣
不死是為不忠，父要女亡女不亡是為不孝。我不死實難以對父王，
我偷生實難以謝天下，不孝縱然可恕，欺世神鬼難容。駙馬，駙馬，
我雖然身在人間，但已名登鬼錄。你何苦挑動我破碎之情，陷我於
不忠不孝。〔註118〕

對她而言，忠孝可比兒女情愛更為重要。其後在第五場《上表》時，她以為自
己錯看了周世顯，以為周世顯要賣她求榮，唱道：

名花，不配被俗世污。銀簪，阻斷了配婚路。當初先帝悲金鼓。兩
番揮劍滅奴奴。要我存忠貞，殉父母。我雖是人還在世，你那堪賣
我失清操。清世今朝有金鋪。我也不再愛慕。罵句狂夫，匹夫。我
共你恩銷，義老。自刺肉眼含糊。〔註119〕

這段將她的憤恨都唱了出來。她原來只願借一盞青燈存貞守樸，借一死以避
世，是周世顯以死相逼才願與他破鏡重圓，然而她等到的卻是十二宮娥、香
車寶馬要迎接她「回宮」。她於是言明自己不願被賣失清操，她要存忠貞。而
這個忠貞，是對於崇禎，對於她的國家的。

於第六場《香夭》中，她與駙馬為了崇禎帝后能夠被安葬，太子能夠被
釋放而重回故宮，與清帝周旋，在朝堂上與清帝針鋒相對，終如願以償。在
洞房花燭之時，兩人仰藥自盡，為求義節難汙。這是忠君愛國最極端的表現。

3. 聰敏機智

黃燮清筆下的長平公主在聰敏機智方面非常不明顯，他的公主始終處於
被動，沒有什麼自主性，沒有讓她一展長才的機會，在劇情方面也不需要她
有這樣的特質，大抵作者認為她只要起到哀戚一生與歌功頌德的作用即可，
並不用太有才華，因為亡國的她也無法經世濟民，這也不是女子應該做的事。
唯一跟才學有點關係的，是在第十二齣《草表》時，公主寫表〔註120〕欲上書

〔註117〕粵語「重」亦有書面語「又」之意。
〔註118〕唐滌生：《帝女花》第四場《庵遇》，頁108。
〔註119〕唐滌生：《帝女花》第五場《上表》，頁128。
〔註120〕「【前腔】念可憐臣妾。痛雙親永別離。常則是高天跼蹐。總無計可申罔極。
願從今衣化緇。但長齋齊繡佛。但長齋齊繡佛。洗除了粉黛紅粧。翦去那煩
惱青絲。誦一回鸚鵡心經。權當做瀟湘靈瑟。傷往事如流水。嗏。命苦不堪
提。把這沒收管的人兒。葬向蓮龕底。守定蒲團懺昔非。紅塵早捐棄。惟望

予清帝，以好出家了餘生。而這其實是按照《明史》記載的內容〔註121〕所做的延伸，只是增添了一些內容進去而已。

　　自唐滌生《帝女花》以後，長平公主便有了聰敏機智的形象。在歷史上或是在黃燮清的傳奇裡，長平公主只能接受他人替她的安排；在唐滌生的筆下，賦與了她新的風采。如第一場《樹盟》中，周鍾向周世顯耳提面命，要他注意一些禮節，其中提到「王有事，必與帝女謀。」〔註122〕，這一點在歷史上幾乎是不可能發生的，除了可以與「崇禎愛女」相呼應之外，也可證明長平公主有一定的智謀。再者，她求偶的條件是要「配得起我哋〔註123〕父王掌握住文武三千隊，中原四百州」〔註124〕，於是也有了著名的戲：

　　（長平望也不望冷然口古）平身（介）周世顯，語云男兒膝下有黃金，你奈何折腰求鳳侶，敢問士有百行，以何為首。

　　（世顯口古）公主，所謂新入宮廷，當行宮禮。公主是天下女子儀範，奈何出一語把天下男兒污辱，敢問女有四德，到底哪一樣佔先頭。

　　（長平重一才慢的介震怒依然不望冷笑口古）周世顯，擅詞令者，只合遊說於列國，倘若以詞令求偶於鳳台，未見其誠，益增其醜。啫〔註125〕。

　　（世顯絕不相讓介口古）公主，言語發自心聲，詞令寄於學問，我雖無經天緯地才，亦有惜玉憐香意，可惜人既不以摯誠待我，我又何必以誠信相投。〔註126〕

長平公主刻意以言語如「男兒膝下有黃金」、「士有百行」等相激，想令其知難而退，從言語之間，可以看出公主的機智。此外，她欲招周世顯，以詩文暗

我　　天心鑒察。憐憐惘惘。成全苦志。」，頁142。

〔註121〕「……大清順治二年上書言：『九死臣妾，踏高天，願髡緇空王，稍申罔極。』詔不許……。」見〈長平公主列傳〉，〔清〕張廷玉等：《明史》，收錄於《文淵閣四庫全書》，（臺北：臺灣商務，1984年），冊299，頁113。

〔註122〕唐滌生：《帝女花》第一場《樹盟》，頁44。

〔註123〕粵語「哋」為書面語「們」之意。

〔註124〕唐滌生：《帝女花》第一場《樹盟》，頁43。

〔註125〕「啫」讀音為〔ze1〕時有「僅此而已」的意思，也有「對別人的意見表示輕視、否定」的意味。見鄧思穎《粵語語法講義》，（香港：商務印書館，2015年），頁218。

〔註126〕唐滌生：《帝女花》第一場《樹盟》，頁45。

示周鍾〔註127〕，也表露了她的才學。

在第二場《香劫》之中，崇禎說她「自恃才華性情傲慢」〔註128〕，也是一證。當她奉命上金殿，觀察眾人臉色，便知事有不對〔註129〕，在眾人無法開口向她言明時，她心中已有數〔註130〕。

另一個值得一提的，是在第三場《乞屍》中，長平得知自己將被周氏父子出賣，求死卻被周瑞蘭阻止，之後一名道姑來到周家，長平公主聽說慧清道姑死了，心中立刻生了一計，將瑞蘭拉到一旁，想要偷樑換柱。值得一提的是，在任白電影版，心中想出這個計策的變成了周瑞蘭。但在原本，這是公主自己想出來的計策，可見她很機智。

她的聰敏甚至連清帝都為之震懾，於第六場《香夭》〔註131〕，周世顯朗誦長平公主表章〔註132〕於金殿上，公主以自己回朝為籌碼，意欲逼迫清帝將崇禎先安葬並釋放太子。在周世顯朗誦表章以後，清帝說道：

> 未作捕蛇人，卻被雙蛇蟠棍上。休說女兒筆墨無斤兩，內有千軍萬
>
> 馬藏，鳳未來儀先作浪，帝女機謀比我強。〔註133〕

清帝原是捕蛇之人，還沒做捕蛇人，卻先被雙蛇困住，他沒有想到長平公主雖是女兒家，機謀卻不一般。這一點也可與第一場《樹盟》中，周鍾說崇禎有

〔註127〕「（長平吟詩曰）雙樹含樟傍玉樓。千年合抱未曾休。但願連理青蔥在。不向人間露白頭。」見唐滌生：《帝女花》第一場《樹盟》，頁47。

〔註128〕唐滌生：《帝女花》第二場《香劫》，頁55。

〔註129〕「舒鳳眼，左右盡愁顏。父王擊案緣何嘆。世顯雙瞳有淚唧。周將軍，俯首無威猛。白髮唏噓暗呢喃。十二宮娥低聲喊。盡都是玉腮紅淚粉脂殘。憂國心，難平賊患。也難端賴女雲鬟。再問父王難怠慢。」見唐滌生：《帝女花》第二場《香劫》，頁63。

〔註130〕「周將軍，到底君王宣召哀家有何訓諭，父不忍向女言，夫不忍向妻說，可想內容悽慘。」「老卿家，所謂禍福天降，不能趨避。不言其慘，其情更慘。老卿家你何苦要我斷腸猜度呢？生就生，死就死，最難堪者，就係流淚眼看流淚眼。」見唐滌生：《帝女花》第二場《香劫》，頁63。「就係流淚眼看流淚眼」中的「係」為書面語「是」之意。

〔註131〕此處即現在慣稱的《上表》，劇本與《香夭》在同場內。

〔註132〕「臣不可佔君先，父不能居女後，此乃倫理綱常。既念帝女花，何不念先帝遺骸，尚寄荼庵，未得入皇陵葬。帝女縱堪憐，太子亦是前朝骨肉，問清帝何以重女，薄兒郎。我欲受皇恩，哭君父流浪泉台，憎見舊宮廷，掛上鴛鴦榜。我欲謝隆情，痛骨肉仍歸臣虜，羞牽鸞鳳帶，怕對合歡床。新帝慈悲人間罕。何不十三陵內葬先皇。再望慈悲甘露降。劈開金鎖放弟郎。」見唐滌生：《帝女花》第六場《香夭》，頁143。

〔註133〕見唐滌生：《帝女花》第六場《香夭》，頁143。

事一定會與長平商量相作呼應。

　　作為這場戲中的主要人物，清帝跟周世顯都很明白彼此所求。公主還未上金殿，就先在金殿上給了一個下馬威，迫令清帝必須先做個表示。然而清帝也不是省油的燈，他打算先哄騙長平上殿。周世顯也知道，在無詔書的保證下，清帝很可能使詐，他手上已無籌碼，然而他知道公主是聰慧的：

　　　　帝皇縱有千般詐，搖不動平陽百鍊鋼。公主比我更聰明，難許君王
　　　　將約爽。〔註134〕

周世顯認為長平公主一定能夠成功令清帝寫下詔書。長平公主上殿以後，展開與清帝的精彩對峙。她先是一掃心懷愧疚的舊臣、展開笑顏，令清帝感到奇怪，問她何以如此，她的回答〔註135〕也是一種計謀，令清帝再次感受到了她的厲害：

　　　　公主聰明即是聰明，與呢個〔註136〕懲駙馬有天淵之別，唉，難怪崇
　　　　禎對你痛愛一生，孤王願代崇禎，將你終身撫養。〔註137〕

清帝想必是知道崇禎痛愛長平公主，才想要藉她作懷柔棋子。然而他還是落入了公主的圈套，公主便以哭作為要脅〔註138〕。然而清帝雖然對此有所擔憂，

〔註134〕見唐滌生：《帝女花》第六場《香夭》，頁144。
〔註135〕「皇上，我未入朝之前，曾與駙馬相約，我話若不能先安泉台父，釋放在囚人，帝女今生便永無還朝之日。適才聞駙馬代傳口諭，可見皇上頗有憐惜之心，帝女寧無感激之意。今日五百群臣之中，屬於哀家舊臣總在三百以上，佢地如果見到我笑呢，就會對皇上你誠心折服，如果見到我喊呢，佢地就會對皇上心懷半怨。想長平一生善解人意，寧敢不以笑面報君王。」，書面語意為「皇上，我未入朝之前，曾與駙馬相約，我說若不能先安泉台父，釋放在囚人，帝女今生便永無還朝之日。適才聞駙馬代傳口諭，可見皇上頗有憐惜之心，帝女寧無感激之意。今日五百群臣之中，屬於哀家舊臣總在三百以上，他們如果見到我笑呢，就會對皇上你誠心折服，如果見到我哭呢，他們就會對皇上心懷半怨。想長平一生善解人意，寧敢不以笑面報君王。」見唐滌生：《帝女花》第六場《香夭》，頁145。長平公主特別說出「今日五百群臣之中，屬於哀家舊臣總在三百以上……。」是意在以漢臣人數逼迫清帝就範。清帝入關不久，根基未穩，漢臣人數比起滿人臣子的人數多上許多，意在懷柔的清帝不可能將漢臣全數殺死。因此，公主上殿對群臣笑，使他們感到羞愧之外，也把他們變成與清帝對抗的籌碼。她跟駙馬本來沒有什麼能夠與坐擁江山的清帝抗衡的資源，卻巧妙地將舊臣與清帝的目的化為自己的資源，可見相當聰敏而有智慧。
〔註136〕粵語「呢個」為書面語「這個」之意。
〔註137〕見唐滌生：《帝女花》第六場《香夭》，頁145。
〔註138〕「皇上，我經已拜上金階，何以未見頒下詔書，何以未見劈開金鎖。皇上。

雖有周寶倫與周鍾在旁幫襯，希望清帝從公主所願，但清帝依然不願意下詔，只願意撮合公主與駙馬。這個時候，周世顯建議公主將悲聲放，公主便哭了起來：

> 罷了先王，君父，母后呀。哀聲放，帝女哭朝房。血淚如潮腮邊降。
> 且向乾清再悼亡。憶舊齭翻血賬。遺臣三百聽端詳。當日賜紅羅，
> 擲下金階上。母后袁妃痛懸樑。劍橫揮，血濺黃金帳。殺得個昭仁
> 公主怨父王。莫戀新朝棄舊朝，再哭鳳台聲響亮。罷了駙馬。〔註139〕

哭了父王母后，又對遺臣講述當日金殿的血淚，致令遺臣有沉痛反應，清帝見此狀，不得不依奏，下詔應允了長平公主所求，可見長平公主不但機智，在面對威脅時，她的臨場反應也是足夠的，懂得察顏觀色，更懂得利用遺臣的愧疚、清帝的心理，進而達成目的。

　　雖然何冠驥於〈粵劇的悲情與橋段：《帝女花》分析〉中〔註140〕認為公

我而家悲從中起，我哋的眼淚已經忍唔住叻，我一喊親就會驚震朝房。」書面語意為「皇上，我經已拜上金階，何以未見頒下詔書，何以未見劈開金鎖。皇上。我現在悲從中起，我這些眼淚已經忍不住了，我一哭起來就會驚震朝房。」唐滌生在此安排清帝「愕然略帶驚慌向長平搖手介」，表示他的懼怕。見唐滌生：《帝女花》第六場《香夭》，頁145。另外，在雛鳳鳴的電影版，可以看見公主的心機，她可能早已料到清帝不會答允，笑只是做個樣子，為的是後面的目的，知道清帝意在懷柔的公主，上殿時已經先對舊臣嫣然一笑，引起他們的慚愧，因此後來以哭泣為要脅，也是在清帝的懷柔上下了賭注：意在懷柔的清帝可能會害怕為數眾多的漢臣因為公主的眼淚而起了反意，而他若殺漢臣，則無法達成他的目的。在唐滌生劇本內，也寫了「故意仄才關目口古」，可見她是故意的。

〔註139〕 見唐滌生：《帝女花》第六場《香夭》，頁146。

〔註140〕 「當時李自成的大軍正圍困北京，明朝國運岌岌可危；而長平公主也自白說：『我本無求鳳之心，怎奈父王有催粧之意。』，崇禎為什麼選擇這個多事之秋來替女兒招婿呢？筆者以為，此舉可能與俗人以婚事沖喜的迷信相似。」、「崇禎說：『孤王生平所愛嘅，就係一個年方十五嘅長平公主。』後來長平也說：『父王一生仁慈，對我姐妹之間獨存偏愛。』周鍾說：「王有事，必與帝女謀。」這些都可以反映崇禎沒有傳統意義上的重男輕女觀念。崇禎對女兒的偏愛，在傳統社會裡並不多見，而且不被認同。明人凌濛初的《二刻拍案驚奇》卷二十六〈懵教官愛女不受報，窮庠生助師得令終〉就是說懵教官高愚溪無子，又寵愛三個女兒，把自己的錢財房產分給出嫁的女兒，而不按照宗法制度傳給姪兒高文明。最後被三個女兒拋棄，而自己幾乎要自盡。……由於高愚溪違背了宗法，於是被描述有不好的下場。用同一觀點去看《帝女花》，崇禎偏愛女兒，也違背了傳統的宗法制度，所以不是一個明君。」、「……自『庵遇』一場後，上述主動和被動的關係更為明顯。如設計利用周鍾父子的是他，與清帝正面周旋的又是他，教導公主上表清帝的又是他，

主的才智比不上周世顯，如同周世顯的扯線木偶，完全受他的指揮；又云公主「灑淚暗牽袍」差點害他們露出馬腳，然而對照戲文〔註141〕，卻並非因為灑淚暗牽袍而差點露馬腳，尤其以崇禎催粧認為是以公主婚事沖喜一論最是無稽之談，而後更用此論調論崇禎偏愛女兒於傳統社會是不被接受的，並舉《二刻拍案驚奇》卷二十六〈懵教官愛女不受報，窮庠生助師得令終〉高愚溪寵女兒將遺產分給三女，沒想到遭女兒拋棄的情節為例，認定唐滌生以此諷刺崇禎非明君，此論未免牽強。首先，沖喜說是論者的假說，於劇本中找不到足以支撐此說的戲義；又，倘若崇禎真偏愛女兒，為何不與永王、定王一同先交與他人撫養，保全性命？當然，若說崇禎為了保護女兒，因而想讓

安排仰藥於含樟樹下的又是他，在殿上叫公主放聲大哭迫使清帝就範的也是他；而公主好像是他的扯線木偶，完全受他的指揮。作者把世顯放在主導地位，與他在前段用中國傳統的宗法思想批評崇禎重女輕男的觀點是一致的，也反映出作者本人的男尊女卑的思想。在這一場中，世顯的裝傻扮懵，不單騙倒周鍾和清室的心腹，而且也瞞過長平；其次，長平知道世顯的上表必然凶多吉少，不禁在周氏父子面前『灑淚暗牽袍』，險露馬腳：幸好世顯處變不驚，化解了眾人的懷疑。明顯地，作者把世顯描寫為劇中的英雄，因此《帝女花》的第一主角是世顯而不是長平。第一場周鍾說：『皇有事必與帝女謀，有取求必依長平奏；寵之若明珠，群臣皆低首』現在相較之下，世顯和長平二人的優劣互見……無疑，崇禎偏愛長平確是錯誤了，他實在沒有知人善任之明。」見何冠驥〈粵劇的悲情與橋段：《帝女花》分析〉，收錄於《借鏡與類比——中國文學研究的現代化》，（臺北：東大圖書公司，1989 年），頁 45～52。

〔註141〕「（寶倫易才關目口古）駙馬爺，我並不是三歲孩童，難任公主無端上表。事關我父子有切身安危，除非駙馬肯當面朗誦表文，以證事無變故。
（世顯這個略帶驚慌介）
（長平苦笑口古）周寶倫，哀家上表不過謝清帝仁慈厚待，此乃宮廷儀注，你何必妄起疑狐。
（周鍾埋怨介口古）嘖，阿倫，你一世人都係無中生有嘅，駙馬爺幾艱難至勸得公主心和意順，你講說話小心至好。呀。
（瑞蘭誤會長平變節，悲憤介口古）唉，唔好講略，怪不得話夫妻情義泰山重，故國恩輕似鴻毛。
（寶倫聞瑞蘭語，誤會盡釋，像世顯賠笑謝罪介）
（世顯花下句）小別自非如永別，（一才）公主你緣何灑淚暗牽袍。但求有花燭洞房時，（一才）含樟樹下埋……（改口）諧鴛譜。」見唐滌生：《帝女花》，頁 131～132。「你一世人都係無中生有嘅」之「係」與「嘅」分別為書面語「是」、「的」之意。「駙馬爺幾艱難至勸得公主心和意順」之「幾」為書面語「很」之意，而「至」為書面語「才」之意，後「你講說話小心至好」之「至」同。「唔好講略」之「唔好」為書面語「別」之意。「怪不得話夫妻情義泰山重」之「話」為書面語「說」之意。

她趕緊找到歸宿〔註142〕，則較合情合理。而何冠驥又進而以唐滌生把周世顯放在主導地位，認為唐滌生用中國宗法思想批評崇禎重女輕男，反映出唐滌生本人的男尊女卑思想，則是一家之言。蘇雋〈論任白戲寶中男主角的「主導」與「從屬」〉一文中以《牡丹亭驚夢》、《紫釵記》與《帝女花》為例，分析此三劇中男主角各種動作的主導與從屬關係：

> 唐滌生為任白而寫的劇本中，由女方作主導的劇遠比男方作主導的多，儘管如此，在多數劇作中，一開始「求愛」的動作，都是由男方主動發出的。這是劇作者性別價值觀中的其中一種體現，是一種男性對女性的尊重、傾慕與愛護的體現〔註143〕

作者認為，雖然任白劇作中以男主角為主導的劇作並不多，但是在求愛時，主動的始終是男性，這是出自於編劇本身的性別觀，而這種性別觀是出自一種男性對女性的尊重與愛護；而《帝女花》是為數不多的，以男主角為主導的一部劇作，但是周世顯的主導都是出自於他對長平公主執著的愛〔註144〕。而在另外兩部作品裡，男主角在求愛時也都處於主動的那一方，蘇雋說：

> 無論是「憨態」表演，還是「決斷」表演，都承載著男性對女性的尊重、傾慕與愛護。……任劍輝的表演和唐滌生的創作，在性別價值觀上也達到高度的一致。若說唐滌生是從男性的角度，用他筆下的人物，對他心目中的理想男性作了形象化的表達，那麼，任劍輝則是從女性角度，用她演繹的人物，對她心目中的理想男性作了形象化的示範。〔註145〕

認為任劍輝跟唐滌生互相配合而達到一種很高的默契，而觀眾也能透過這樣的男角得到滿足。若此說合理，那麼說唐滌生有男尊女卑的思想，顯然過於

〔註142〕「貴妃，孤王都望愛女早日有所歸根落葉，因為長平佢貌如花薄，恐怕終非壽顏。」，見唐滌生：《帝女花》第二場《香劫》，頁55。「佢」為書面語「他」之意。

〔註143〕蘇雋：〈論任白戲寶中男主角的「主導」與「從屬」〉，收錄於黃兆漢主編：《驚艷一百年：2013 紀念任劍輝女士百年誕辰粵劇藝術國際研討會論文集》，（香港：中華書局，2013 年），頁380。

〔註144〕蘇雋：〈論任白戲寶中男主角的「主導」與「從屬」〉，收錄於黃兆漢主編：《驚艷一百年：2013 紀念任劍輝女士百年誕辰粵劇藝術國際研討會論文集》，（香港：中華書局，2013 年），頁387。

〔註145〕蘇雋：〈論任白戲寶中男主角的「主導」與「從屬」〉，收錄於黃兆漢主編：《驚艷一百年：2013 紀念任劍輝女士百年誕辰粵劇藝術國際研討會論文集》，（香港：中華書局，2013 年），頁393。

武斷；另引戴淑茵《1950 年代唐滌生粵劇創作研究》作為另一項例證，該文說「古代沒有規定一夫一妻，但在唐滌生的粵劇中男主角都只有一個太太，存在了對女性的尊重」〔註146〕。她又分析唐滌生筆下人物，認為：

> 在唐滌生的劇作中，才女也特別多……在唐滌生後期的劇目中，大部分的才女以其自身的能力為自己在家庭生活中掙得一席之地，尤其是在婚姻這樣的大事上，許多父母甚至放手讓才女自己解決，這相對於「父母之命，媒妁之言」的締結婚姻的方式無疑是有了質的變化。如《帝女花》的長平公主和《紫釵記》的霍小玉。這一批才女，以其超凡脫俗的才華，努力改善自己的生活處境和命運，她們展現出一個充滿自信的「新女性」形象，反映在 1950 年代的香港社會中，正暗示了香港女性的抬頭與獨立自主。〔註147〕

雖然長平公主的選婿，並非是為了掙一席之地，而是為了君父而選有才之士的，然而唐滌生後期劇目中的女性可反映 1950 年代香港女性，故若以前論言唐滌生有男尊女卑思想，是有待商榷的。

4. 對愛情的態度

　　唐滌生安排公主與駙馬兩人鳳台相見並訂約，讓兩人的愛情更增添合理性，也有戲可看。公主與駙馬在第一場《樹盟》中吟詩表心跡，而昭仁公主認為周世顯說「到死應如花並頭」很不吉利，長平說「二妹，我知道你錫〔註148〕我，不過夫妻重情義，就算我日後共駙馬雙雙死於含樟樹下，我都對天無怨，對地無尤。」〔註149〕對自己的選擇很是滿意，即便日後同死，她也無怨無悔。

〔註146〕戴淑茵：《1950 年代唐滌生粵劇創作研究》，（香港中文大學民族音樂學課程哲學博士論文，2007 年 11 月），頁 85。

〔註147〕戴淑茵：《1950 年代唐滌生粵劇創作研究》，（香港中文大學民族音樂學課程哲學博士論文，2007 年 11 月），頁 86。又於頁 173 中提及「在 1950 年代，粵劇的觀眾，女士佔了百分之八十五」，頁 174 云香港 1946 年已經立法禁止販賣婦孺，1950 年代成立「勞工婦女福利會」，其後有更多女性投入工作。並且又提及美國女性主義學者 Mary Ann Doane 之〈Film and Masquerade: Theorizing the Female Spectatorship〉（1991）一文中說「觀眾看電影時，已經帶入了戲中的主角；尤其是女性觀眾，更加容易代入女性角色，與戲中人物同哭同笑。」並認為此理論同樣適合運用在粵劇中。若以此推論，則唐滌生製劇時安排這樣的選婿情節，對女性觀眾而言也比較吸引，也是劇中一大特色。

〔註148〕粵語「錫」為書面語「疼愛」之意。

〔註149〕唐滌生：《帝女花》第一場《樹盟》，頁 48。

　　在第二場《香劫》時，公主因駙馬拉扯她手中的紅羅而「傷心魂斷糾纏間」，但這場在愛情的表現上更顯眼的是周世顯，公主的主力在忠孝。在第三場《乞屍》裡，在愛情上表現得最顯眼的依然是周世顯。劇本中原有一段「長平一路聽世顯痛哭，不覺渾身微抖，表露內心之慘痛。聽至此處，不禁失聲啜泣，連隨掩面低頭介」的描寫，近來演出版本，公主下場後便下場了，兩人的愛情一直到了庵遇才有了轉變。

　　一年以後的長平公主，在庵觀中存貞守樸，雖然也想到駙馬，但她並不認為破鏡可以重圓〔註150〕，因此在周世顯認出她的時候，她不認，因此周世顯才三番兩次用言語暗示，一路聽來，長平公主心中有所動，說他「唉，佢〔註151〕太癡情。」欲認又不認「悲婚姻難成斷碎鴛鳳配。被戰火毀碎了三生證。今生不再貪花月情。天生宮花薄命。怕認怕認。寸心寸心碎盡已無餘剩。更未許有餘情。」〔註152〕因為堅拒不認，令周世顯只好以死相逼，這時才認了對方，說道「遁情畢竟更癡情」〔註153〕，她雖然想逃避，卻畢竟是一個癡情的人。後來，長平公主為周世顯的哭聲與癡情感動，願意與他破鏡重圓，兩人相約於紫玉山房見面。後來因被發現，周世顯將計就計，讓公主回朝，逼迫清帝葬崇禎、放太子，兩人於事成之後雙雙仰藥自盡，這一段是最能夠證明兩人同心相惜相愛的一場戲。〔註154〕

〔註150〕「孤清清，路靜靜，呢朵劫後帝女花，怎能受斜風雪淒勁。滄桑一載裡，餐風雨續我殘餘命。鴛鴦劫，避世難存塵俗性，更不復染傷春症。心好似月掛銀河靜。身好似夜鬼誰能認。劫後弄玉怕簫聲，說甚麼連理能同命。唉，國亡，家破，父崩，母縊，妹夭，弟離，剩得我飄零一身，除咗借一展青燈，存貞守樸之外，倒不覺人間有何可戀，更不望破鏡可重圓，只求介一死以避世……唉，正是不求樂昌圓破鏡，只憑魂夢哭皇陵。」見唐滌生《帝女花》第四場《庵遇》。值得一提的是，1960年灌錄唱片時，由葉紹德修訂口白為唱段：「……念國亡，父崩，母縊，妹夭，弟離，剩我借一死避世敲經。執憐駙馬空枉有誓盟定，怕憶劫後情，誰願再認，只有飄飄落葉伴殘命。一哭國土血尚腥，再哭父死未得葬皇陵。奈何佛法難護庇，枉敲青磬。哀帝女，念盡阿彌，難把國魂，喚醒。」並於1965年後延用至今。見葉紹德：〈《庵遇》簡介〉收錄於葉紹德編撰，張敏慧校訂：《唐滌生戲曲欣賞（一）：帝女花、牡丹亭驚夢》（香港：匯智出版有限公司，2015年），頁91。

〔註151〕粵語「佢」為書面語「他」之意。

〔註152〕唐滌生：《帝女花》第四場《庵遇》，頁105。

〔註153〕「唉，郎有千斤愛，妾餘三分命，不認不認還須認，遁情畢竟更癡情，劫後鴛鴦重合併，點對得住杜鵑啼遍十三陵。君父賜我別塵寰，若再回生，豈不是招人話柄。」唐滌生：《帝女花》第四場《庵遇》，頁107。

〔註154〕「長平：落花滿天蔽月光。借一杯附薦鳳臺上。帝女花帶淚上香。願喪生回

（二）周世顯

粵劇的周世顯基本上承襲了傳奇周世顯的人物特色，但是在整體表現上比傳奇更為亮眼。加之開山扮演者任劍輝特有的表演特色如憨態與決斷，及唐滌生後期創作男主角時特有的癡情特色，使周世顯有「戲曲史上最動人的書生形象」〔註155〕之稱。

1. 憂國愛民

如同長平公主，周世顯對於國家的亂離感慨不那麼明顯。第一場《樹盟》因為忽然風電交加，長平問道「所謂天有不測風雲，人有霎時禍福，你對呢〔註156〕一陣狂風，到底有何感受。呢。」〔註157〕周世顯作詩回答：

> 合抱連枝倚鳳樓。人間風雨幾時休。在生願作鴛鴦鳥。到死如花也

謝苓娘。偷偷看，偷偷望。佢帶淚帶淚暗悲傷。我半帶驚惶。怕駙馬惜鸞鳳配不甘殉愛伴我臨泉壤。

周世顯：寸心盼望能同合葬。鴛鴦侶相偎傍。泉臺上再設新房。地府陰司裡再覓那平陽門巷。

長平：嘆惜花者甘殉葬。花燭夜難為駙馬飲砒霜。

周世顯：江山悲災劫，感先帝恩千丈。與妻雙雙叩問帝安。

長平：唉，盼得花燭共諧白髮，誰個願看花燭翻血浪。唉，我誤君累你同埋夢網。好應盡禮揖花燭深深拜，再合卺交杯，藟穴作新房，待千秋歌讚註駙馬在靈牌上。

周世顯：將柳蔭當做芙蓉帳。明朝駙馬看新娘。夜半挑燈有心作窺妝。

長平：地老天荒，情鳳永配癡鳳，共拜，夫婦共拜相交杯舉案。（現今唱詞：願與夫婿共拜相交杯舉案）

周世顯：遞過金杯慢酌輕嘗，將砒霜帶淚放落葡萄上。

長平：合歡與君醉夢鄉。

周世顯：碰杯共到夜台上。

長平：百花冠替代殮妝。

周世顯：駙馬盔墳墓收藏。

長平：相擁抱。

周世顯：相偎傍。

合唱：雙枝有樹透露帝女香。

周世顯：帝女花。

長平：長伴有心郎。

合唱：夫妻死去樹也同模樣。」見唐滌生《帝女花》第六場《香夭》，頁149～150。

〔註155〕劉步劍：《五十年欄杆拍遍──唐滌生粵劇劇本文學探微》，（香港：匯智出版有限公司，2009年），頁56。

〔註156〕此處「呢」為書面語「這」之意。

〔註157〕唐滌生：《帝女花》第一場《樹盟》，頁47。

並頭。〔註 158〕

雖然不是直白地說出現下時局紊亂，卻也有所包含，因此公主在聽了以後，才會說「亂世姻緣要經風雨」，因為他們身處亂世之中。

第二場《香劫》晉見崇禎時，崇禎問他習武還是學文，周世顯答道自己學文，崇禎歎息，而世顯自慚道「微臣秉承天子重文豪之意，固不料盛世起波瀾。」〔註 159〕可見他是知道時局不佳的。

周世顯更多的特色是在他對公主無悔的愛情，以及他忠君愛國之心。

2. 忠君愛國

不同於傳奇《帝女花》，粵劇的周世顯忠君忠得很明顯。第二場《香劫》，當成外殺得馬倒人翻之時，周世顯說道：

> 岳王，煤山三十里外有雙塔寺，從小路可通宣府門，請主上易服而
> 行，微臣願以身替難。〔註 160〕

他願意做替身保崇禎，崇禎卻只願死社稷。在第三場《乞屍》，周世顯原欲殉情，經由周瑞蘭用「先帝遺骸尚停放在茶庵之內，倘若駙馬死去，更有誰哭祭呢」〔註 161〕來勸止，周世顯如癡似呆，似懂非懂，到底是給勸止了，後來《庵遇》所唱，也是延續這一段。〔註 162〕

後來公主尚在人間之事為周鍾父子所知，事破以後周世顯將計就計，原來他是用帝女還朝作為籌碼，要讓清帝安葬崇禎、釋放太子。如若不成，他便要以頸血濺宮曹〔註 163〕；如若事成，他便要與公主雙雙仰藥。這是一種氣節，也是他身為大明臣子的愛國表現。

〔註 158〕唐滌生：《帝女花》第一場《樹盟》，頁 48。
〔註 159〕唐滌生：《帝女花》第二場《香劫》，頁 57。
〔註 160〕唐滌生：《帝女花》第二場《香劫》，頁 59。
〔註 161〕這一段與黃燮清《帝女花》第八齣《哭墓》有些關係，周世顯聽聞崇禎被葬於田貴妃墓斜，便前往哭奠一回。
〔註 162〕「冷冷雪蝶臨梅嶺，曲中弦斷香銷劫後城。此日紅閣有誰個誰個悼崇禎。我燈昏夢醒哭祭茶亭。釵分玉碎想殉身歸幽冥。帝后遺骸誰願領。碧血積荒徑。」見唐滌生：《帝女花》第四場《庵遇》，頁 96。
〔註 163〕「銀簪驚退可憐夫，待把哀懷和淚訴，聰明如清帝，狂士未糊塗，施恩欲買前朝寶，帝女何妨善價沽，眼前只剩一段姻緣路，哭先帝桐棺未葬，哭太子被虜皇都。若得帝女花，肯重作天孫嫁，先帝可回葬皇陵，免太子長歸臣虜。公主，清帝派來十二宮娥，雖然身著明服，仍是清室之人，我之所以假做負恩者，無非怕洩漏風聲，難成大事啫。」見唐滌生：《帝女花》第五場《上表》，頁 128。

3. 聰敏機智

關於這一點，傳奇中的周世顯除了在第三齣《傷亂》中上場，自報家門，說自己官居都尉，又被選作駙馬，看起來是有優點的。除此之外，並沒有特別能夠發揮出他機智聰敏的劇情。

而粵劇周世顯的機敏機智，在第一場《樹盟》便可看出來：除了他上場詩白「敏捷當如曹子建，瀟灑當如秦少游」的自許之外〔註164〕，當公主問他「士有百行以何為首」〔註165〕時，他能夠立即回應，在公主問他對風雷交加有何看法時，他也立刻作詩一首，詩中意涵令公主很是欣賞，前文已提及，此處便不複述。

第四場《庵遇》與第六場《香夭》是最能看出他的才智的。《庵遇》時他要逼公主將他重認，一步一步向前行，公主出招，他就接招，不但接招，他也會還招，如公主說：

> 施主，想貧尼半世清修，未經劫火，世外人十年來都只知敲經念佛，縱曾沾染過俗世風情。阿彌陀佛，阿彌陀佛。〔註166〕

而周世顯則答：

> ……道姑，你哋〔註167〕出家人講清修，我哋〔註168〕俗世人講俗話，所以俗語都有話〔註169〕，山居方一日，世上已千年，你所謂十載敲經，莫不是比喻一年念佛。照我睇〔註170〕，道姑你守誡清修，最多不過係〔註171〕一年光景。啫〔註172〕。〔註173〕

公主說她十年只知敲經念佛，不曾經歷劫火。周世顯便以此說她十載其實只有一年。公主百般不願相認，周世顯便循序漸進，從叫喚名字，到用崇禎的慘事，想令她承認。公主仍然不認，周世顯又借觀音座下的金童玉女

〔註164〕全詩為「孔雀燈開五鳳樓，輕袍暖帽錦貂裘。敏捷當如曹子建，瀟灑當如秦少遊。」見唐滌生：《帝女花》第一場《樹盟》，頁44。
〔註165〕唐滌生：《帝女花》第一場《樹盟》，頁45。
〔註166〕唐滌生：《帝女花》第四場《庵遇》，頁98。
〔註167〕粵語「哋」為書面語「們」之意。
〔註168〕粵語「哋」為書面語「們」之意。
〔註169〕此處的「話」為書面語「說」之意。
〔註170〕粵語「睇」為書面語「看」之意。
〔註171〕粵語「係」為書面語「是」之意。
〔註172〕「啫」讀音為〔ze1〕時有「僅此而已」的意思。見鄧思穎《粵語語法講義》，（香港：商務印書館，2015年），頁217。
〔註173〕唐滌生：《帝女花》第四場《庵遇》，頁98。

來試探，不成，改罵觀音不靈，依然不成，最後以死相逼，才終於讓公主
認了他。

　　雖然相認，可是公主尚在人間的事情已經被發現，周世顯卻立刻想到將
計就計，用公主還朝來做籌碼，逼清帝釋放太子以及安葬先帝。他還將周鍾
矇騙過去，臨場反應非常地好。

　　在《香夭》一場，周世顯上金殿與清帝對陣，他上台時唱：

　　　藺相如，能保連城璧，周駙馬，能保帝花香。拚教頸血濺龍庭，衝

　　　冠壯志凌霄漢。〔註174〕

周世顯上了金殿以後並無下跪拜，清帝雖然不悅然而為了達成目的，暫時忍
下。而周世顯更出語譏諷〔註175〕，讓觀眾看到了他帶著凌霄壯志視死如歸的
勇氣。這一點當然是黃燮清傳奇中周世顯所無有的特色。〔註176〕

〔註174〕唐滌生：《帝女花》第六場《香夭》，頁139。

〔註175〕「清帝：周駙馬，試問歷代興亡，有幾多個新君肯體恤前朝帝女呢，我想知
　　　　道當長平公主見到香車迎接嘅時候，一定會百拜喜從天降。
　　　　周世顯：皇上，歷史上雖無體恤前朝帝女之君，卻有假意賣弄慈悲之主，難
　　　　怪公主見香車驚喜交集。
　　　　清帝：吓，驚從何來？
　　　　周世顯：公主所喜者乃是福從天降，所驚者，乃是驚皇上借帝女花沽名釣譽，
　　　　騙取民安。
　　　　清帝：周駙馬，孤王有覆滅一朝之力，又點會無安民之策呢。小小一個前朝
　　　　帝女，重不過百斤，究竟能有幾多力量。
　　　　周世顯：皇上，所謂取一杯之水，不能分潤天下萬民，借帝女之花，可以把
　　　　全國遺民收服。公主雖然弱質纖纖，年方十六，若果要權衡輕重，可以抵得
　　　　十萬師干。
　　　　清帝：周駙馬，你出言縱有千斤重，好在我有容人海量未能量。你見否殿前
　　　　百酌鳳凰筵，後有刀光和斧杖。
　　　　周世顯：倘若殺人不在金鑾殿，一張蘆蓆可以把屍藏。倘若殺身恰在鳳凰台，
　　　　銀槨金棺難慰民怨暢。」見唐滌生：《帝女花》第六場《香夭》，頁140。「有
　　　　幾多個新君肯體恤前朝帝女呢。」之「幾多」為書面語「多少」之意，後「究
　　　　竟能有幾多力量」同。「我想知道當長平公主見到香車迎接嘅時候」之「嘅」
　　　　為書面語「的」之意。「難怪公主見香車驚喜交集」、「驚從何來」之「驚」
　　　　為書面語「害怕」之意，後「所驚者，乃是驚皇上借帝女花沽名釣譽」等皆
　　　　同。「又點會無安民之策呢」之「點」為書面語「怎」之意。「你見否殿前百
　　　　酌鳳凰筵」之「見否」為書面語「看見沒有」之意。

〔註176〕而「上表」一段，配合演員表演又可看見細緻的變化。此舉雛鳳鳴2006年
　　　　舞台版為例：
　　　　周世顯在上場時表現出的驚怕，低頭看了手中的表章，看了左右兩側後皺眉
　　　　而嘆一聲「唉呀」，才唱道「藺相如能保連城璧，周駙馬能保帝花香。拚教

4. 對愛情的態度

前有黃燮清《帝女花》的深情駙馬，唐滌生的周世顯對公主也不是一般地癡情。除了在《香劫》不忍公主被賜死，崇禎要把他差下龍廷，他報柱狂叫哀求要見公主。〔註177〕公主上殿以後，他甚至跟著公主分牽帝衣，公主求死，他求饒恕。〔註178〕但崇禎心已定，公主也不願偷生，周世顯便與她拉拉扯扯搶紅羅，還願與她同死：

> （世顯拖住紅羅接唱）莫閉墓門，莫拒我殉難。在泉路設筵，度過
> 花燭一晚。〔註179〕

他的癡情，打動了原本從容的公主，兩人俯擁痛哭。〔註180〕崇禎發現長平還未死去，長平解釋是因為駙馬令她傷心魂斷糾纏間，故而未死，崇禎大怒，周世顯又再次乞紅羅，要殉難。〔註181〕

第三場《乞屍》時，後來周世顯以為長平公主已死，便至周鍾家要去把

顎血濺龍庭，衝冠壯志凌霄漢。」更顯得他破釜沉舟之氣勢。如此的表演更符合後面清帝問公主為何剛剛駙馬上殿而帶愁容，眼中有淚，而公主卻能一笑嫣然的劇情。而上場時的表演也能讓觀眾體會到周世顯是疼惜公主的，因為如果成功，他們要仰藥；失敗，則公主失了他這個依靠之人，因此手中的表章令他起了徬徨，最後，他仍充滿了勇氣，向前而行。

此表演因任白無傳世影像，雛鳳電影可能因為是「電影」，調整了表演方式而沒有此細微的部分，因此筆者是參考龍劍笙的舞台表演版本。

〔註177〕「（世顯抱柱而哭狂叫白）主上，主上。（快花下句）書生縱短還魂力，尚可瘋狂把柱攀。但乞一見鳳來儀，俯伏哀哀求聖鑒。（俯伏台口號啕而哭叩頭不止介）」見唐滌生：《帝女花》第二場《香劫》，頁62。

〔註178〕「（世顯嘆板下句）幾見親情鋤骨肉，事誠壯烈獨惜太凶橫。螻蟻貪生是常情，死別相看情更慘。岳王，岳王，雖然一國之興亡，匹夫匹婦豈無責任，唯是公主年才十五，如碧玉之晶瑩，如投懷之小鳥，望岳王體念上天有好生之德，何必將公主處死於斷腸時候呢岳王。」見唐滌生：《帝女花》第二場《香劫》，頁65。

〔註179〕唐滌生：《帝女花》第二場《香劫》，頁66。

〔註180〕「（世顯緊執紅羅單膝跪前介）
（長平先鋒鈸三拖紅羅包重一才慢的向世顯逐下啾咽介白）唉，駙馬爺，（禿頭花下句）泉台未有陽關路，怎能把驪歌唱入鬼門關。估話精忠報國重千金，（一才）又怎料兒女柔情重千擔。（俯擁世顯痛哭介）」見唐滌生：《帝女花》第二場《香劫》，頁67。

〔註181〕「（崇禎大怒先鋒鈸執世顯一腳打世顯掩門足突地快口古）周世顯，公主生不能為駙馬妻，最多死後碑文任得你如何編撰。（世顯快口古）岳王，公主尚有殉國之心，駙馬寧無從死之義，乞再賜紅羅三尺，與公主合抱投環。」見唐滌生：《帝女花》第二場《香劫》，頁68。

公主的屍身要回去「一生把香煙供奉」〔註182〕。當然，周鍾不可能將實情告訴他，便給他看半份遺書：

> （世顯接遺書先鋒鈸重一才慢的沉痛讀白）望屍沉江海，存貞自毀
> 容。徽妮絕筆。（痛哭長花下句）望屍沉江海，存貞自毀容，江海沉
> 珠葬魚龍，此後香火有情難供奉，招魂難以情臨邛，留將熱血無所
> 用，不如頸血濺梧桐。離鸞有恨不能伸，但求一見泉台鳳。（先鋒鈸
> 欲闖〔註183〕樹死介）〔註184〕

周世顯屢次想殉情而死，屢次皆未成功。這次他給周瑞蘭攔止，周瑞蘭以先帝需要有人哭祭為由，勸止他殉情。黃燮清傳奇中的周世顯雖也深情，但三番兩次要殉情的這份癡情，卻是傳奇中的周世顯無法比的。

又，除了屢次嘗試殉情，還有因為公主堅決不相認而欲自殺：

> （世顯跪在神前接唱）哭江山破，夢覺繁榮。哭鴛鴦劫，玉女逃
> 情。寧以身殉不對玉女再求情。（調慢唱）寧以身殉在仙庵博後評。
> 〔註185〕

公主怕他自殺，便阻止了他，終於相認。後來周世顯求公主「生就一齊生，死就一齊死」〔註186〕，要她別拋下他。公主為他癡癡糾纏所感，於是說若要破鏡重圓，相約紫玉山房。在劇本裡，可以看到唐滌生如何安排人物情緒，如公主說要把舊盟再認時，周世顯「頻頻點頭感激，過於衝動，失聲一哭」〔註187〕使得人物更加立體生動。

（三）崇禎皇帝

崇禎皇帝在傳奇與粵劇中，雖然他們都正面臨著山河破碎的狀況，形象

〔註182〕「宗老伯，當日我配婚之時，你都親耳聽見過先帝對我淒涼嘅囑咐。但話公
　　　　主生不能為我妻，死後屍骸由我一生把香煙供奉。」唐滌生：《帝女花》第
　　　　三場《乞屍》，頁87。
〔註183〕闖樹，即撞樹。闖音「cong2」，一音「cong3」，撞音「zong6」，一音「cong4」
　　　　應是音近通假。
〔註184〕唐滌生：《帝女花》第三場《乞屍》，頁88。
〔註185〕唐滌生：《帝女花》第四場《庵遇》，頁107。
〔註186〕「公主，幾難得劫後相逢，望你珍惜呢一點殘餘名份，我哋生就一齊生，死
　　　　就一齊死，但知重圓破鏡，那怕草木皆兵。」書面語意為「公主，好難得劫
　　　　後相逢，望你珍惜這一點殘餘名份，我們生就一齊生，死就一齊死，但知重
　　　　圓破鏡，那怕草木皆兵。」唐滌生：《帝女花》第四場《庵遇》，頁109。
〔註187〕唐滌生：《帝女花》第四場《庵遇》，頁109。

大抵可分為悲嘆興亡與舐犢情深的形象，前者因無法挽救國家而悲，後者則與公主親情相關。

1. 悲嘆興亡

崇禎皇帝僅在第二場《香劫》中出場。由於第一場中已稍微提及，觀眾可略知時局正亂。第二場開場時，崇禎在宮中悶飲嘆時艱：

> 中宮悶飲嘆時艱，戰耗驚傳拋玉盞。只剩得兩行酸淚伴龍顏。此日乾清百官同懶散。唉，登臨怕上兔兒山。養文官，帷幄嘆無謀，豢武夫，沙場難勇猛。〔註188〕

從這段文字中可以看出時局非常艱難，從皇后的對話中也可知帝后將皇子先安排妥當了〔註189〕，為公主選招駙馬，可能也是為了讓她在這時局有所依傍，因為崇禎說「怕只怕天禍紅顏。」〔註190〕，又對袁妃道「貴妃，孤王都望愛女早日有所歸根落葉，因為長平佢〔註191〕貌如花薄，恐怕終非壽顏。」〔註192〕也可證他催粧之因，或是由此生。

等到宣召周世顯上殿，崇禎問他習武或是習文〔註193〕，周世顯說白：「微臣愧無功勳迎帝女，幸存妙筆把花攢。」〔註194〕，崇禎嘆息：

> 唉，亂世文章有乜嘢〔註195〕用吖，我又習文，你又習文，至〔註196〕令到今日破碎山河難救挽。〔註197〕

流寇之患四起，文武官宦皆無用武之地，崇禎認為習文對亂世無用，因為他

〔註188〕唐滌生：《帝女花》第二場《香劫》，頁55。

〔註189〕「周后：唉，主上，今日雖然事無可為，但仍可閉關自守，而且太子亦已經撫軍南京，永王定王亦由臣妾交與嘉定伯周奎暫時收養，你重何必黯然長嘆。」見唐滌生：《帝女花》第二場《香劫》，頁55。「你重何必黯然長嘆」之「重」為書面語「還」、「又」之意。

〔註190〕「崇禎：唉，梓童，孤王生平所愛，就係一個年方十五嘅長平公主，怕只怕天禍紅顏。」見唐滌生：《帝女花》第二場《香劫》，頁55。

〔註191〕粵語「佢」為書面語「他」之意。

〔註192〕唐滌生：《帝女花》第二場《香劫》，頁55。

〔註193〕「崇禎：周少卿，孤王見你確是一表非凡，恍似臨風玉樹，但未知你學武抑或習文，至會博得公主把你人才賞讚。」唐滌生：《帝女花》第二場《香劫》，頁56。「至會博得公主把你人才賞讚。」之「至」為書面語「才」之意。

〔註194〕唐滌生：《帝女花》第二場《香劫》，頁56。

〔註195〕粵語「乜嘢」為書面語「什麼」之意。

〔註196〕此處「至」為書面語「才」之意。

〔註197〕「唉，亂世文章有什麼用，我也習文，你也習文，才令到今日破碎山河難挽救。」見唐滌生：《帝女花》第二場《香劫》，頁56。

自己也習文，才令到如今山河難救，他只能愁悶苦悶坐於宮中〔註198〕。葉紹德在〈《香劫》簡介〉一文中說：

> 開幕時，崇禎帝與周后袁妃撞點鑼鼓同上。崇禎唱一段七字清中板，內容是烽煙處處，流寇四起，唐滌生安排一句花上句：「養文官，惟幄嘆無謀，養武夫，沙場難勇猛。」這句滾花唱出了崇禎的性格。
> 他不願自己多疑忌才，反怪文武官員無用，真是好句。〔註199〕

崇禎皇帝性格多疑，袁崇煥便是因此而被錯殺。但若撇開歷史事實，單看戲文，其實崇禎皇帝也怪了自己，因此在與周世顯說話時，才說了「亂世文章有什麼用啊！我也習文，你也習文，才令到今日破碎山河難挽救。」他對自己仍是有所自責的。最後才登煤山以死謝民愛。

與傳奇中的崇禎不同的是，傳奇中的崇禎希望天降聖人來免除黎民百性的災難；而粵劇中的崇禎則不然，在「處理」好親眷後，他只是登高山謝民愛，並沒有希求天能夠降聖人等語。

2. 舐犢情深

從《樹盟》一場，周鍾告訴周世顯：「王有事，必與帝女謀。有所求，必依長平奏。寵之若明珠，群臣皆低首。」〔註200〕便可知一二，再進入《香劫》一場，又可從崇禎口中知道他多愛長平公主，如「孤王生平所愛，就係〔註201〕一個年方十五歲嘅〔註202〕長平公主，怕只怕天禍紅顏。」〔註203〕又如《香劫》一場，崇禎問周世顯學文有什麼用的時候，周鍾見風使舵推薦自己的兒子周寶倫給崇禎：「主上，呢句說話講得啱啩，所謂文章只能濟世，不能救急。假如主上今日不以文臣為重，長平公主可以配與微臣之子。寶倫

〔註198〕至要宣召長平公主上殿時，崇禎對周世顯說：「你……你……你，你莫怨孤王心太狠。只好怨書生無力護紅顏。你既無千斤力，枉有千斤情，恩不斷時還需斬。」或許也能推測崇禎希望女兒嫁給一名能夠在亂世中保護她的人，而書生顯然不能。見唐滌生：《帝女花》第二場《香劫》，頁62。

〔註199〕葉紹德：〈《香劫》簡介〉收錄於葉紹德編撰，張敏慧校訂：《唐滌生戲曲欣賞（一）：帝女花、牡丹亭驚夢》（香港：匯智出版有限公司，2015年），頁49。

〔註200〕唐滌生：《帝女花》第一場《樹盟》，頁44。

〔註201〕粵語「係」為書面語「是」之意。

〔註202〕粵語「嘅」為書面語「的」之意。

〔註203〕唐滌生：《帝女花》第二場《香劫》，頁55。

而家鎮守紫禁城，相當勇猛。」〔註204〕崇禎覺得無稽便道：

> 重武輕文，不過是孤王一時激憤之意，公主既然許身世顯，孤王當
> 傳禮部，冊封周世顯配長平公主，賜駙馬名銜。〔註205〕

即便自己認為文章於現今狀況無用，崇禎還是依愛女的心意，可見他愛女情深。又如城破之時，長平公主抱帝膝痛哭道：「十五年來承父愛，一死酬親有何難。願來生重續父女情，彌補今生情太暫。父王，父王，臣女雖不幸生落帝王之家，但猶幸得為崇禎之女。自古道君要臣死，只憑一諭，父要子亡只憑一語，父王欲賜紅羅，反覆不能傳諸金口，可見愛女情深。」〔註206〕可見兩人父女之情深厚，至後來崇禎拋下紅羅之後暈厥，可見愛女情切，殺之不忍。

又，在《香劫》一場開頭，崇禎嘆道時局艱難，崇禎口古：「唉，梓童，孤王生平所愛，就係〔註207〕一個年方十五嘅〔註208〕長平公主，怕只怕天禍紅顏。」〔註209〕接著袁妃提到：「主上，禮部已經替公主挑選駙馬，從七百名宦門子弟當中，選中咗〔註210〕太僕之子，昨日已經由周老卿家帶領世顯覲見公主於月華殿，但未知能否取長平嘅〔註211〕青盼。」〔註212〕接著崇禎對袁妃道：

> 貴妃，孤王都望愛女早日有所歸根落葉，因為長平佢〔註213〕貌如花
> 薄，恐怕終非壽顏。〔註214〕

因為愛惜長平公主，又知道時局艱難，加上「怕只怕天禍紅顏」，又說自己都希望愛女早日落葉歸根，因為她貌如花薄，恐怕紅顏薄命。因為崇禎生平所愛的只有一個長平公主，其催粧之因，或許是由愛而生。他的催粧，或許是

〔註204〕意為「主上，您這句話說得真對啊！所謂文章只能濟世，不能救急。假如主上今日不以文臣為重，長平公主可以配給微臣之子。寶倫現在鎮守紫禁城，相當勇猛。」，頁57。「呢」有書面語「這」之意。

〔註205〕唐滌生：《帝女花》第二場《香劫》，頁57。

〔註206〕唐滌生：《帝女花》第二場《香劫》，頁64。

〔註207〕粵語「係」為書面語「是」之意。

〔註208〕粵語「嘅」為書面語「的」之意。

〔註209〕唐滌生：《帝女花》第二場《香劫》，頁55。

〔註210〕粵語「咗」為書面語「了」之意。

〔註211〕粵語「嘅」為書面語「的」之意。

〔註212〕唐滌生：《帝女花》第二場《香劫》，頁55。

〔註213〕粵語「佢」為書面語「他」之意。

〔註214〕唐滌生：《帝女花》第二場《香劫》，頁55。

為了保護愛女。而長平選駙馬，只要善詞令者，要對父王經世濟民有幫助，兩者父女情深，可見一斑。

然而，相較傳奇中的崇禎皇帝，粵劇的崇禎皇帝下起手來更狠，雖然也為此「一直撲埋衣邊角御座旁，以手搭住御座對周后屍哭雙思介」〔註215〕，卻沒有直陳公主遭遇的哀痛，相比之下較為內斂。

（四）周鍾：見風使舵，富有人情

相較於前作，粵劇中的周鍾戲分更多，而且他雖然由擁有「丑生王」美稱的梁醒波〔註216〕（1908～1981）擔綱，卻不再是一個丑角、只圖利益的丑小人，他的人物更加立體、多面。

周鍾於第一場《樹盟》便做為引見周世顯跟公主的人上場，他帶著周世顯去見公主，並且提醒周世顯應遵守的禮節。第二場《香劫》中，他趁風揚帆，把自己的兒子推薦給崇禎，畢竟有大好機會，為何不好好把握？而這也是這一個版本周鍾的特點，他很懂得把握機會，換取利益。

因此，在《乞屍》一場，其子周寶倫暗示能「因風駛艇，榮華富貴仍在掌握中」〔註217〕時，他才會「重一才笑介，神秘一點口古」〔註218〕。不過，雖然他起念，還是覺得「唉，賣之誠恐負舊朝」〔註219〕而寶倫進一步遊說：「不賣如何有新祿俸。」〔註220〕

周鍾終於被說動「我哋〔註221〕茶飯三餐無百味，帝女還應再從龍。不是忘恩是報恩，事關小樓一角難棲鳳。」〔註222〕深怕辜負舊主卻又心戀富貴因而說出此話，真是自欺欺人。

但是，周鍾並不是全然的惡，他對崇禎是忠心的，所以他對崇禎說：「所

〔註215〕唐滌生：《帝女花》第二場《香劫》，頁73。
〔註216〕梁醒波：粵劇知名文武生及丑生。起初學文武生行當，多演袍甲戲，還有「星洲四大天王」之美譽，後轉丑生，先後加入仙鳳鳴、雛鳳鳴，並曾領受大英帝國勳章。以上部分參中國戲劇出版社出版之《粵劇史》，（北京：中國戲劇出版社，1988年），頁214。內文中寫梁醒波1985年病逝香港，年份誤。
〔註217〕唐滌生：《帝女花》第三場《乞屍》，頁78。
〔註218〕唐滌生：《帝女花》第三場《乞屍》，頁78。
〔註219〕唐滌生：《帝女花》第三場《乞屍》，頁80。
〔註220〕唐滌生：《帝女花》第三場《乞屍》，頁80。
〔註221〕粵語「哋」為書面語「們」之意。
〔註222〕唐滌生：《帝女花》第三場《乞屍》，頁80。

謂見一步時行一步，得逃生處且逃生。望主上再莫猶豫不決，老臣亦願保駕同行。」〔註223〕而後他還將公主救回家中，讓女兒瑞蘭照顧。他也是有人情的，於《香劫》一場，崇禎要賜死公主時，周鍾替公主說情；當公主上金殿，一個個問，問到周鍾時，周鍾「喊〔註224〕著口古」，顯見他並非全然的小人，他是有情的，只是為了自身舒適，為了兒女〔註225〕，他是可以為小惡的，因而欺騙自己「不是忘恩是報恩」〔註226〕。

「見一步時行一步」〔註227〕真的就是對他最貼切的形容。不過，他對舊主依然是有所忠的。在長平公主哭殿時，周鍾說道：「皇上，我哋公主笑緊都可以喊㗎〔註228〕，你何不頒下詔書，以慰遺臣所望。呢。」〔註229〕寶倫也附和：「想太子年方十二，縱使潛龍出海，亦未必騰達飛翔。」幫公主說話，希望清帝能釋放前朝太子。可見，他還是忠的，這個忠雖然對他而言吃不了飯，卻能令他心裡好過一點。

周鍾一角，由「丑生」擔綱，除了梁醒波是當時仙鳳鳴劇團的台柱以外，周鍾這個角色確實也起了搞笑的作用。例如《上表》一場，他唸瑞蘭自己勞勞碌碌是為了誰時，瑞蘭道：「爹，我與公主曾經有八拜金蘭之義，論父女，你可以對我不留餘地，論身份，你似乎不能以低犯高。」〔註230〕令到他又氣又賠笑。又如《乞屍》一場，周鍾被周世顯迫到無奈趕快將「公主遺書」撕一半給他，這一段戲，在雛鳳鳴電影版中頗為好笑。

至於周寶倫一角，與周鍾並無二致，差別在於他由小生飾演。周寶倫原先是個勇猛的將軍，對於崇禎也很忠心，然而如同他的父親一樣，「識時務者

〔註223〕唐滌生：《帝女花》第二場《香劫》，頁 59。

〔註224〕粵語「喊」有書面語「哭」之意。

〔註225〕於《上表》一場，周鍾對瑞蘭悲憤口古：「吓，瑞蘭，牛耕田，馬食穀，我勞勞碌碌，究竟係為邊個造福呀，你為乜野事幹唔早啲話畀我聽，等我多挨咗一年辛苦。」，頁 124。書面語意為「啊，瑞蘭，牛耕田，馬食穀，我勞勞碌碌，究竟是為了造福哪個呀，你做什麼事不早些說給我聽，令我多挨了一年辛苦。」意即他不只為了自己，還為家裡人，很能自圓其說，當然也可能是自欺欺人。「乜野事」為書面語「什麼事」之意；「早啲」為書面語「早一些」之意；「話畀我聽」為書面語「說給我聽」之意。「咗」為書面語「了」之意。

〔註226〕唐滌生：《帝女花》第三場《乞屍》，頁 80。

〔註227〕唐滌生：《帝女花》第二場《香劫》，頁 59。

〔註228〕這句話的書面語意為「我們公主笑的同時都可以哭的」。

〔註229〕唐滌生：《帝女花》第六場《香夭》，頁 145。

〔註230〕唐滌生：《帝女花》第五場《上表》，頁 124。

為俊傑」就是周寶倫一角最好的寫照。

與父兄不同的,是周瑞蘭一角。周瑞蘭的角色,很可能是出於公主受傷,需要有一個女性角色照顧、扶持,因而有了周瑞蘭一角。然而她的作用,不僅僅是照顧公主,她還與父兄做了一個對比。相較於父兄的賣主求榮,她可以「以死相從」公主,對於兄長的責難,她可以仗義執言:「公主是畀我最無良心嘅父兄害死嘅。你哋正話喺樓前密語嘅時候,佢早就匿埋喺小巷裡便叻,不過暫借桃花一樹作屏風。」〔註231〕機敏的她,也屢屢在緊要關頭「掩蓋」成功,例如她哭得更慘,令其他人更相信公主自殺;又或者她要讓其他人不要懷疑師太跟長平公主假扮的道姑,便說「真係唔駛念喇,我又不能對你哋講白內容。」〔註232〕可見她的聰敏。她雖為女子,其志卻比父兄堅貞,或許也是作者的一種諷刺。

像周鍾、周寶倫這樣的角色,小奸小惡,惹人厭,惹人嫌,卻其實更富有人性,試想一個節義完滿的人,現實生活中並不常見,周世顯與公主畢竟是英雄,人格必須完滿,然而並不常見,其實也不那麼符人情。

四、戲曲藝術

戲曲的除了劇本以外,曲文、舞台等皆是藝術的一環,以下分曲文說白、舞台美術及思想旨趣三點述之:

(一)曲文說白

唐滌生粵劇作品曲詞優美,向來為人讚譽,尤其是他後期作品,如《紫釵記》、《帝女花》等皆是名劇,更自八十年代起雄霸一方。唐滌生認為,粵劇包含了文學與傳統藝術,應當為人重視,粵劇「簡直是具有高度文化推進力的工具。」〔註233〕因此在創作時更為用心,且劇本立意要良好,《帝女花》便

〔註231〕「公主是畀我最無良心嘅父兄害死嘅。你哋正話喺樓前密語嘅時候,佢早就匿埋喺小巷裡便叻,不過暫借桃花一樹作屏風。」書面語為:「公主是被我最無良心的父兄害死的。你們正在樓前密語的時候,他早就躲在小巷裡面了,只不過暫借桃花樹當作屏風。」唐滌生:《帝女花》第三場《乞屍》,頁85。「畀」為書面語「給」之意;「嘅」為書面語「的」之意;「哋」為書面語「們」之意;「喺」為書面語「在」之意;「佢」為書面語「他」之意;「匿埋」為書面語「藏」之意。

〔註232〕「真係唔駛念喇,我又不能對你哋講白內容。」書面語為:「真的不用念了啦,我又不能把內情給你們講白。」唐滌生:《帝女花》第三場《乞屍》,頁87。

〔註233〕唐滌生:〈繼《香羅塚》、《雙仙拜月亭》、《白兔會》後編寫《百花亭贈劍》〉,

是他「我很想找一部有著良好主題的宮闈劇本來調劑一下」〔註234〕後寫成的劇本。葉紹德說「現在的粵劇不但極視聽之娛，而唐氏劇本詞藻優美，曲口精警，劇情緊湊，後學者應視之為模範。」〔註235〕對他極其推崇。

張敏慧與阮兆輝於《辛苦種成花錦繡》一書中談及《帝女花》的曲白，認為唐滌生文筆精煉、曲詞婉轉細膩，口古與口白也寫得妙，「一路唸下去，簡直覺得是在讀韻文」〔註236〕。葉紹德曾請教唐滌生如何編寫粵劇劇本，唐滌生說「當然你寫口古口白寫得好的時候，你的劇本便成功了。」〔註237〕顯見口白、口古〔註238〕的重要性。例如首場最有名的四句：

（長平望也不望冷然口古）平身（介）周世顯，語云男兒膝下有黃金，你奈何折腰求鳳侶，敢問士有百行，以何為首。

（世顯口古）公主，所謂新入宮廷，當行宮禮。公主是天下女子儀範，奈何出一語把天下男兒污辱，敢問女有四德，到底哪一樣佔先頭。

（長平重一才慢的介震怒依然不望冷笑口古）周世顯，擅詞令者，只合遊說於列國，倘若以詞令求偶於鳳台，未見其誠，蓋增其醜。啫〔註239〕。

（世顯絕不相讓介口古）公主，言語發自心聲，詞令寄於學問，我雖無經天緯地才，亦有惜玉憐香意，可惜人既不以摯誠待我，我又

收錄於陳守仁：《唐滌生創作傳奇》，（香港：匯智出版有限公司，2016年），頁178。

〔註234〕唐滌生：〈我為什麼編選《帝女花》和《紫釵記》〉，見《仙鳳鳴第四屆演出特刊》第9頁，收錄於《姹紫嫣紅開遍——良辰美景仙鳳鳴（儂纖本）》，（香港：三聯書店），2004年。

〔註235〕葉紹德：〈劇本在粵劇史的重要性〉，收錄於葉紹德編撰，張敏慧校訂：《唐滌生戲曲欣賞（一）：帝女花、牡丹亭驚夢》（香港：匯智出版有限公司，2015年），頁23。

〔註236〕盧瑋鑾主編：《辛苦種成花錦繡——品味唐滌生粵劇《帝女花》》，（香港：三聯書店，2009年），頁48。

〔註237〕葉紹德：〈劇本在粵劇史的重要性〉，收錄於葉紹德編撰，張敏慧校訂：《唐滌生戲曲欣賞（一）：帝女花、牡丹亭驚夢》（香港：匯智出版有限公司，2015年），頁23。

〔註238〕口白跟口古的差別，前者不須押韻，後者須要押韻。除此以外，口古有上下句之分，彼此獨立。

〔註239〕「啫」讀音為〔ze1〕時有「僅此而已」的意思，也有「對別人的意見表示輕視、否定」的意味。見鄧思穎《粵語語法講義》，（香港：商務印書館，2015年），頁218。

何必以誠信相投。〔註240〕

此四句是口古形式，最後一個字分別是首、投、醜、投都押了 [au] 韻；又《庵遇》周世顯想令公主相認，前段也用了口古：

> （世顯黯然嘆息悲咽口古）唉，師傅，不是傷心人，不作傷心語，既是傷心人，才有錯把曇花當作宮花認。

> （長平見狀一才略覺不忍介口古）哦，施主，原來你唔係〔註241〕一個輕薄兒，卻是一個滄桑客。好啦，等我番〔註242〕入去〔註243〕代你燒多柱香，望觀音大士慈航普渡，保佑你福壽康寧。

> （世顯故意口古）咁就唔該晒叻。〔註244〕我應該長念佛門慈悲。揖問道姑你貴姓。（介）

> （長平還揖介口古）口夜……貧尼俗身姓沈，法號慧清。〔註245〕

這兩句也是口古，分別押了認、寧、姓、清，韻腳皆是 [ing]。以上幾句口古例子，有文雅的如「不是傷心人，不作傷心語，既是傷心人，才有錯把曇花當作宮花認」，也有白話的如「咁就唔該晒叻。我應該長念佛門慈悲。揖問道姑你貴姓」〔註246〕，不管文雅或是口語，不管文句長短，唐滌生都使用自如，且在兩名角色一問一答間使用口古，真的有讀韻文之感，是觀賞粵劇的一個趣味。

再來看《帝女花》的曲文，除了最後的〈妝台秋思〉，還有一些有名的唱段如《庵遇》中的〈雪中燕〉：

> 孤清清，路靜靜，呢〔註247〕朵劫後帝女花，怎能受斜雪風淒勁。滄桑一載裡，餐風雨續我殘餘命。鴛鴦劫，避世難存塵俗性，更不復染傷春症。心好似月掛銀河靜，身好似夜鬼誰能認。劫後弄玉怕簫聲，說什麼連理能同命。〔註248〕

〔註240〕唐滌生：《帝女花》第一場《樹盟》，頁45。

〔註241〕粵語「唔係」為書面語「不是」之意。

〔註242〕「番」為「返」之音近通假，為書面語「回去」之意。

〔註243〕「入去」為書面語「進去」之意。

〔註244〕「咁就唔該晒叻」書面語為：「這樣就非常感謝了」。「咁」為書面語「這樣」之意；「唔該」為書面語「謝謝」之意，唔該後面的「晒」為「非常」之意，因此「唔該晒」意為「非常謝謝」。

〔註245〕唐滌生：《帝女花》第四場《庵遇》，頁99。

〔註246〕唐滌生：《帝女花》第四場《庵遇》，頁99。

〔註247〕粵語「呢」在此處為書面語「這」之意。

〔註248〕唐滌生：《帝女花》第四場《庵遇》，頁95。

文詞優美，寫出了這一年裡，長平公主孤身一人的心境，此外，這段唱詞還融合了粵語白話字「呢」，即書面語「這」字，令此唱段得有語言特色。又如《上表》的〈禪院鐘聲〉的韻腳與人物感情相配合，而有特別的聲情：

> 名花，不配被俗世污。銀簪，阻斷了配婚路。當初先帝悲金鼓。兩番揮劍滅奴奴。要我存忠貞，殉父母。我雖是人還在世，你那堪賣我失清操。清世今朝有金鋪。我也不再愛慕。罵句狂夫，匹夫。我共你恩銷，義老。自刺肉眼含糊。〔註249〕

這一段是長平公主誤以為周世顯賣她求榮時悲憤交加所唱，開頭兩字「名花」之花，粵音為〔faa〕，是開口度最大的元音，「不配為俗世污」之污卻又是響度小的合口音〔wu〕，接著「銀簪」之簪為聲隨韻母之〔zaam〕，原來的〔aa〕響度已經很大，還有輔音〔m〕在鼻腔作共鳴，響度也大，配合劇中情節，則是公主怒欲以此簪自殘並怒罵周世顯。「阻斷了配婚路」的路是〔lou〕，以〔o〕起頭〔u〕收尾，是一個下降複元音，響度由大至小，而且〔o〕的發音較大，時間也較〔u〕長，兩者併之而有嗚鳴之感，接下來到「鼓」都是壓〔ou〕音，之後從「夫」到「糊」都是押〔u〕音，配合公主當時情緒，很引人入勝。加之，白雪仙演唱粵劇時有「問字求腔」〔註250〕的特色，所以像「名化，不配被俗世『污〔wu〕』」、「銀簪，阻斷了配婚『路〔lou〕』」、「當『初〔co〕』先帝悲金鼓」、「兩番揮劍滅『奴〔nou〕』奴」、「你那堪賣我失清『操〔cou〕』」、「我也不再『愛〔oi〕』慕」、「自刺肉眼『模〔mou〕』〔註251〕『糊〔wu〕』。」這幾個字，白雪仙唱的時候特別拉了腔，讓字的「韻」獨立出來，營造出一種特別嗚咽的感覺。以下將問字求腔的部分列出，後標粵音：

> 名花〔faa〕。不配被俗世〔sai〕污〔wu〕。銀〔ngan〕簪〔zaam〕。阻斷了配婚〔fan〕路〔lou〕。當初〔co〕先〔sin〕帝悲金鼓〔gu〕。兩番揮劍滅奴〔nou〕奴。要我存貞〔zing〕操〔cou〕。殉父母。我

〔註249〕唐滌生：《帝女花》第五場《上表》，頁128。

〔註250〕問字求腔，又稱問字攞腔：「《粵劇大辭典》：早期粵劇戲班……拉腔時生角多用『呀』音，旦角多用『咿』音，拉腔過於單調，而且不管是開口的字音抑或閉口的字音，發音拉腔都用同一方法，顯得生硬和拗口。20世紀30年代，名伶薛覺先首創『問字攞腔』的演唱方法……根據唱詞中的字而選擇拉腔的發音方法……。」見何志華、馮勝利主編：《承繼與拓新：漢語語言文字學研究》，（香港：商務印書館，2014年），頁644。

〔註251〕電影版、唱片版都唱「模糊」而非「含糊」。

雖是人還〔waan〕在世〔sai〕。你那〔naa〕堪賣我〔ngo〕毀清操
〔cou〕。清室今朝有金鋪〔pou〕。我〔ngo〕也〔jaa〕不再愛〔oi|a〕
慕。罵句狂夫。匹夫。共你恩銷〔siu〕。義老〔lou|a〕。我自刺肉眼
模〔mou〕糊〔wu〕。〔註252〕

其中像是「花」、「簪」、「婚」等，聲音響度都很大，搭配公主的情緒是激動
的、憤怒的；其他如「路」、「初」、「鼓」、「奴」、「模」、「糊」等字，雖然韻腳
不盡相同，但都營造出了悲聲。因此王易說「韻與文情關係至切」〔註253〕，
很有道理。再舉一例帝女上金殿時哭唱：

哀聲放，帝女哭朝房。血淚如潮腮邊降，且向乾清再悼亡。憶舊讎
翻血賬。遺臣三百聽端詳。當日賜紅羅，擲下金階上。母后袁妃痛
懸樑。劍橫揮，血濺黃金帳。殺得昭仁公主怨父王。莫戀新朝棄舊
朝，再哭鳳台聲響亮。〔註254〕

這是公主為了逼令清帝下詔書，欲牽動遺臣情緒而唱的曲詞。這段曲詞中，
唐滌生用了兩種韻來填詞，第一種為〔ong〕，字有：放、房、降、亡、王；第
二種為〔oeng〕，字有：賬、詳、上、樑、帳、亮。不過，此二韻的主要元音
皆是半低圓唇音，只一個在舌面後，一個在舌面前，聽起來相去不遠，交互
使用無礙情感表達。而這一段公主必須放悲聲震撼朝房，因此使用帶著鼻音
的韻母，響度大，聲音宏亮，符合情節之聲情需要。

此外，細讀也能發現唐滌生寫了不少對仗、錯綜之句，如長平「自古道
君要臣死，只憑一諭，父要子亡只憑一語」、「父王欲賜紅羅，反覆不能傳諸
金口，可見愛女情深。駙馬反覆不能轉達其情，可見愛妻情切」、「我不死實難
以對父王，我偷生實難以謝天下，不孝縱然可恕，欺世神鬼難容」等語皆是。

唐滌生希望提升粵劇水準，讓粵劇步向康莊大道，以上種種皆能看出他
在這方面的努力。以往粵劇只有提綱或是爆肚，沒有劇本也無法事先排戲，
日久則品質堪憂；而唐滌生後期之作，除了重視劇本內容，曲文優美，也對

〔註252〕此為唱片版歌詞，音檔：https://youtu.be/OyOsKjz0rTg?t=2h22m36s（最後查
閱日期：2018/07/10）兩小十二二分三十六秒處，其中「愛、老」二字後
面多了「a」音。

〔註253〕王易：《詞曲史》，見國家圖書館臺灣華文電子書庫：http://taiwanebook.ncl.edu.
tw/zh-tw/book/NCL-000799959/reader（最後查閱日期 2018/06/29）頁 297。
王易寫了各個韻之聲情，如「魚語幽咽」、「尤有盤旋」等。

〔註254〕唐滌生：《帝女花》第六場《香夭》，頁 146。

舞台布景很有想法，在他的劇本中能看到他對演出時布景的叮嚀。

（二）舞台美術

《帝女花》為粵劇戲寶，初演並無舞台影音，故而無從知道當時具體情況。任白雖有電影留下來，但其中刪減更改之處頗多，而且是電影形式，與舞台演出自然不同。白雪仙是一位精益求精的演員，《帝女花》從 1957 年開演至 2006 年的舞台都有所改變，要見到原貌已不容易，然而可從一些資料上窺見其貌。

仙鳳鳴劇團不僅在劇本上花心思，在舞台布景上也費盡思量。從第一屆《紅樓夢》起，仙鳳鳴便採用旋轉舞台，以求效果〔註 255〕，《帝女花》也利用了旋轉舞台。據葉紹德於《唐滌生戲曲欣賞（一）：帝女花、牡丹亭驚夢》一書中為每一場戲所寫的簡介裡，說《香劫》：

> 崇禎取劍親手斬殺長平，以下唐滌生寫十八個動作情節，利用利舞台旋轉舞台一路轉台，一路追殺，編劇的構思力豐富，活現在舞台之上……唐滌生原意在轉台衝殺時，將周鍾與周世顯分隔後宮外，一九六八年後重演，以抽象手法代替轉台，效果也是一樣。
> 〔註 256〕

又有阿胡〈顧後瞻前來談仙鳳鳴的演出〉中亦提及「他們能夠盡量利用新型旋轉舞台，及搭蓋出立體的佈景，使得觀眾看來，更有真實之感，由其是宮闈戲，或者是逢到劇情不應該中斷的兩場戲時，更需要像他們這樣的佈置。」〔註 257〕也是一證。從演出照片中也可以看到白雪仙利用血漿營造真實感。到了 2006 年的龍劍笙、梅雪詩主演的舞台版本，利用燈光與布幕，在觀眾的注意力都集中在崇禎與長平的時候，後面慢慢把金殿收起，換作宮中梁柱。當崇禎錯殺昭仁時，上方紅布吊下，象徵血以及自縊的后妃。

除此以外，《帝女花》還有一紫玉山房場景，唐滌生在劇本中寫道舞台右

〔註 255〕盧瑋鑾：〈夢見繁華誰願醒——「仙鳳鳴」五十年〉，收錄於葉紹德編撰，張敏慧校訂：《唐滌生戲曲欣賞（一）：帝女花、牡丹亭驚夢》（香港：匯智出版有限公司，2015 年），頁 313。

〔註 256〕葉紹德編撰，張敏慧校訂：《唐滌生戲曲欣賞（一）：帝女花、牡丹亭驚夢》（香港：匯智出版有限公司，2015 年），頁 52。

〔註 257〕阿胡：〈顧後瞻前來談仙鳳鳴的演出〉，見《仙鳳鳴劇團第四屆演出特刊》，頁 8b，收錄於《姹紫嫣紅開遍——良辰美景仙鳳鳴（儂纖本）》，（香港：三聯書店，2004 年）

邊搭高台，布置一個小樓，小樓四面皆是窗戶，觀眾可以看見小樓之內的狀況。除此以外，小樓還有階梯，這個階梯在第五場非常重要，配合公主唱〈禪院鐘聲〉，手拿銀簪欲逼退周世顯，一步步從樓上走下去，戲劇效果很強。當年任白拍攝電影時，因階梯不符而出一些問題，後來龍劍笙、梅雪詩拍《帝女花》時，白雪仙便首先指定這一佈景要符合要求〔註258〕，可見為戲認真。

除了舞台布景以及象徵手法，仙鳳鳴每每演出新劇，對於服裝扮像也都重新設計，富有新意。《羅賓漢》對《帝女花》的劇評說道：

> ……頭一場十二名宮女帶上的時候，場面上完全用的，是絲竹管弦之類，配上堂鼓銅鈴等，音調鏗鏘，而且一派富貴氣象……還有一個使人滿意的措斷，就是白雪仙的新型行頭，設計得脫盡了俗氣，看來順眼得很。〔註259〕

粵劇以往為了舞台效果，流行穿著膠片戲衣，舞台效果不錯，但近觀便知不好看。任劍輝跟白雪仙在這方面逐漸改善，用起顧繡。白雪仙的服裝，更由孫養農夫人〔註260〕親手繪製設計。

（三）主題思想

黃燮清度《帝女花》曲，頗有借古代興亡之憾以勸世的意味；而唐滌生創作《帝女花》粵劇也有類似情懷，只不過他著力點不在記取興亡、大罵佞臣，他的重點在於「有良好主題」，而且他為粵劇是一個很好的移風易俗的工具，說「粵劇為廣大人士尤其廣東同胞所愛好，它是一個很好的移風易俗、作社會教育的藝術形式。」〔註261〕從他改編《帝女花》便能看得出來。粵劇《帝女花》雖然脫胎自傳奇《帝女花》，然而主題思想是不同的。黃燮清藉這部傳奇來歌功頌德、勸戒世人，唐滌生則借這部傳奇發揚忠孝觀念。

男女主角的忠孝觀非常強烈，首先是公主赴死從容，對於父親的命令並無二言，甚至在其妹對崇禎有所埋怨時，還告誡昭仁公主不能怪父王狠心。

〔註258〕見葉紹德編撰，張敏慧校訂：《唐滌生戲曲欣賞（一）：帝女花、牡丹亭驚夢》（香港：匯智出版有限公司，2015年），頁153。

〔註259〕劇評見《仙鳳鳴劇團第四屆演出特刊》，頁23，收錄於《姹紫嫣紅開遍——良辰美景仙鳳鳴（儂纖本）》，（香港：三聯書店，2004年）

〔註260〕孫養農夫人本名胡韡，為梅蘭芳弟子，知名京劇票友。

〔註261〕缺作者名：〈唐滌生向藝術界呼籲·共同搞好香港粵劇·使它邁向健康繁榮〉，見香港《文匯報》，1958年11月13日，收錄於陳守仁：《唐滌生創作傳奇》，（香港：匯智出版有限公司，2016年），頁182。

長平公主避居庵觀，心中只求避世，不求重圓，因而唱到：

> 國亡，家破，父崩，母縊，妹夭，弟離，剩得我飄零一身，除咗〔註
> 262〕借一盞青燈，存貞守璞之外，倒不覺人間有何可戀，更不望破
> 鏡可重圓，只求一死以避世。〔註263〕

這也是為什麼周世顯要與她相認，她一直不認，或說是不願認。即便她心中真有波動，只要想到崇禎與黎民百姓，她就無法認。為了不認，甚至還對周世顯說「咪〔註264〕玷辱觀音，只怨你今世不配有駙馬名。」〔註265〕直到周世顯以死相逼，才逼得她不得不認。很顯然的，她的心中一直存著忠孝觀，所以選婿要選有辯才者，國破家亡以後避世存貞守璞。因為若是破鏡重圓又怎對得起杜鵑啼遍十三陵？回生豈不是招人話柄？這樣的忠孝觀念讓她到最後，為了君父及太子還朝，在花燭夜與駙馬拜堂仰藥。她說「帝女花帶淚上香，願喪生回謝爹娘」〔註266〕是出於她的忠與孝，「待千秋歌贊註駙馬在靈牌上」〔註267〕則是因駙馬的忠與愛。兩人犧牲了自己的自由與生命，轟轟烈烈。

陳素怡〈《帝女花》——隱含的忠孝精神〉一文指出：

> 倘若讀者把唐劇《帝女花》的愛情主題視為當然，更甚者把此研
> 讀角度定於一尊，這不僅低估此劇複雜多樣的指陳，也泯除其作
> 為道德教化劇的可能……唐劇《帝女花》既能成為一部「愛情經
> 典」，又能不失道德教化的基調，這無疑是唐滌生改編劇作的成就。
> 〔註268〕

可以說將唐劇的主旨說得很明白了。而唐滌生究竟抒了什麼情？只是全然的道德教化嗎？雖然唐滌生屢屢透過劇中人物，如長平公主，如周世顯，如周瑞蘭等人之口，表達忠烈之情，所謂不事二朝、賣主求榮者神鬼難容等語，忠孝似乎是一個至高的情操，因而戲中人不斷被此所綁，公主駙馬最後仰藥，保持人格的完滿。然而，唐滌生又留下了一些伏筆，例如昭仁公主言：「世上

〔註262〕粵語「咗」為書面語「了」之意。
〔註263〕唐滌生：《帝女花》第四場《庵遇》，頁95。
〔註264〕粵語「咪」有書面語「別」之意，與「唔好」的差別在於「咪」帶有說話者不高興的情緒。
〔註265〕唐滌生：《帝女花》第四場《庵遇》，頁106。
〔註266〕唐滌生：《帝女花》第四場《庵遇》，頁95。
〔註267〕唐滌生：《帝女花》第四場《庵遇》，頁95。
〔註268〕見陳素怡：《粵劇與改編——論唐滌生的經典作品》，（香港：中華書局，2015年）頁170。

虎豹豺狼，亦不反噬其親，枉父亡是一代明君，竟以手刃其女。」〔註269〕、「家姐，我死就好叻〔註270〕，你唔好〔註271〕再聽父王騙你。」〔註272〕唐滌生為何要讓昭仁這麼說呢？既然忠孝節操是那麼重要，又為何要在第二場出現這句話呢？

陳國球認為這是最有力的質問：

> 昭仁公主說「父王騙你」，其實就是唐滌生提醒我們，許多保守的道德規條，其背後是虛偽的邏輯；其中最嚴重的，就是以政治綱常，淹沒人情。由此回看崇禎所說：「帝統焉能臨賊患，后妃難許賊摧殘」，「孤王不能救社稷，但能死社稷」，「孤王要登高山謝民愛」，是何等虛偽以至自欺欺人的行為。〔註273〕

若是仔細思量，便能知道昭仁公主這句話的分量。崇禎皇帝是一國之君，國家興亡，他最有責任，然而他卻在自己沒有能力保護妻女時，不論平時多麼地寵如掌上明珠，此時也要選擇加以毀爛，以免他的「帝統」遭到汙辱，何等虛偽。而長平始終抱著忠孝不放，雖然她在國家大事上很懂事，但就某個方面說來，也是被騙得很徹底。綜觀全劇，若沒有了忠孝束縛，長平或許能與周世顯相知相惜度過此生；然而若無忠孝，長平就失去了特色，也不會有公主駙馬抱著偉大的情操，仰藥殉國殉情。

小結

本章梳理了長平公主生平與兩種版本的帝女花戲曲、與長平公主有關之詩文。史書上的記載，大致內容為：（一）公主許配周世顯。（二）城破，崇禎皇帝問：「汝何故生我家」砍左臂。（三）公主五日後於外戚家甦醒。（四）上書請求出家，清帝不允，詔求原配。（五）公主與周世顯結婚。（六）公主病死。到了黃燮清的傳奇，基本情節不變，但前後中間都多了神佛因果情節，

〔註269〕唐滌生：《帝女花》第二場《香劫》，頁70。
〔註270〕「叻」〔lek1〕（或異讀為〔lak6〕）字一般意思為「聰明」、「厲害」等，這裡為語氣詞，可能為「嘞」〔laak3〕之音近通假。「嘞」在這裡可作書面語「了」解，整句話的意思便是「家姐，我死就好了」。
〔註271〕此處「唔好」為書面語「別」之意。
〔註272〕唐滌生：《帝女花》第二場《香劫》，頁70。
〔註273〕陳國球：《香港的抒情史》，（香港：香港中文大學，2016年）頁376。

此外更讓公主進入庵觀，避禍守節，為了讚揚清室厚恩，多了許多歌功頌德之語，除此以外，還有藉由戲文批判諷刺那些亂臣賊子。

而唐滌生的粵劇情節簡潔，劇情走向為：（一）公主自選駙馬，兩人訂情。（二）城破，崇禎賜后妃死，斬長平。（三）長平在周鐘家休養，驚聞周氏父子語，以偷樑換柱計逃往庵觀避禍。（四）一年後的長平心如止水，卻碰上癡情駙馬，一陣攻防最後相認。（五）周世顯帶周鍾等人迎接公主回朝，公主氣極，周世顯後來解釋情由，共謀大計。（六）公主與周世顯清殿上與清帝攻防，成功令清帝答允要求。（七）拜堂殉國。後來改編劇作，基本都從此情節走向。

相較之下，粵劇《帝女花》雖然奠基於黃燮清《帝女花》，然而在情節的架構與故事的安排上與黃燮清《帝女花》有很大的不同。如：黃燮清《帝女花》為傳奇體，在第一齣前有宣略，略為交代整個故事，而後第二齣《宮歡》及第三齣《傷亂》是旦與生各自上場，一個被通知擇配，一個哀嘆世道亂離，與傳奇體制基本相同；唐滌生創作的時空環境不允許搬演如此曠日廢時的冗長作品，加上受到當時西方電影與話劇的影響，他的劇本化繁為簡，編劇緊湊，不拖泥帶水。

另外，唐、黃兩者所處時空環境不同，黃作中時有襃揚清朝的情形，這雖是他創作的動機之一，不過清朝時期文字獄事件屢傳，黃燮清即便有什麼想抱怨的，可能也有所顧忌，只能在劇中透過角色抒發一些情懷〔註274〕；唐滌生則令主人公聚焦於對清廷的國仇家恨上，暢所欲言。自然，這是時空背景的限制，不應拿這一點來比較優劣。

黃燮清《帝女花》對於公主的一生，雖符合史實，安排公主鬱鬱抱憾而終卻不免顯得拖累；對於周世顯的安排，又覺得拖泥帶水，鬱悶難填。唐滌生處於自由的空氣下，寫作無包袱，可自由發揮。因此，粵劇《帝女花》雖有諸多不符史實之處，然而情節明快，以公主與駙馬的死作無收束，非常簡潔有力且撼動人心。何況戲曲本就不一定照搬史實，不符史實並不能算是缺陷。

而人物塑造方面，長平公主為明朝長公主，肩上背負了許多擔子，加上亡國遺民的身分，這些都是塑造她性格的重要元素。關於她的人物特徵，大

〔註274〕如黃燮清：《帝女花》第十四齣《尚主》中一名老贊禮云：「可笑那癡情生年紀輕輕。不去讀墨卷作試帖詩。偏弄這些筆墨。不知他有甚好處弄出來。」，頁150。

抵有憂國愛民、忠君愛國、對愛情的態度三點：雖然唐滌生創作《帝女花》時參考了黃燮清的《帝女花》，但在人物塑造方面，雖然仍保留了憂國愛民、忠君愛國與她對愛情的態度，然與前作有很大的不同，最大的不同在於長平公主一角的性格多了一個「聰敏機智」的特色，而這與當時香港女性逐漸抬頭有關係。關於人物塑造之比較，可參照附表六。

第二章　臺灣的帝女花戲曲

　　長平公主的故事，由黃燮清開山作傳奇，到了粵劇，《帝女花》經由唐滌生之手已成香港粵劇中的戲寶，作品之經典已不用贅述。如此經典的劇作，在過去三十年間，流傳到了海的另一端的臺灣，並在寶島為三個不同劇種改編。

　　《帝女花》在臺灣被三個不同劇種改編，分別是：京劇《紅綾恨》、歌仔戲《帝女·萬歲·劫》以及客家戲《長平公主》。雖然名稱都與原來的不一樣，然而基本故事情節都深受粵劇《帝女化》的影響，且各有特色。以下按作品上演時間順序，分節敘述情節架構及創作動機：

第一節　京劇《紅綾恨》

　　京劇《紅綾恨》為臺灣知名劇作家王安祈〔註1〕為雅音小集〔註2〕所編之劇本，於 1989 年，雅音小集成立十週年時上演。

　　《紅綾恨》主線故事與粵劇《帝女花》大致相同。王安祈於《國劇新編》中提及，《紅綾恨》劇情基於長平公主生平，略參考黃燮清、唐滌生的兩本《帝女花》。除此以外，尚能在劇中看見《鐵冠圖》及《明史》部分〔註3〕。

〔註1〕王安祈（1955～），臺灣人，祖籍浙江吳興。現任臺灣大學戲劇學系暨研究所
　　　　特聘教授、國光劇團藝術總監。
〔註2〕雅音小集：成立於 1979 年。
〔註3〕《明史》列傳第二：「有宮人魏氏者，當賊入宮，大呼曰：『我輩必遭賊汙，
　　　　有志者早為計。』遂躍入御河死。頃間從死者一二百人。宮人費氏，年十六，
　　　　自投眢井中。賊鉤出，見其姿容，爭奪之。費氏紿曰：『我長公主也。』群賊

一、情節架構

按劇本劃分，《紅綾恨》總共分有八場，分別是：

（一）第一場《緣訂》

由長平公主自彈自唱〈可憐荷鋤翁〉〔註4〕做為開場，公主與費貞娥談及天下民心已亂，然而皇帝只願意與公主說些選駙馬之事。公主認為那些前來應選駙馬的人，都是貪圖榮華富貴之人，不能託付終身。因此，在周世顯上殿前，就認定周世顯為又一攀龍附鳳之徒。後來得知周世顯乃〈可憐荷鋤翁〉的作者，因此相知相惜並訂下終生。

（二）第二場《寇警》

為一個過場，演闖王入京，百姓逃竄之情形。

（三）第三場《殺宮》

宮中章燈結綵，公主與駙馬成婚。大喜之日，流寇卻殺入宮廷。倉皇之中，崇禎自知大勢已去，命人護送太子逃離，又命周后投環，斬殺親女。周世顯在慌亂中撞柱暈倒，公主中劍並未死絕，被李國禎救起後送入田大人家中。崇禎登煤山自殺，魏宮人碰壁而亡，費貞娥冒名欲行刺闖王，最後「刺虎」。

（四）第四場《忠憤》

寫忠臣良將李國禎服國喪，欲迎接太子回歸，卻發現吳三桂已經降清變節。吳三桂已將明太子獻予清廷，並慫恿眾人迎接清室入主中原。田大人與朱純臣討論歸順降清的事情，爾後又有見風轉舵的降清明臣，李國禎不滿降清之人，大罵吳三桂後自刎。

不敢逼，擁見李自成。自成命宮中官審視之，非是，以賞部校羅某者。費氏復紿羅曰：『我實天潢，義難苟合，將軍宜擇吉成禮。』羅喜，置酒極歡。費氏懷利刃，俟羅醉，斷其喉立死。因自詫曰：『我一弱女子，殺一賊帥足矣。』遂自刎死。自成聞大驚，令收葬之。」

〔註4〕〈可憐荷鋤翁〉：「三月無雨遭大旱，九月霜降秋早寒，麥苗盡枯多黃萎，禾黍未熟俱青乾，可憐荷鋤翁，為納官租賣兒男！新來官長也愛民，那信民家如此貧，上書朝廷陳民隱，朝廷依舊命催徵，可憐荷鋤翁，為避官租天涯奔！官久漸覺人命輕，耳熟不聞民悲啼，人心惶惶紛逃竄，從此國中盡亂離，可憐荷鋤翁，有家不得歸！可憐荷鋤婦，呼兒喚夫、淚盡聲已嘶！淚盡聲已嘶！」，《紅綾恨》，《國劇新編》，頁63。

（五）第五場《避禍》

田小姐告訴公主其父已經變節，協助公主逃入庵觀，巧遇慧清師父過世，因此用了移花接木之計，使公主得以隱姓埋名避禍。

（六）第六場《庵遇》

公主自訴被新來的住持師太刻薄對待。駙馬周世顯前往庵堂尋找公主埋骨之處，卻驚見假扮成師太的公主。兩人相遇激動不已，住持發現以後上報公主行蹤。公主與駙馬談起往事，渾然不覺清兵已至。因公主行蹤已露，周世顯便將計就計，與公主修表章、上朝廷。

（七）第七場《哭殿》

寫公主駙馬戴國孝上殿與清帝對峙，一來一往，唇齒間盡是心機，重回宮殿、朝見清帝意在迫使其安葬崇禎、釋放太子。公主與駙馬的悲聲令明舊臣也悲從中來，清帝見事態不妙，只好依了公主的願。

（八）第八場《花燭》

公主與駙馬完成花燭之禮後，自殺殉國。

從以上八場可知，《紅綾恨》的劇本體制及故事走向與粵劇《帝女花》大抵相同，惟將粵劇《帝女花》暗場的戰爭場面化入明場，觀眾可看到李自成出現在舞台上，此與黃燮清《帝女花》相同。並且，本劇也多了粵劇《帝女花》無有而黃燮清《帝女花》有類似折子的《忠憤》，表揚忠臣的氣節與光輝，痛罵變節的無恥之徒，並在後來《哭殿》時由公主口中訴說出來，與降清遺臣形成強烈對比。

除此以外，透過魏宮人與費貞娥兩名角色，能看見《鐵冠圖》及《明史》的部分。魏宮人於明史記載，賊兵入宮廷以後，魏宮人為保節跳御河而死，瞬間從死者有一兩百人；在本劇中，改為撞牆死。費貞娥原來的記載與《鐵冠圖》劇情稍有出入：《明史》中的費貞娥假扮公主被識破，因而轉賞與羅某，趁羅某酒醉時刺殺他至死；《鐵冠圖》的費貞娥假扮公主並未被識破，但被賞與一隻虎，同樣在一隻虎醉酒後刺殺他至死。《紅綾恨》的費貞娥接近後者。

二、情節比較

黃燮清《帝女花》是傳奇體制，唐滌生在改編《帝女花》成粵劇時，不可能全然遵循黃燮清《帝女花》，從現有劇本看來，唐滌生的《帝女花》是劇場

體制無疑，而同樣為劇場體制的《紅綾恨》，劇情的鋪排上自然較近似粵劇《帝女花》，其中一些戲文甚至與粵劇《帝女花》相近，可知粵劇《帝女花》的經典程度。王安祈在《國劇新編》中提及《紅綾恨》：

> 以明史對於長平公主之記載為根據，情節約略參考清代黃燮清所著「帝女花」傳奇以及唐滌生同名粵劇，但唱白九成以上為新編，詮釋角度也因時代差異而有所不同。〔註5〕

可知編者在改編長平公主故事時，並非完全遵從黃燮清《帝女花》或粵劇《帝女花》，且編者在改編時，基於創作理念之不同，當然在情節的安排上也有所差異。以下將以《紅綾恨》為主軸，敘述與另外兩齣《帝女花》在情節上的異同。

(一)《緣訂》

演長平公主與周世顯緣定終身之事，黃燮清《帝女花》無有此戲，因此本節只討論《紅綾恨》與粵劇《帝女花》。

《紅綾恨》以長平公主唱〈可憐荷鋤翁〉開場，並交代了大時代背景。宮人、公主互相嘆息時局險惡：「唉！可嘆朝臣宦官們，俱都慣於粉飾太平，難得有人，深求民隱，作出此曲。此曲倘若未傳入宮中，也不知天下人心已亂。」公主云：「我也曾多次在父王面前彈唱，只是父王也不以為意，只與我說些選駙馬之事。」魏宮人便接著談到了挑選駙馬之事，公主表示先前那些候選者都是趨炎附勢之徒，不能託付終身：「那些個應選之人，俱都是貪圖我皇家權勢之輩，一個個諂媚奉承、卑躬屈膝，怎堪託付終身？」此時昭仁公主引田大人上場；粵劇《帝女花》則由昭仁公主上場，告訴觀眾崇禎皇帝要替長平公主選駙馬。長平公主嘆：「求凰宴，莫設鳳台難從濁裡求。若說無緣怎得將就。」能看出長平公主不願嫁給不喜歡之人，不但如此，還要能「配得起我哋〔註6〕父王掌握住文武三千隊，中原四百州。」從昭仁公主與長平公主的對話中可見，長平公主已經「嚇走」好幾個應選之人。

而粵劇《帝女花》只有「愁雲戰霧照南天」與選中周世顯後，長平公主說道：「亂世姻緣要經風雨」，暗示世局不太平。整場戲中只有這兩句話提及亂事，其於主線仍在選駙馬。長平言道本無選駙馬之心，無奈父王催粧有意，

〔註5〕王安祈：《國劇新編》，(臺北：文建會，1991年)，頁12。以下出於本書之引文及《紅綾恨》戲文，皆出於此，不另複註。

〔註6〕粵語「哋」為書面語「們」之意。

後來與周世顯一來一往的唇齒珠璣，在含樟樹前定下了終身。《紅綾恨》的公主諷刺田大人不思國家大事，只作替主子配譜鴛鴦的小事。公主為了要讓「趨炎附勢」之徒打退堂鼓，便故意擺排場去接見周世顯；粵劇《帝女花》則無諷刺周鐘之事，公主知難拒崇禎的旨意，因此得到消息後直接接見周世顯。

《紅綾恨》由田大人引周世顯上場。周世顯聽見笙簫聲很是不悅，因為本身不想來應選，又聽見笙簫之音，躊躇徘徊不想入宮。田大人告訴他中選後即可享有榮華富貴，周世顯嘆息；粵劇《帝女花》的周世顯則無不想入宮之心，上殿前由周鐘提醒小心應對，不要惹公主不悅，周世顯進殿，便為公主所驚艷。

這樣的改動，是編劇為了閃避君恩情節，而 1989 年時的社會也已與四、五十年前不同，一味的教忠教孝對於觀眾而言乏善可陳，所以編劇讓主角自彈自唱〈可憐荷鋤翁〉，並向觀眾交代她已經多次告訴崇禎皇帝，但對方並不理會等情事，暗示了君王的無能。

此外，《紅綾恨》鋪陳了更多公主與周世顯兩人的定情，相較於粵劇，他們兩個人相愛的原因是出自於價值觀的一致，並非說粵劇的不是如此，而是《紅綾恨》花了更多的篇幅處理，也更能讓觀眾了解男女主角的人格特質。

（二）《寇警》

在《紅綾恨》裡，《寇警》僅是一個短短的過場，用意是告知觀眾禍事逼近，與下一場開頭的喜事做對比；粵劇《帝女花》無此情節，僅在《香劫》中從演員口中透露禍事已然降臨；黃燮清《帝女花》則是在《軼關》中花了不少篇幅敘述明朝將領投降流寇，闖王恣意燒殺擄掠。

（三）《殺宮》

《紅綾恨》的公主與駙馬在朝堂中行婚禮；粵劇《帝女花》則是崇禎接見駙馬，未舉行婚禮；黃燮清《帝女花》的婚禮更要遲到下卷的《尚主》。

編劇安排公主與駙馬成婚，應是為了與題目相呼應，因為紅綾是公主唯一向崇禎討要的嫁妝，而在新婚之日家國破碎，加深了「紅綾」之「恨」。

《紅綾恨》中，內監忽上報崇禎闖賊已入皇城。崇禎命宦官把守宮門，李國禎嘆皇帝至今仍重用宦官，這是為了突顯崇禎重用宦官、視人不清的形象。這樣一個視人「不明」之君，很難讓觀眾喜愛，有批判的意味。

《紅綾恨》崇禎與長平父女情深，崇禎不忍地說出：「只怨你不該生在帝

王之家！」長平告知願以身殉國，周世顯請求開恩，願保公主出宮，崇禎認為周世顯不可能保全公主出宮，因此讓長平以紅綾自盡，至此，紅綾除了是公主愛的見證，也是她的索命符，多了另一重的「恨」意。

《紅綾恨》中，魏宮人撞牆自盡，費宮人假充公主，想要刺殺李自成，卻被賜給一隻虎，這些安排除了呼應史事以及傳統戲曲，也突顯了小人物的高尚品性。

（四）《忠憤》

《紅綾恨》中李國禎身著孝服，準備迎接太子與吳三桂還朝，粵劇《帝女花》黃燮清《帝女花》皆無此劇情。李國禎途中巧遇田大人，問起公主近況，田大人言道公主由田小姐照看，已經痊癒。李田二人談及擁護太子登基之事，此時光頭的朱純臣上場，告知吳三桂引清兵入關，而他想在新朝謀個官做。田朱二人惺惺相惜，決定一同共事新朝。黃燮清《帝女花》《朝鬩》寫王之俊恨朱純臣等人覥覥事闖賊，聽聞他們在午門投報職名，因此夥同幾個舊臣去跟他們廝鬧一場。最後散下，一班降臣仍寡廉鮮恥掙官做。粵劇《帝女花》無此內容；黃燮清《帝女花》則由王之俊鬧降臣。

李國禎在一旁聽不下去，欲打他們。此時吳三桂領清旗號上場。其餘明臣迎接太子，怎知太子已被獻與清廷，吳三桂前來勸降，不少明臣紛紛被迫轉降。李國禎痛心，大罵降臣，欲刺吳三桂失敗，自刎身亡。

李國禎在劇中自始至終都是一位忠良之士，這場戲中安排他與投機人士相對，突顯他的高風亮節，也突顯了投機人士的卑劣。

（五）《避禍》

《紅綾恨》中田小姐帶領公主前往蓮花庵避禍，到蓮花庵後，發現慧清師太已被亂兵砍死，田小姐急中生智，將公主與慧清調包，成功矇騙過田大人。粵劇《帝女花》公主與周瑞蘭聽見，趁周鍾父子出門之際，公主求死。瑞蘭不恥父兄行為，適逢維摩庵老道姑前來，瑞蘭得知慧清道姑已死，屍身就在門外，公主心生一計，與瑞蘭、道姑商議以假亂真，逃脫虎口。瑞蘭將慧清與公主調包，並拿出公主血書矇騙父兄。黃燮清《帝女花》無避禍內容，《草表》一折公主自訴不恥與覥覥事賊的周鍾同處一室，後假借進香名義，一去不返。

田小姐痛罵田大人貪圖榮華富貴，害死公主：「爹爹，你來此作甚？公主

已被你逼得走投無路，逃來庵堂，竟被清兵所害，可憐她死得面目全非！爹爹，你近前來，近前來仔細的看上一看，這就是被你害死的公主！」之後，田小姐再無戲份。

這一場戲的改動比較大，將場景從周家拉到了庵觀，這是為了之後公主與駙馬的重遇做鋪排。而安排田小姐罵父，除了是借由人物之口痛罵貪圖富貴而降清的田大人，也突顯了無權勢的田小姐的品性。

（六）《庵遇》

周世顯尋訪公主撒手人寰之處，來到庵觀，偶然間看到假扮慧清的公主，兩人激動相認，互相訴說這些日子來的往事。住持發現以後前往報官〔註7〕。

《紅綾恨》在此將粵劇《帝女花》的周世顯偶然到庵觀之情節轉為周世顯因知公主死於庵觀而前往弔唁，此外也交代了周世顯過去一年的行蹤，將劇情做了合理的處理。

（七）《哭殿》

《紅綾恨》中清朝朝堂上，所有臣子皆服滿裝，已明顯薙髮易服。周世顯上殿，身穿白色明朝官服，表示戴國孝，對比意味濃厚。粵劇《帝女花》的《香夭》安排一半漢服官員，一半滿服官員，漢臣尚未剃髮易服。

周世顯在此向清帝提出要求，要公主不改清朝姓，並且穿著大明衣冠。清帝不允，被周世顯諷刺「當初你入關剿滅李闖之時，言道乃是為拯救黎民，非為爭奪霸權而來，既為拯救黎民，又何必強逼百姓薙髮易服呢？何況仁德天子，怎會為難一小小女子呢？」清帝才允。當臣子皆已經薙髮易服，周世顯與公主這樣的要求無疑增加了戲劇的張力。

（八）《花燭》

黃燮清《帝女花》的《香夭》一折，僅公主婚後病重，最後病死，駙馬未死，且此齣並非結尾，後面還有駙馬葬公主、公主魂遊、公主駙馬一同聽佛說法之戲。粵劇《帝女花》則讓兩人命隨行宮女退下，兩個人深情對唱，最後堅定了彼此的決心，仰藥而亡。《紅綾恨》安排深秋時節，楓紅滿樹，增添悲涼氣氛。花燭禮上從頭至尾只有公主、駙馬二人。兩人交拜，喝下毒酒，掙扎一陣後倒臥身亡。對照第一場時的皇家風光，第八場只剩下兩個人的淒涼，

〔註7〕這一安排，與仙鳳鳴劇團 1959 年電影版中，由住持去通報周家類似。

象徵了一個時代的結束。

三、創作動機

　　關於《紅綾恨》的創作動機，在作者王安祈的著作《光照雅音——郭小莊開創臺灣京劇新紀元》中，提及當年因雅音小集即將十週年，郭小莊想做與以往不同的戲，她想做的不是風花雪月的愛情戲，不是鬼、妖、妓女的戲，而是對人生有啟發性的大戲。原文如下：

> ……直到那一天，她一反往日的亮麗，黑著眼圈出現在我面前，激動而大聲地嚷著：「為什麼那麼多人不知珍惜？！」我才驚覺到，原來除了京劇，她會為社會狀況而連連失眠。那天是第一次，她撇開了京劇話題，滔滔不絕地訴說著對於社會轉型期脫序現象的看法，越說越激動……而後我們討論十年大戲題材時，她說不要演鬼、妖、妓女或風花雪月的愛情故事，想演一齣能對人生有直接警惕或啟發的戲，很明顯的，她內心有一股澎湃熱情，她有話要說，而「舞台」是她抒情言志的場所，她想藉戲表達人生觀甚至社會關懷。〔註8〕

1989 年前後，臺灣社會經歷「社會轉型期」，各式各樣的社會運動與事件都躍然新聞報紙上。其中最具社會轉型影響力者，當屬 1987 年的解嚴。因此，筆者翻閱 1987 年到 1989 年間的資料，找到臺灣在這三年間發生的社會事件如下：

　　1987 年時，中華民國政府在六月十二日發生抗議國安法的六一二事件；七月十五日零時解除戒嚴；九月十二日有臺灣日報抗議事件，為六一二是件的後續。

　　1988 年，一月一日解除報禁，同月十三日蔣經國逝世，李登輝繼任總統，國民黨內部有所謂的「二月政爭」。五月一日台鐵大罷工，五月二十日臺灣農民發起抗議行動，於立法院前爆發衝突。

　　1989 年的仍有許多社會事件，然而因《紅綾恨》已將要上演，因此 1989 年的事件與《紅綾恨》之創作可能已無太大關聯。不過當年在臺灣有鄭南榕自焚事件，中國爆發六四天安門事件，臺灣有報紙新聞以「雅音享特權？立

〔註 8〕王安祈：《光照雅音——郭小莊開創臺灣京劇新紀元》，（臺北：相映文化，2008年）頁 219。

委要質詢！郭小莊下月推出悲劇紅綾恨／長平公主以憂國之思演出五場向天安門的烈士致敬！」〔註9〕雖然戲劇本身的製作過程與此無關，然而仍與社會關懷有關。

在臺灣進入社會轉型期所產生的一連串事件中，實不清楚王、郭二位確切所指，或許只是個大概的方向；然而，可確定的是郭小莊與王安祈決定編一齣「能夠對人生有直接警惕與啟發性的戲」，她們要藉戲發聲，向大家說話，並表達對社會的關懷。

第二節　歌仔戲《帝女・萬歲・劫》

《帝女・萬歲・劫》於 2006 年十一月上演，編劇施如芳受該劇製作人邱婷之邀創作了這本歌仔戲的「折子戲」。雖然說是「折子戲」，演出時間只有一小時三十七分鐘，但情節完整，沒有令人覺得有沒說清楚的地方。

一、情節架構

《帝女・萬歲・劫》架構簡單，情節分明。若以劇中時代劃分，可分為「明末」及「清初」兩個部分，以下分別敘述：

（一）明末

已經陷在自身幻境中的崇禎皇帝與太監王承恩對話，對話之間帶入袁崇煥與洪承疇。皇帝認為袁崇煥是毒蛇，洪承疇是忠黨，王承恩在一旁嘆息袁崇煥的下場。

闖軍殺到奉天門下，崇禎要處理後宮，於是皇后、袁妃俱殉國，長平公主也領受紅綾羅，在赴死前想起駙馬。她聽見昭仁公主被殺，又看見崇禎皇帝。崇禎一時之間忘了國之將亡，與長平公主敘舐犢之情。後來崇禎驚醒，用劍砍暈長平後，與王承恩逃向煤山。

（二）清初

長平公主已經在庵院中修行，雖然如此，她的心中仍然思念駙馬。外戚周奎上場，心想著如何能再大富大貴，便欲利用長平公主。

周奎半帶拐騙地告訴公主如何能夠救出她的皇弟，公主於是披麻帶孝進

〔註9〕張必瑜：〈雅音享特權？立委要質詢！〉，《聯合報》，1989 年 6 月 21 日，第 28 版。

入朝堂。朝堂上，清帝與眾臣互相應和、歌功頌德；公主則與清帝針鋒相對，互相周旋。只見清帝老謀深算，掌握了眾臣的心態，提出與公主「滿漢和鳴」，眾臣大力讚頌，而公主被清帝步步相逼，儼然好姻緣夢碎。

除卻「串場」及「尾聲」，《帝女・萬歲・劫》的情節基本上就是明末與清初兩個部分，與他作相比較為簡單：即「國之將亡」中的家庭悲劇，到「國破家亡」後身不由己的悲劇。

長平公主由一個連作夢都夢囈著駙馬，就死前也想著駙馬的待嫁少女，轉變為一個修行之人。即便在庵觀修行，她仍思念著駙馬。然而，她看似能夠選擇，卻選擇不了她的未來。她被周奎騙入朝堂，又被清帝威迫，最後被清帝打碎了姻緣夢。

在開頭與串場、尾聲裡，連繫著整齣戲的民女是一個調劑的角色，說著寧願嫁與平凡百姓家，也不願做長平公主。最後說：「是有人說，公主後來遇到駙馬，兩個人同齊吃毒藥，去天上團圓了啦。不過，現在江湖上出現一個尼姑，人稱『獨臂神尼』……。」〔註10〕將粵劇《帝女花》的故事與武俠小說的安排也拉了進來，非常有趣〔註11〕。

另外，在首尾部分都有操偶師操著一對布袋戲偶，唱著歌詞，象徵著公主與駙馬成婚的姻緣好夢。

二、情節比較

《帝女・萬歲・劫》的情節與粵劇《帝女花》較為相近，然而因為體例關係，《帝女・萬歲・劫》的長度較短，劇情相對簡單。兩者重複處有崇禎殺女（《香劫》）以及重入宮廷（《庵遇》、《上表》），為了分類方便，下以粵劇《帝女花》的《香劫》及《上表》兩場為分類作比較。其中，因施如芳在〈《帝女・萬歲・劫》創作者自序〉中道：「唐滌生先生的《帝女花》是香港粵劇的戲寶，王安祈老師以同一題材寫成的臺灣京劇《紅綾恨》，也深受好評……。」〔註12〕又於《願結無情遊》中說道：「我要藉此劇向同一題材的前輩劇作（唐滌生

〔註10〕施如芳：《帝女・萬歲・劫》，（桃園：國立中央大學黑盒子表演藝術中心，2014 年），頁 82。

〔註11〕關於長平公主化身獨臂女尼的小說情節，可參閱王祥穎：〈長平公主傳說研究〉，《文學新鑰》第二十四期，（嘉義：南華大學文學系，2016 年），頁 83。

〔註12〕施如芳：〈《帝女・萬歲・劫》創作者自序〉，《帝女・萬歲・劫》，（桃園：國立中央大學黑盒子表演藝術中心，2014 年），頁 27。

粵劇《帝女花》、王安祈京劇《紅綾恨》）致敬」〔註13〕，因此本劇也同時與《紅綾恨》作比較：

（一）《香劫》

《帝女‧萬歲‧劫》中，透過王承恩與崇禎的對話，可看出崇禎的剛愎自用，害了忠良且輕信他人。而他們所談者，如崇禎昨夜夢二人來保駕，其一是袁崇煥。王承恩對袁崇煥很是敬佩，崇禎卻認為他通敵叛國。此時王承恩說：「又是公公惹事。」明白地告訴觀眾這是一樁冤案。崇禎又說袁崇煥一個閃身便不見人影了，此時王承恩感慨道：「夢中閃得過，在劫卻難逃。」又唱道：「袁尚書是拚到兵無糧、馬無草，戰甲予清兵射到全箭頭，換來凌遲抄家、死無人哭，賢君良臣的佳話放水流。」暗喻崇禎視人不清。

崇禎又道夢見洪承疇，唱道：「不愧威震邊關的名將，戰功彪炳一代的忠良，捨命保駕伊該受聖寵，愛卿伊為我深負重傷。」王承恩說洪承疇在城破時被清兵抓去，「聽說是殉國了。」然而讀了歷史的人都知道，洪承疇最後降清，崇禎對洪承疇的愛惜與對袁崇煥的恨，兩相對比下，即可知其視人不明，而知道袁崇煥之無辜的王承恩則顯得旁觀者清。

《紅綾恨》中，內監忽上報崇禎闖賊已入皇城，崇禎命宦官把守宮門，李國禎嘆皇帝至今仍重用宦官，然後崇禎道：「大、大、大勢去矣！（唱）鳳閣龍樓烽火漫，宦官出賣了好江山，一朝王氣如煙散，到此方知守業難，只怕今朝國運斷，萬里乾坤赴流泉。」只有幾句話暗諷崇禎，相較於《帝女‧萬歲‧劫》的大篇幅而言可說是非常少的。

《帝女‧萬歲‧劫》中，王承恩欲替身殉國，要崇禎趕快喬裝逃走，但崇禎不走：「不，朕不走！朕無能保社稷，至少能為社稷而死！」崇禎先想到太子，要王承恩帶太子快走，後想起後宮，要王承恩替他處理后宮。

長平公主本欲就死，但因綾羅本是花燭物而想起了駙馬，想見他最後一面。不過，在與崇禎敘情的時候，公主仍然透露就死的心跡。而因駙馬從頭到尾只有在公主的口中出現，因此本劇沒有公主駙馬依依難捨的情節。這是因為編劇想要斬斷生旦戲，而讓長平公主自己面對一切，自己面對從「萬歲」而來的「劫」。

以上對崇禎大篇幅的描寫，能呼應編劇想要針砭皇帝的黑暗之心，而若

〔註13〕施如芳：《願結無情遊》，（臺北：聯合文學，2010年），頁29。

再延伸，這又與父權有關係，這些從崇禎「處理」后妃可以看出來。而崇禎的剛愎自用、視人不清也讓他斷送了江山，最後家破人亡。

（二）《庵遇》、《上表》

粵劇《帝女花》裡，長平公主為了躲避受他人利用而假死躲在庵觀，新來的住持不知道她的身分，寒天雪地裡她想起過去，心境已經沉澱，好像天空掛著的月一般靜，她不求與駙馬破鏡重圓，只求避世、存貞；《紅綾恨》中公主在庵觀受到後一個住持的欺凌，山河易變，不知今夕外面的世界如何，不知弟弟與駙馬身在何處，思及至此，不免一陣傷心難過；《帝女‧萬歲‧劫》中，長平一開始便在庵觀中敲打木魚，並無交待她為何身處庵觀。她不知道為何周奎要救她，為何上天要令她起死回生。然後她想起了駙馬：「駙馬，你人在何處？你可知長平沒死，還在人間茫茫渺渺做遊魂！哎呀，不可呀！」唱：「公主駙馬雖是有媒聘，世人皆知那三尺紅綾！伊在眼前也不可相認，含恨偷生怎能再成親？前朝夢醒如隔世，滿頭青絲不願梳，隱姓埋名身是客，剪斷塵緣待出家。」她一直掛念著駙馬，卻因忠孝而決定不相認，決定斬斷塵緣出家。後來，周奎利用太子被俘，說服公主入朝。

粵劇《帝女花》裡，清朝堂上，一半是漢服官員，一半是滿服官員。周世顯穿著明朝服裝上朝；《紅綾恨》與《帝女‧萬歲‧劫》中，上場的不論滿漢都著清裝，只有長平公主一人穿漢人孝服。

《帝女‧萬歲‧劫》中，長平唱道：「亡國無殉節罪孽深重，劫後餘生天不從，拋頭露面來見皇上，欺世盜名更難容。」，說起崇禎：「血書下詔來明志，亡國之罪大如天，但求保全眾百姓，願為萬民獻身屍。」眾臣聞言動容，但清帝為了安撫漢臣，便說「順從者定用之不疑」以收買人心。清帝知道長平的想望，他想到了一個妙計，提議納長平為妃。長平驚怒，提起已經有許配的駙馬，但這不足以令清帝卻步，反而變成壓倒長平的最後一根稻草。眾臣附和清帝的提議，長平束手無策。她的父王要她死，而現在的清帝則讓她進退失據。兩個「萬歲」都是她的「劫」。

除上述情節對比之外，《帝女‧萬歲‧劫》還安排了一位民女作為串場角色，她在明末時出場，為公主做嫁衣裳。在明末清初之間，她已是少婦，說起陳圓圓的事，又說：「平平查某人，若讓我揀，我寧可要做陳圓圓，也不要像長平公主，牡丹花若開在歹尾景的皇宮，什麼榮華啦、富貴啦，也是目一個眼就離葉離枝了！」在尾聲時，她又上場說了幾個公主的八卦作收尾。

民女這一個角色是《帝女‧萬歲‧劫》獨有的角色，以一個旁觀者的角度，用詼諧的語言來看那些主要人物。此外，她也起了調劑的作用，在哀傷無奈的氣氛後，觀眾因她而有了喘息的空間，並且作為一個局外人，她將劇中人物看得一清二楚，提出了自己的意見。在過去，這樣的安排幾乎不可能，而現代的人則能暢所欲言。

三、創作動機

關於本劇的創作動機，編劇施如芳在 2014 年出版的《帝女‧萬歲‧劫》序言中說：

> 想當初，製作人邱婷問道：「我要做歌仔戲折子專場，妳有沒有劇本？」向來偏寫大劇場的我，手邊雖沒現成的，對此詢問卻興致勃勃，因為我老早想根據《帝女花》，寫點什麼不一樣的了。〔註14〕

這段文字將動機說得非常清楚，顯然編劇施如芳早已想對《帝女花》動手改編，而這次的邀約是一個契機。除此以外，在編寫的方向上，施如芳也另有說明。因為這是宮廷戲，然而她不想陷入傳統宮廷戲「忠孝節義、君君臣臣」的套路，因而將焦點放在皇帝的黑暗面上。另一個特點，是將駙馬一角拔除。《帝女‧萬歲‧劫》中，駙馬只存在戲中人物的口中，並沒有真的出現。這一點與前人之作非常不同。

施如芳說：

> 《帝女‧萬歲‧劫》不僅是宮廷戲，而且情節聚焦於金鑾殿上的殺機，是掂著折子戲的審美觀（精煉角色、極簡舞美）所寫成的宮廷戲。我要藉此劇向同一題材的前輩劇作（唐滌生粵劇《帝女花》、王安祈京劇《紅綾恨》致敬，但也從一開始，我就決定不讓「駙馬」現身（而只鋪墊在公主的想望中），以斬斷前作中千絲萬縷的愛情重頭戲，長平公主無所依傍，必得一個人去面對前後兩朝的萬歲爺。據此，我擇用既有的情節，重立架構與主題，以或顯或隱的語言交鋒，琢磨「小事大（女兒對父王）」、「弱抗強（前朝公主對當今皇帝）」的掙扎和鬥爭。〔註15〕

〔註14〕施如芳：〈《帝女‧萬歲‧劫》創作者自序〉，《帝女‧萬歲‧劫》，（桃園：國立中央大學黑盒子表演藝術中心，2014 年）

〔註15〕施如芳：《願結無情遊》，（臺北：聯合文學，2010 年），頁 29。

因為不同於前作都是大篇幅的劇作，《帝女‧萬歲‧劫》是折子戲，因此勢必不能像前作一樣慢慢鋪墊，但又不能沒有背景，讓人看了不懂因由。《帝女‧萬歲‧劫》在劇本的安排上，有頭有尾，有引入，因此編劇施如芳也說這部作品算得上篇幅較短的全本戲。〔註16〕

《帝女‧萬歲‧劫》在這些帝女花故事之戲曲作品中算是很特別的一部，因為它是篇幅最短的作品，也是唯一一部駙馬沒有現身的作品。除此以外，《帝女‧萬歲‧劫》多聚焦於「公主與皇帝」的對手戲上：前半場戲中，公主要面對崇禎皇帝；後半場裡，公主要面對清朝皇帝。「帝女」之「劫」，乃因兩名「萬歲」而起：前者令她求生無路；後者令她退無可退。一來一往，一往一來，她都沒有選擇的餘地。

第三節　客家戲《長平公主》

客家戲《長平公主》是榮英客家劇團 2016 年的作品，劇本編修人為謝宗達（已改名為謝培竺）。本劇僅在客家電視台錄製播出，並未公開售票演出。2017 年四月，客家電視台將此劇的錄影上傳至官方 YouTube 頻道。

一、情節架構

本劇一共八場，因未有劇本，因此筆者以其換幕為分場，並以序號來劃分。如下：

（一）第一場

高瑞蘭在維摩庵內念佛，侍女銀鈴摘了由月華宮移植到維摩庵的含樟樹的花，並將花交給高瑞蘭，令其睹物思人，想起長平公主，並問道：「長平姊姊，你與駙馬兩人可好？真羨慕你們兩人，果真在天一對比翼鳥，在地也成連理枝。每次瑞蘭我回到維摩庵，看見從月華宮移到維摩庵的含樟樹，就會想起公主姐姐，想起昔日一段亂世情緣。」〔註17〕

（二）第二場

公主設鳳台招選駙馬，看見周世顯下跪以後，開始你一來我一往的「唇

〔註16〕施如芳：〈《帝女‧萬歲‧劫》創作者自序〉，《帝女‧萬歲‧劫》，（桃園：國立中央大學黑盒子表演藝術中心，2014 年）

〔註17〕謝培竺：《長平公主》第一場，見 https://youtu.be/bygRWHpYeSQ。

槍舌戰」。公主答辯不出，賜酒為剛才的嬌氣道歉，並吟詩一首表明相中周世顯。而後周世顯向公主表明心跡，希望以後能夠像含樟樹一樣長在公主身邊保護她。公主也說希望周世顯能夠像含樟樹一樣一直在她身邊。

（三）第三場

從帝后談話間知道時逢世亂，皇帝最愛的是長平公主。經由高昇稟報後知道公主選中周世顯。周世顯受封駙馬同時，闖賊殺入皇宮中，皇后自縊，皇帝欲殺長平公主。公主駙馬兩人在金殿上相擁難分。公主受了一劍昏厥，眾人皆以為公主已死，而高昇返回金殿上發現公主未死。

（四）第四場

長平公主發現高氏父子想要將她出賣，透過高瑞蘭的巧計偷樑換柱，讓她以道姑的身分躲藏避世。高氏父子以為公主自殺死去，富貴原來只是水中撈月、空裡拈花。

（五）第五場

周世顯在庵堂巧遇化身道姑的長平公主。長平並不願意相認，周世顯不願意放棄，在幾番嘗試之下終於讓公主認了他，但也因此公主的行蹤也暴露了。高氏父子來到庵堂遊說，周世顯利用高昇父子的求祿心態，暗生計謀。

（六）第六場

長平公主歡喜等待周世顯來迎娶她，等到的卻是他與高氏父子。周世顯為怕隔牆有耳，所以講了一些頹喪話。長平公主氣極，而後周世顯向長平公主表明心跡。公主寫表，希望能將計就計救出太子，並且將先皇安葬。

（七）第七場

是一個過場。太監宣讀聖旨，言道安葬崇禎，釋放太子並且讓公主與駙馬完婚。

（八）第八場

長平公主與周世顯雙雙在月華宮前完婚並仰藥殉國。

由以上八場可知，故事情節基本上與粵劇《帝女花》相同，然而在故事主旨有了變化。而此八場中，第一場由高瑞蘭起頭，道出公主與駙馬兩人是亂世駕鴦，是「在天一對比翼鳥，在地也成連理枝」，第二場戲公主選駙馬，兩人在樹前訂約。第三場戲雖然不直接與談戀愛相關，卻仍特別表現了生旦

二人的依依不捨。第五場戲中，一個想認，一個不願認，最後還是因情相認了。第六場戲中，公主滿心歡喜地期待著駙馬的到來，期待著花轎迎娶，雖然中間一段誤會，但最後誤會解開。第八場戲是兩人殉情。八場戲有五場戲與愛情相關，曲文之中也多與情愛相關，可以說《長平公主》確實更著重於愛情的部分。

二、情節比較

前一節提及，從劇情與戲份安排來看，客家戲《長平公主》比較注重愛情的部分，與粵劇《帝女花》中由愛情夾帶著政治的故事不盡相同。以下將分別就情節來對照兩齣劇作的不同。

由於編劇謝培竺創作時並未參考京劇《紅綾恨》及歌仔戲《帝女·萬歲·劫》，因此僅與唐滌生《帝女花》粵劇作比較。

（一）第一場

不同於唐本直接由鳳台選婿為開端，改由高瑞蘭追憶故人起興，帶出長平公主與周世顯的「亂世姻緣」，可見將劇本以愛情劇的方向做處理。粵劇《帝女花》並沒有這樣的安排。

（二）第二場

刪除了粵劇《帝女花》中「主有事，必與帝女謀」這段說皇帝事事都要與帝女商談討論的句子，減弱政治的包袱。

因為沒有狂風突然吹暗燈籠的情節，因此也沒有粵劇《帝女花》後面吟詩互表心跡的戲碼〔註18〕。取而代之的，是公主問周世顯含樟樹對她的意義。周世顯不知，但希望能像含樟樹一樣長在公主身邊保護她。而公主也希望周

〔註18〕粵劇中的長平公主：「周世顯，所謂天有不測風雲，人有雲時禍福，你對於呢一陣狂風，到底有何感受呢？」世顯：「公主，世顯為表明心跡，願把詩酬。合抱連枝倚鳳樓，人間風雨幾時休。在生願為鴛鴦鳥，到死如花也並頭。」長平讚介：「亂世姻緣要經風雨，得郎如此附何求？生時不負樹中盟，何必張皇驚日後。」後來，昭仁說：「王姐，王姐，周世顯嗰首詩好就真係好叻，不過意頭就曳到極。你想吓，佢對住棵樹話到死應如花並頭，我有乜法子唔替王姐你擔心日後呢？」，昭仁公主這句話的書面語意為「王姐，王姐，周世顯那首詩好是真的是好厲害，不過意頭就壞極了。你想一下，他對著那棵樹說到死應如花並頭，我有什麼法子不替王姐你擔心日後呢？」表現出了姊妹情深，也表現出了長平、世顯的愛情不是小情小愛。見唐滌生：《帝女花》第一場《樹盟》，頁48。

世顯能夠一直在她身邊陪伴〔註19〕，使得暗藏於愛情中間的政治消失無蹤，成為一個純粹的愛情故事。

（三）第三場

周世顯受封駙馬之後，高寶倫上場。崇禎問道：「為何紫禁城外戰鼓驚天？」高寶倫：「萬歲。不該曹化淳偷開彰義門，李闖長驅直入，皁城門外已被攻破。」崇禎：「嘎！唉呀！【西路流水】聽聞卿家來講起，孤王驚心意難理。李闖小賊起野心，領軍攻破明宮闈。」高寶倫：「萬歲。【西路流水】就請萬歲莫心慌，微臣城池來觀看。闖賊兵薄士氣弱，保駕出宮別宮往。」這段唱詞與下接的「大勢去矣」衝突。

粵劇《帝女花》的周寶倫上場，唱道：「誰下鐵橋延闖賊。宦臣出賣了好江山。侍監偷開彰義門。獨臂焉能平賊患。」當崇禎問道「何以紫禁城戰鼓驚天，縱使賊勢披猖，也不能飛渡皇城吶喊。」周寶倫答：「皁城門外經已被賊兵殺到馬倒人翻。」營造出了緊急氛圍。

當皇后下場白縊後，高寶倫父子沒有台詞，只有周世顯言道：「父王。煤山三十里外有雙塔寺從小路可通往宣府門，請父王你趕快逃走，世顯我願替父王一死。」〔註20〕

崇禎要殺長平公主，周世顯陳言勸阻的情節比較短。崇禎：「眾卿家。孤王不能救社稷，但我願死於社稷。方才梓童為不受屈辱，已經紅羅賜死。但尚有長平留在人間，萬不能受賊兵汙辱。來，紅羅伺候。」周世顯：「且慢！父王哪！【平板】抽刀猶怕斷情難，三尺紅羅毀盡恩千萬。」崇禎：「（接唱）你莫怪孤王心腸狠，孤王內心淌血斑斕。［白］只怪你無力保宮花。來人啊。」接著，長平公主就被召上殿。這一段中，崇禎忍痛傳諭的描寫也被刪減，此間亦無高寶倫、高昇出聲希望饒過公主的情節，若與粵劇相比則悲劇性被削減，人物情感被削弱〔註21〕。

〔註19〕長平：「你可知道，這棵含樟樹對本宮來說有何意義？」周世顯：「我不知道此樹對公主的意義有多麼深重，不過此生我願與此樹一樣，長在這月華殿前保護公主，永伴相隨。」長平：「周世顯。希望你以後能與含樟樹一樣，永陪在我身旁。」

〔註20〕此處用了「逃走」一詞，一般而言，下對上不應使用如此直白的詞。不過，地方戲曲或是野台戲中這樣直白或不合情理的事情時有所見，也是特色之一。

〔註21〕粵劇《帝女花》中，當周世顯聽聞崇禎要殺公主，云道：「岳王，岳王，帝統應要存貞。公主年才十五，何況經已配臣為妻，臣當盡責護花，何必令佢收

　　崇禎欲說而說不出口，世顯怕公主被賜死於是屢屢想要勸阻。崇禎要公主詢問駙馬因由，而駙馬亦不忍說出口。〔註 22〕此處與粵劇《帝女花》雷同〔註 23〕，只是加了公主「你說！你說！」的咄咄逼問，較無粵劇版本的

場慘淡。」寶倫接道：「主上，想長平公主乃是聖主生平至愛，何不留一時之性命與主同行。」周鐘：「主上，想帝統何只千百人，只求后妃從死，已足夠貞忠壯烈，留得掌上明珠，何苦要自加毀爛。」崇禎：「就因為係掌上明珠，更不願淪於賊手，其母經已貞忠盡節，為女者亦何忍獨生。傳……傳……傳長……平……公主。」世顯：「慢。一聞公主賜紅羅，天下腸斷誰似我，飄飄鴛鳳帶，盡變喚魂幡。無常此刻降乾清，傳語一聲喚長平，駙馬未乘龍，帝女先罹難。常言死別總難逃，最慘香夭年十五，昨宵樓台鳳，今夕艷屍橫。闖賊難汙帝女香，我已榮封駙馬郎，公主是吾妻，生死同憂患。千拜百拜拜岳王，瀝血陳情金階上，且容我攜鳳上華山。骨肉親情難丟淡。香消難以喚魂還。掌上明珠難毀爛。抽刀猶怕斷情難。說甚麼慣養嬌生十五年，三尺紅羅毀盡恩千萬。」寶倫：「掩面怕紅羅，紅羅偏耀眼，唉，紅羅喪了將軍膽，可憐妃后兩投環，縱使千秋後世人欽讚，又誰知君主血淚已汍瀾。怕紅羅，怯紅羅，一陣公主見紅羅，婉轉嬌啼比后妃還重慘。」周鐘：「少年人，未知亡國慘，歷朝興廢猶可鑒，難怪君王有淚背人彈，有一個樂昌公主遭塗炭，重有個花蕊夫人守節難。君王不願效隋亡，但願粉黛三千同殉難。」崇禎：「駙馬。」世顯：「岳王。」崇禎：「周世顯。」世顯：「主……上。」崇禎：「你……你……你，你莫怨孤王心太狠。只好怨書生無力護紅顏。你既無千斤力，枉有千斤情，恩不斷時還需斬。人來，將他差了下庭。」世顯：「主上，主上。書生縱短還魂力，尚可瘋狂把柱攀。但乞一見鳳來儀，俯伏哀哀求聖鑒。」由此可見崇禎的不忍之心，以及周世顯的一片痴情與深情。見唐滌生：《帝女花》第二場《香劫》，頁 62。「一陣公主見紅羅」之「一陣」為書面語「等一下」之意。「重有個花蕊夫人守節難」之「重有」為書面語「還有」之意。

〔註22〕崇禎：「皇兒。雖然你是金枝玉葉，唯一不該生於帝王家。孤王今日要將你，將你……。」周世顯：「父王！」崇禎：「你向前問周駙馬，就能了解一切。」長平：「駙馬……到底父王宣召長平是為何事情？」周世顯：「公主……公主……常言道，親莫過於父女，愛莫過於夫妻，父王無法說出，見他如此痛心，為夫我更加是難開口。」長平：「你……這嘛……高將軍。」高寶倫：「臣在。」長平：「到底父王宣召我長平是為了何事情？看著他父王他如此傷心難過，駙馬也不願意對我坦白，我想這事情非同小可。」高寶倫：「公主。所謂君臣父子夫妻兄弟朋友，屬於五倫之內，你父王不忍，駙馬難開口，請恕微臣也難以稟告。」長平：「父王！高卿家！所謂禍福從天而降，是不能逃避，你可知道，到底父王宣我上殿，是為什麼？為什麼父王與駙馬兩人看起來如此難過？正所謂最難過的就是流淚人看流淚人，你說到底是發生什麼事情？你說！你說！」高昇：「公主。闖賊就快入乾清宮，方才皇后娘娘已經受紅羅賜死，現在下一位受紅羅賜死之人，就是公主。」

〔註23〕崇禎：「長平，你雖然身似金枝玉葉，但可惜生在帝王之家。我想將你，你……唉，你不如去轉問駙馬，便可明瞭一旦。」長平：「哦，駙馬……駙馬爺，你

冷靜，不過這樣的表演方式卻是很直白的，能夠快速讓觀眾知道人物當時的心境。

接著，長平公主與駙馬數次的一呼一喊，難分難捨，試圖營造兩人的恩愛與情深。周世顯：「公主，公主……。」長平：「駙馬……。」周世顯：「公主……。」長平：「駙馬……。」周世顯：「公主……。」長平：「駙馬——」周世顯：「公主——」[相抱依偎] 周世顯：「妻啊……。」【金指歌】相望痛楚淚斑斑，痛別離淚滿宮衫。夫何顏面自偷生？黃泉路你我走一番。[白] 公主。妻啊。你可有聽過『執手生容易，相看亡更難』。」長平：「（接唱）紅羅三尺了紅顏，回首再望駙馬面。且忘今生鴛鴦情，命運捉弄哀蒼天。」周世顯：「公主——」長平：「駙馬——」周世顯：「妻——」長平：「駙馬——」

粵劇《帝女花》的公主忠君愛父的形象很強烈，因此後面她願意以身殉國非常合理；《長平公主》將相關內容刪除大半，加進了「情深似海」云云，更突顯愛情對於人物的重要性。

《長平公主》第二場的唱段很多，卻削弱了即將亡國的緊張感。此外，本劇此段一直到公主領了紅羅以後，跟駙馬情難斷時，背景才響起戰鼓聲；而粵劇《帝女花》的緊張氣氛，除了透過適時傳來的鼓聲，還有透過人物口白的營造。粵劇《帝女花》的公主是從容就義的，只是駙馬的痴情讓她「傷心魂斷糾纏間」；《長平公主》為了突顯公主駙馬兩人的愛情，在金殿上悲悲戚戚，糾纏難捨，與粵劇的公主不同，加深愛情的影響。

（四）第四場

這場戲可以算是一個過場轉折，情節與眾版本差不多。交代公主逃往庵觀避世，但對於生旦二人的感情沒有描繪。若以粵劇《帝女花》相比，後者的公主雖然也沒有什麼跟感情有關的戲份，但有周世顯前往周家乞屍的癡情。

岳王宣召長平，有何訓諭。」世顯：「公主，與云：『親莫親於父女，愛莫愛於夫婦』，為父者尚不忍直言其痛，為夫者更覺開口艱難。」長平：「周將軍，到底君王宣召哀家有何訓諭，父不忍向女言，夫不忍向妻說，可想內容悽慘。」周寶倫：「公主，君臣父子夫婦兄弟朋友俱屬五倫之內，你父不忍時夫不忍，請恕我未開言已淚汍瀾。」長平：「老卿家，所謂禍福天降，不能趨避。不言其慘，其情更慘。老卿家你何苦要我斷腸猜度呢？生就生，死就死，最難堪者，就係流淚眼看流淚眼。」周鐘：「公主，龍案之上有紅羅，你母后與袁妃同時死去。而家案上紅羅，已經輪到公主你受用。望公主敍過夫妻情義，向君王請死投環。」見唐滌生：《帝女花》第二場《香劫》，頁64。「而家案上紅羅」之「而家」為書面語「現在」之意。

（五）第五場

周世顯來到庵觀前，說「不如入內祈求佛祖庇佑，我能早日找到公主」，前一場戲中周世顯沒有戲份，這時上場交代了他仍在找尋公主。粵劇的周世顯已經知道公主投江，並不抱能夠找到的期望。

雖然這段與稍後周世顯說「為什麼我到高府去找高大人，說你已經投江自盡，這到底是怎麼回事？」稍微衝突，不過在地方戲中這樣的情況不少，也是特色之一。

而這一場戲中的周世顯一直覺得對方不認他，想著該怎麼做才能讓對方認他。當周世顯打算以崇禎之死來試探時，表演想到辦法時，演員的表演是「很得意自己想到辦法」的神情，這樣的表演方式很直接，也是地方戲的特色之一。

（六）第六場

不同於粵劇是等待駙馬來到紫玉山房成婚，《長平公主》的公主期待駙馬「花轎迎娶」。而本場戲一開始，高瑞蘭便對公主與駙馬二人將要破鏡重圓而欣喜，長平公主也唱道「如今就像夢相逢，珠筆二點鴛譜中。」並且也讓公主表現出待嫁女兒心的喜悅：「明朝宮花遭險危，如今險境隨波退。慢理雲鬢點胭脂，等候花轎來迎娶。」

這樣的安排在粵劇中是看不見的，因為粵劇從頭至尾的基調是政治，雖然有愛情的包裝，但始終是駙馬主動的多，身負重責的公主若非駙馬已死相逼，是不願意相認的。而《長平公主》的公主則滿心歡喜期待著駙馬來迎娶，這也是這齣戲著重於愛情的例證之一。

而後周世顯向公主表明心跡時，告訴公主自己回宮是希望能夠匡復大明江山，志氣高昂。

（七）第七場

只是一個過場，不同於其他作品中演出公主與駙馬上清朝金殿，這裡只有一個太監出來宣讀聖旨。編劇謝培竺表示，這是出自人力與資源的考量，因為粵劇這一場戲需要較多演員，故此只能刪減。

（八）第八場

與粵劇版本相去不遠，只有更動一些唱詞，如「鴛鴦情比天長」、「長平與君醉夢鄉」、「世顯相隨黃泉上」、「如今世顯代滄」等，加深了人物之間愛情的部分。

三、創作動機

由於《長平公主》並沒有紙本劇本，網路上亦無相關資料，因此筆者訪問了該劇編劇謝培竺。謝培竺表示因當時所屬劇團〔註24〕以旦角為重，而粵劇《帝女花》的故事張力非常足夠，能夠突顯演員的表演藝術，故而選擇《帝女花》作改編。

另外，粵劇《帝女花》除了符合生旦戲的基本需求，劇情中的親情與愛情也是選定改編的原因之一。又因為粵語跟客家話在語言系統方面較為相近，因此在編修時能夠降低語言問題，故而選擇粵劇《帝女花》作為編修的對象。〔註25〕

而在編修劇本的選擇上，謝培竺表示各種版本的粵劇《帝女花》皆作了參考，然無參考《紅綾恨》及《帝女‧萬歲‧劫》。於編修時，保留了粵劇《帝女花》的主旨，然而因為劇團演員編制還有製作經費問題，因此在劇情情節、人物編排上做了必要的刪減。不過，雖然編劇謝培竺表示參考了各種版本的粵劇《帝女花》，但由第四場中，公主詐死之計出於瑞蘭與第七場的過場安排皆與任白電影版雷同，因此或可說《長平公主》主要是參考任白電影版《帝女花》。

小結

本章節分別介紹了《紅綾恨》、《帝女‧萬歲‧劫》及《長平公主》的情節架構與創作動機，三部「臺灣帝女花戲曲」的情節是相似的，基本上都與粵劇《帝女花》雷同，只是各有發展。當中最特別的是《帝女‧萬歲‧劫》，因為是以「折子戲」的架構下去創作，因此在篇章安排與劇情設計勢必與其他作品不同。雖然如此，《帝女‧萬歲‧劫》結構完整，不單單只是折子戲，可以視作是一部完整的作品。

《紅綾恨》為雅音小集十週年之作，適逢臺灣社會轉型期，郭小莊向王安祈表示希望能夠做一部對人生能有啟發的戲，王安祈有感郭小莊想藉由戲曲向社會大眾發聲，《紅綾恨》因此躍上舞台。

《長平公主》是透過客家電視台之徵選，在所給予之經費下製作完成的

〔註24〕即榮英客家劇團。
〔註25〕編劇謝培竺於信件訪問中作的回答。

一齣客家戲，編劇除了得找出符合徵選規則的要求之劇本外，還得考慮劇團人員編制，改編也屬不易。較為可惜的是當年《長平公主》僅在客家電視台播出，沒有公開售票演出。

而對照粵劇將近四小時的長度，《長平公主》五集加起來一共一百二十五分鐘左右的長度，考量錄製節目時的相關限制，《長平公主》勢必得刪減非常多的內容。

第三章　臺灣帝女花的人物塑造

關於長平公主的生平以及以她為主角的戲曲：黃燮清《帝女花》、唐滌生粵劇《帝女花》以及臺灣的京劇《紅綾恨》、歌仔戲《帝女・萬歲・劫》、客家戲《長平公主》的情節架構、創作動機，皆已在前兩章做了介紹與分析。

由前兩章論述可知，此五齣劇作的創作動機是不同的，黃燮清之作，帶有以古鑒今、抒發懷抱之思，又夾以歌功頌德之心；唐滌生則欲透過立意良好的創作，使粵劇走向大道；京劇《紅綾恨》創作之始是出於要啟發觀眾；歌仔戲《帝女・萬歲・劫》則欲以此做向兩位前輩致敬等。

關於黃燮清《帝女花》傳奇與唐滌生《帝女花》粵劇中幾個重要人物之形象塑造，已在第一章述及，亦可參閱附表七，以下分別處理三部臺灣帝女花戲曲，並對比前作之人物塑造。

第一節　京劇《紅綾恨》

一、長平公主

作為《帝女花》戲曲中的靈魂人物，長平公主的人物塑造在各個版本中不斷變化。基於歷史人物，添加作者的個人想像，賦予了她不同的性格特徵：

（一）憂國愛民

《紅綾恨》中的長平公主對於家國亂離的感觸較深，煩憂較兩部前人作品更明顯。第一場《緣定》中她提及自己屢次唱〈可憐荷鋤翁〉予崇禎聽，然而崇禎並不重視：

費貞娥：(京白)唉！可嘆朝臣宦官們，俱都慣於粉飾太平，難得有人，深求民隱，作出此曲。此曲倘若未傳入宮中，也不知天下人心已亂。

公主：(白)我也曾多次在父王面前彈唱，只是父王也不以為意，只與我說些選駙馬之事。〔註1〕

當其他人著力為她的婚姻大事忙碌之時，她不以己身為重，甚至語帶諷刺地對田大人說：

公主：你呀，歡喜的特早了，如今內有流賊，外有邊患，那個有心選什麼駙馬？

公主：你若是為了國事，也能「殫精竭慮、晝夜憂思」，我定要父王加封你三級。我的婚事，要你爭什麼功勞？我哇，就是不見！〔註2〕

公主無心選駙馬，擔憂百姓流離失所，又擔憂流賊與邊患，清楚可見其對國家、百姓的關心。此外，她也不屑像田大人這樣的阿諛奉承之徒，因而對其不甚耐煩。〔註3〕在第七場《哭殿》時，面對舊臣新君，長平公主悲聲大放，痛罵誤國臣，痛陳血淚恨。〔註4〕

〔註1〕王安祈：《紅綾恨》第一場《緣訂》，頁63。

〔註2〕「田大人不知自己的阿諛諂媚對公主是沒用的，還言道『小小流賊，何足為懼？公主婚姻大事怎得延誤。慢說聖上為此煞費苦心，就連老臣我，也是「殫精竭慮，晝夜憂思」。今日這一位，乃是老臣親自挑選的，不僅文才出眾，而且與公主年貌相當，您少時一見，必然點頭稱許，欣然中意，賜他一杯葡萄美酒，這當朝的駙馬就選中了。那時聖上定是龍心大悅，傳旨滿朝文武，一同籌備婚禮，少不得舉國轟動、普天同慶，老臣我可稱得上是大功一件！』」見王安祈：《紅綾恨》第一場《緣訂》，頁64。

〔註3〕「公主：並非惱恨於你，只恨食君俸祿者，多為無才誤國之臣！（水袖甩向田大人）」見王安祈：《紅綾恨》第一場《緣訂》，頁66。

〔註4〕「血淚交流問蒼穹，翻血賬、憶舊恨，遺臣三百聽分明，甲申年、干戈動，風火無情憾皇城，先帝爺望你捐銀供軍餉，誰知你金銀財寶自珍藏、兵士無糧怎戰爭？那時節黃羅賜在金階上，母后懸樑痛傷情，親生骨肉親手刃，血肉橫飛濺宮廷，去冠覆髮煤山上，三尺白綾了殘生！最可嘆史閣部屍骨未冷，最可敬理國禎罵賊身亡壯氣崢嶸，殉難忠臣數不盡，誰似你哀哀乞憐討榮封搖頭擺尾又立在清廷？當年食的是大明粟，不求民隱不恤民情不知可憐荷鋤人，今日重登清帝堂，眼睜睜揚州十日嘉定三屠竟無一語救黎民！可記得先帝血書留遺命，屍體任碎滅、還望垂憐眾生民，大丈夫安身立命何為憑？薙髮易服何以為情？先帝雖難稱有道君，爾等可算亡國臣！大明江山已斷送，你忍見、太子羈囚籠、先帝屍骸露、帝女拜新君？到此時不由我悲慟難忍，先帝、母后！」見王安祈：《紅綾恨》第七場《哭殿》，頁91。

　　《紅綾恨》中增加了「揚州十日、嘉定三屠」的歷史事件，也將史可法之事增添進來，這是黃燮清及粵劇《帝女花》無有的描寫，而這樣的內容，使國仇變得更深，公主的痛也更深刻。除此以外，「先帝爺望你捐銀供軍餉」等，也是唐滌生《帝女花》中所無有的劇情，而類似情節在黃燮清《帝女花》中是由周世顯提及的。〔註5〕

（二）忠君愛國

　　《紅綾恨》中的長平公主與粵劇版本的相似，看重忠孝，意志堅決、果斷。只是不若粵劇版的公主，《紅綾恨》的長平公主深知民隱以及崇禎的錯誤，甚至在周世顯問皇上聽了〈可憐荷鋤翁〉以後怎麼樣，她還替自己的父王掩飾：

> 父王平日盡被那些朝臣宦官瞞騙，聽了此曲，才知民生凋敝，竟至
> 於此，父王也感傷不已！〔註6〕

對照前面她說「我也曾多次在父王面前彈唱，只是父王也不以為意，只與我說此選駙馬之事。」〔註7〕顯然是為了替崇禎保留面子而說的。與粵劇版本不同的地方還有一處，《紅綾恨》中的長平公主深知國家的問題，而崇禎並不似粵劇的崇禎那樣，會「必與帝女謀」，而只願與女兒說選駙馬之事，雖然粵劇的長平公主說「憂國心，難憑賊患，也難端賴女雲鬟」〔註8〕；《紅綾恨》中的長平公主卻唱道：

> 自恨不是巾幗將，平陽躍馬徒有心，自恨未習安邦策，倒挽狂瀾無
> 計行⋯⋯。〔註9〕

一心想為國家做事的她，只能恨自己不是戰將，也沒學過如何安定邦國，所以她拿了葡萄酒，跪唱：

> 一跪你輔國忠良臣，剴切陳言莫心冷，二跪天下眾百姓，長平女代
> 父請罪謝黎民，三跪空中眾神明，損折我十年壽命換取太平！〔註10〕

〔註5〕黃燮清：《帝女花》第三齣《傷亂》：「如今國帑空虛。昨聞萬歲遣司禮監徐高等。往嘉定府求助銀糧。以備緩急。豈知國丈周奎堅辭不允。咳。勳戚如此。餘可知矣。」，頁91。

〔註6〕王安祈：《紅綾恨》第三場《緣訂》，頁67。

〔註7〕王安祈：《紅綾恨》第三場《緣訂》，頁63。

〔註8〕唐滌生：《帝女花》第二場《香劫》，頁63。

〔註9〕王安祈：《紅綾恨》第一場《緣訂》，頁68。

〔註10〕王安祈：《紅綾恨》第一場《緣訂》，頁68。

替父謝罪以外，在與周世顯緣訂時，她還只要三尺紅綾證同心〔註11〕。另外，在闖賊殺入時，崇禎賜死於她，她言道：

> （白）眼看京城將破，女兒願以身殉國，怎會埋怨父王，只願生生世世永為父王之女，再續父女之情！〔註12〕

可見崇禎父女情深，長平公主的忠孝。後來崇禎賜紅綾要她自盡，她很果斷地遵命。在周世顯拉扯紅綾的時候，她告訴夫君：

> （白）駙馬、夫啊！皇城雖破，大明未必無望，還望你留得有用之身，相助太子，重整家邦，我生為帝王之女，今日殉難而亡，願來生再為駙馬之妻，心願足矣！〔註13〕

赴死之心決絕，要周世顯自保然後幫住太子重整家邦。要駙馬留得青山在的這一段是前兩作都沒有的內容，公主決絕，也因為周世顯隨即昏厥而不像粵劇版本中還有更多兒女情愛的拉扯。大概這一部作品，愛情本來就不是重點，而是一部比粵劇《帝女花》更加明顯的寓教於戲的作品。

在第五場《避禍》中，公主恍惚間又夢見承歡膝前，嘆自身情何以堪，她羨慕王承恩捨身殉難，羨慕貞娥刺虎，而自己卻連自盡都做不到，只能苟延殘喘。她又唱道「到如今國已破家已亡父已死母已喪手足同胞生死未卜千秋長恨我孤弱一身怎承擔」〔註14〕唱出了她的悲。

在第六場《庵遇》中，公主駙馬重遇，周世顯願與公主風霜與共，要伴公主免受風與侵凌，而公主道「但憶起月華殿中喜得知音，欲待要同心報國共迎向海闊天清」〔註15〕說明公主當時選婿，為的是與夫君一同盡忠報國；如今國破家亡，一切成泡影，又能怎麼辦？她選婿不要那些攀龍附鳳之徒，要跟她一樣有報國之心的人，也顯見她忠君愛國之心。然而天不從人願、禍福無常，她未死之事已被田大人知曉，田大人帶人來請她「回宮」，她道：「我乃前朝先帝之女，怎可入宮受辱，若要我重仕新朝，除非一死！」〔註16〕與粵劇版本的公主一樣，不願意入新朝，所謂忠臣不事二君，便是如此。

〔註11〕「煩你進宮稟聖君，花紅財禮俱不用，散與國中眾饑民，妝奩充作軍餉費……。」王安祈：《紅綾恨》第一場《緣訂》，頁69。這一點與黃變清的公主類似。

〔註12〕王安祈：《紅綾恨》第三場《殺宮》，頁72。

〔註13〕王安祈：《紅綾恨》第三場《殺宮》，頁73。

〔註14〕王安祈：《紅綾恨》第五場《避禍》，頁80。

〔註15〕王安祈：《紅綾恨》第六場《庵遇》，頁84。

〔註16〕王安祈：《紅綾恨》第六場《庵遇》，頁84。

（三）聰敏機智

粵劇《帝女花》的長平公主給人的另外一個印象就是聰敏機智，她不只是一個只遵守三從四德與女誡的女性，她的獨立與自主帶給她不同於傳統女性角色的特質。

《紅綾恨》中的長平公主，基本延續了粵劇版本的聰慧，在第一場《緣訂》中，延續了一來一往的針鋒相對〔註17〕，周世顯被公主列為「貪戀榮華富貴之徒」後心中氣憤，他說道自己「本無求凰之念，無奈竟被選中，久聞長平公主，乃知書達禮之人，我這才勉強入宮晉見」〔註18〕雖然知書達禮，可是在這裡她為了嚇走那些平庸之輩，故而擺排場並言語相激，致令周世顯誤會。

在粵劇中，公主臨時起念要偷樑換柱；在《紅綾恨》第五場《避禍》中，則是田小姐急中生一智，用慧清的屍體，充作「被清兵所害」的長平公主。

在第七場《哭殿》，一樣由周世顯代為宣讀表章，清帝聽完以後嘆道她的筆墨內有千軍萬馬藏，然後勉強讓公主穿著明朝衣冠上殿，在這裡周世顯並沒有「公主比他聰明」的台詞，此外還刪去了長平在發現清帝說話不算話後哭父哭母的唱段，改為痛罵清帝「言而無信」，而清帝也不是省油的燈，以權力威逼公主與周世顯兩人，要他們低頭。公主哭父哭母的唱段在此處改為痛罵誤國臣子的唱詞〔註19〕，群臣聽聞後悲聲同放，雖然中間不太相

〔註17〕 「長平：男兒膝下有黃金，你堂堂七尺之軀，因何折腰求鳳侶？
　　　　周世顯：為人須以禮儀為先，既入宮廷，當行宮禮，公主乃天下女子儀範，我自當以禮義待之，妳卻為何出此無理之言？
　　　　長平：擅詞令者，只合遊說於列國，倘以詞令求偶，只怕要敗興而歸！
　　　　周世顯：言語發自誠心，詞令寄於學問，可惜人既不以真誠待我，我又何必以誠信待人？
　　　　長平：詞令也罷、誠信也罷，依我看來，既入宮求鳳，便是貪戀榮華富貴之徒！」見王安祈：《紅綾恨》第一場《緣訂》，頁65。
〔註18〕 見王安祈：《紅綾恨》第一場《緣訂》，頁66。
〔註19〕 「血淚交流問蒼穹，翻血賬、憶舊恨，遺臣三百聽分明，甲申年、干戈動，風火無情憾皇城，先帝爺望你捐銀供軍餉，誰知你金銀財寶自珍藏、兵士無糧怎戰爭？那時節黃羅賜在金階上，母後懸樑痛傷情，親生骨肉親手刃，血肉橫飛濺宮廷，去冠覆髮煤山上，三尺白綾了殘生！最可嘆史閣部屍骨未冷，最可敬罵國禎罵身亡壯氣崢嶸，殉難忠臣數不盡，誰似你哀哀乞憐討榮封搖頭擺尾又立在清廷？當年食的是大明粟，不求民隱不恤民情不知可憐荷鋤人，今日重登清帝堂，眼睜睜揚州十日嘉定三屠竟無一語救黎民！可記得先帝血書留遺命，屍體任碎滅、還望垂憐眾生民，大丈夫安身立命何為憑？雖

同，但結果與粵劇版本的情節相差不遠，清帝因擔憂而寫下安陵詔並釋放太子。

然而，若對照現存的雛鳳鳴電影版的演出，《紅綾恨》的公主在聽聞清帝說「只要彩鳳拜新朝」後，驚訝道「方才你不是已然應允了麼？」表現並不似粵劇版的沉著。而清帝回答「此一時彼一時」後，長平知道他言而無信，便義正辭嚴地辱罵於他，激怒清帝，此也是粵劇版本無有的橋段。

（四）對愛情的態度

《帝女花》為人樂道的一點還有公主與駙馬之間的愛情，然而這個愛情之於不同的長平公主，則有不一樣的表現。《紅綾恨》對於公主愛情的描寫更多，也更顯白。第一場《緣訂》，兩人逐漸產生好感，慢慢看對眼以後，同唱：

> 雖說是風火無心偕鸞鳳，人生知己最難尋，數年來情如止水平湖靜，
> 為什麼今日裏縠縐千疊旋波成紋，一霎時迴腸百轉心不定。
>
> 長平：猛抬頭又見他雙眸中一片清澄！〔註20〕

原本因為國家大事而不看重兒女愛情的兩人，突然找到了知己，陷入了愛河，公主更是看見了周世顯眼中的光亮。只是與粵劇不同的是，這一場末尾處雷聲大作以後便結束了，沒有讓周世顯吟詩表心跡。

不同於其他版本，《紅綾恨》在第二場便已讓公主與駙馬完婚。然而完婚以後，便馬上面對國破的悲劇。崇禎要賜死長平公主，周世顯欲保護公主，言道兩人已經拜過天地，然而崇禎不允，而長平公主領旨受死也很乾脆，還要他留得青山在，相助太子〔註21〕，對感情的著墨不多。

接下來一直到了第六場，長平公主在感情方面才有更多的著墨：

> 一年滄桑都歷盡，思駙馬念幼弟珠淚暗吞，問蒼天江山可能再重整？
> 問蒼天故人可得再重逢？滿懷抑鬱無處伸，且借這雨橫風狂山深地
> 僻訴我悲情。御弟、世顯、夫啊！仰面問天天無語，低頭告地地不聞，

　髮易服何以為情？先帝雖難稱有道君，爾等可算亡國臣！大明江山已斷送，
　你忍見、太子羈囚籠、先帝屍骸露、帝女拜新君？到此時不由我悲慟難忍，
　先帝、母后！」見王安祈：《紅綾恨》第七場《哭殿》。

〔註20〕　王安祈：《紅綾恨》第一場《緣訂》。

〔註21〕　「駙馬、夫啊！皇城雖破，大明未必無望，還望你留得有用之身，相助太子，
　　　　　重整家邦，我生為帝王之女，今日殉難而亡，願來生再為駙馬之妻，心願足
　　　　　矣。」王安祈：《紅綾恨》第二場《殺宮》，頁73。

收拾起悲酸事一肩擔承，默無言進庵堂依然是黃卷青燈。〔註22〕

粵劇版本的長平公主雖然也想到駙馬，心中仍有癡情，然而她不認為能夠破鏡重圓，且為了盡忠孝，甘願犧牲愛情；《紅綾恨》的公主將對駙馬的思念都宣洩於口，甚至呼喊於他，情感更豐富。

當周世顯來到庵堂想要紀念公主，卻與公主相見，兩人相抱相認，公主猶恐相逢是夢中，因此咬指確認。有別於粵劇的公主起先不願相認，《紅綾恨》的公主與駙馬很快便相認了，對於感情並不似粵劇的公主那般壓抑。然而，公主對於重圓還是心存疑慮，因此道：

日日思君不見君，此刻見君反怨蒼天作弄人，心中早無兒女情，再回頭已似百年身，但憶起月華殿中喜得知音，欲待要同心報國共迎向海闊天清，如今往事成泡影，此時相逢又怎生、又待怎生？〔註23〕

雖然公主說心中早無兒女情，然而她還是思念郎君的，故而開頭依然思念駙馬，甚至呼喊夫君，《紅綾恨》的公主是愛得比較明顯的。

二、周世顯

（一）憂國愛民

《紅綾恨》周世顯的憂國愛民之心非常明白顯露，他作了一首〈可憐荷鋤翁〉陳民隱，這首樂府變成他與公主互為知音的關鍵，此外，他上場後聽聞笙蕭，看見歌舞十分不悅。聽聞公主時常將〈可憐荷鋤翁〉彈唱給崇禎聽，又聽說崇禎沒有所為，心中憤慨：

積弊已深，固是實情，只是既在其位，當謀其政。請問公主，當年錯殺袁崇煥，以至邊防一疏至此的，可是當今聖上？殺了一個魏忠賢，卻縱容一干閹宦干政的，可是當今聖上？如今流賊四起，民不聊生、國勢危急，難道說當今聖上能辭其咎嗎？〔註24〕

周世顯還說自己「屢次上疏，俱被按下，未遭閹宦所害，已是萬幸，只是早已心灰意冷！」〔註25〕將明朝朝政體戲的內患講得明明白白。長平公主原來還替崇禎說話，沒想到周世顯屬實句句，義正詞嚴，令公主對他傾心。

〔註22〕王安祈：《紅綾恨》第六場《庵遇》，頁82。
〔註23〕王安祈：《紅綾恨》第六場《庵遇》，頁84。
〔註24〕王安祈：《紅綾恨》第一場《緣訂》，頁67。
〔註25〕王安祈：《紅綾恨》第一場《緣訂》，頁67。

這一段的描寫承繼了黃燮清傳奇中的安排〔註26〕，黃燮清在第三齣《傷亂》中也安排了周世顯痛斥國家昏亂，只是沒有提及袁崇煥以及邊患，因為身為清朝臣民的他不能。

（二）忠君愛國

基本上也承繼了粵劇的周世顯，但仍有不同。例如在第六場《庵遇》相認時，周世顯告訴公主這一年來他的下落，他說自己隱姓埋名，奔東南扶保南明；而粵劇的周世顯並沒有這樣做。這一處將重逢做了合情合理的改動：

> 花燭夜竟作生死別，不堪回首憶前塵，那時節魂飛天外、醒來時血滿金階人無影，空留玉珮在殿廷，京城中干戈四起、妳生死存亡無處問，隱姓埋名、奔東南扶保南明。〔註27〕

周世顯這一年內身在他方，無處問公主下落，他們的重逢是因為周世顯回到帝京，聽聞公主死於蓮花庵的噩耗，想來此弔唁，卻沒想到重逢了，不同於粵劇的偶然重逢。

第七場《哭殿》的周世顯身穿白色明朝官服，表示戴國孝，此外其他幾乎與粵劇雷同，不同者為：粵劇裡有明服官員也有滿服官員，在《紅綾恨》中俱都已改穿滿服。另外，「上殿不改清朝姓，大明衣冠入宮廷」在粵劇中本是清帝早應允的，到了《紅綾恨》，變成周世顯對清帝的要求。

（三）聰敏機智

自古多才子佳人故事，女主角公主聰慧機敏，男主角周世顯若不能相襯，便會顯得兩者不登對，因此周世顯這方面的形象必須要足夠。

周世顯的文才，除了〈可憐荷鋤翁〉一曲，就是《庵遇》時的臨場反應，這一點自唐滌生粵劇開始便基本相同，只是台詞不同〔註28〕。又《哭殿》時，

〔註26〕「時事至此。這班庸臣。尚不盡心幹濟。朝端仍以門戶相爭。體面把持。謀腹缺。卸邊缺。營高陞。求速轉。真狗彘之不若。恨不以上方斬馬劍誅之也。」、「俺想這些流賊。亦是朝廷赤子。何至縱橫若此。其始迫于飢寒。其繼失於剿撫。總由將驕兵悍。漫無紀律。禍至掩敗為功。殺民代賊。兵不異寇。民亦為盜矣。」、「如今國帑空虛。昨聞萬歲遣司禮監徐高等。往嘉定府求助銀糧。以備緩急。豈知國丈周奎堅辭不允。咳。勳戚如此。餘可知矣。」等，見黃燮清：《帝女花》第三齣《傷亂》，頁89～92。

〔註27〕王安祈：《紅綾恨》第六場《庵遇》，頁83。

〔註28〕「周世顯：是啊，如今先帝尚未安葬，太子被囚天牢，我等若困處尼庵，豈不無計可行。如今既被他尋獲，何不趁勢步上金階、將計就計，此番上殿，定要放出太子，安葬先帝，如若不然，俺周世顯誓以頸血濺宮廷！」，頁85。

與清帝的來往相爭，也是基本雷同。

（四）對愛情的態度

愛情戲也是長平公主故事的看點之一。《紅綾恨》的周世顯先是誤會公主是嬌生慣養的尋常女子，後來因為〈可憐荷鋤翁〉還有公主下跪謝他、謝百姓，以酒祭天地，令他對公主的印象轉好〔註29〕，兩人便訂下誓約。卻沒想到在拜堂的時候，驚聞大變，崇禎要賜死長平公主，周世顯欲要求情保公主出皇城而不得，又欲同公主一起赴死，卻被公主勸止，要他保得有用之身相助太子。〔註30〕

後來與公主再相見，則是為了到蓮花庵弔唁身死的公主，兩人相見，抱頭痛哭。公主問道史閣部，周世顯說他壯烈殉國了：

> 三百年社稷怎教他一身來擔承，梅花嶺上葬忠魂，我逃得性命返帝京，聞噩訊悲淒淒尋到此欲弔芳魂，深感念蒼天垂憐憫，中秋之夜得重逢，我不能救國家於危亡之境，但能夠長伴公主免受那風雨侵凌！〔註31〕

劫後重逢，緣份得來不易，雖然他有此心，公主卻躊躇不定。後來田大人來到，周世顯將計就計，要謀大事，公主問道成功以後，兩人又該如何自處：

> 周世顯：覆巢之下卵安存，乞能苟活作降臣
>
> 怎奈是今生猶有未了願
>
> 公主：什麼未了願？
>
> 周世顯：雖說是興亡夢幻早歷盡，心中已無兒女情，但有一點心相印，公主，但願得再牽紅綾証同心。〔註32〕

〔註29〕「見此情反教我心中不忍，三椿誓願剖誠心，不想她錦衣羅綺多嬌女，竟知可憐荷鋤翁，樽酒祭灑塵埃地，口口聲聲為黎民！
只道她生長深宮未識愁，空有紅淚為傷春，難得她一片誠心令人敬，竟為憂國涕縱橫。
雖說是風火無心偕鸞鳳，人生知己最難尋，數年來情如止水平湖靜，為什麼今日裏縠縐千疊旋波成紋，一霎時迴腸百轉心不定。」見王安祈：《紅綾恨》第一場《緣定》，頁69。

〔註30〕「駙馬、夫啊！皇城雖破，大明未必無望，還望你留得有用之身，相助太子，重整家邦，我生為帝王之女，今日殉難而亡，願來生再為駙馬之妻，心願足矣。」王安祈：《紅綾恨》第二場《殺宮》，頁73。

〔註31〕王安祈：《紅綾恨》第六場《庵遇》，頁84。

〔註32〕王安祈：《紅綾恨》第六場《庵遇》，頁86。

雖然周世顯說自己心中已無兒女情，但還願牽紅綾証同心。其實，這是一種對知音的惺惺相惜，此二人之所以緣訂，並非因為愛情，而是因為都有報效國家的懷抱。即便如此，周世顯的心中還是有情的，否則又何必願長伴公主免受風雨欺凌呢？

《紅綾恨》中的周世顯並不似前二作一樣癡情，但心中還是有這個紅顏知己的，故有「人生知己最難尋，數年來情如止水平湖靜，為什麼今日裏縠縐千疊旋波成紋，一霎時迴腸百轉心不定。」〔註33〕之句。

三、崇禎皇帝

作為生旦合分的重要角色，崇禎皇帝在幾部劇作中的形象皆差不多，偶有不同。

（一）悲嘆興亡

身在明末亂世的崇禎皇帝，外有邊患，內有流患，內外夾擊下，闖賊日漸逼近，朝中無有救國良臣，他只能坐困愁城。從幾句話中可以看出崇禎帝的問題。第一，公主時常在他面前談唱〈可憐荷鋤翁〉，然而他不以為意，只與她說選駙馬之事。第二，費貞娥說朝臣宦官們，都慣於粉飾太平，若此曲未入宮中，也部之外頭人心已亂。第三，周世顯聽聞公主說崇禎已然聽過此曲後道：

> 積弊已深，固是實情，只是既在其位，當謀其政。請問公主，當年錯殺袁崇煥，以至邊防一疏至此的，可是當今聖上？殺了一個魏忠賢，卻縱容一干閹宦干政的，可是當今聖上？如今流賊四起，民不聊生、國勢危急，難道說當今聖上能辭其咎嗎？〔註34〕

這段話將崇禎最大的問題給點明了出來。接著，觀眾能在第三場《殺宮》中看到崇禎命杜公公領兵把守宮門，李國禎道：

> 且慢！事到如今，聖上怎麼還重用宦官，待老臣出宮抵擋一陣！
> 〔註35〕

可見崇禎信任宦官成習，因此當他唱「宦官出賣了好江山」、「朕非亡國之君，

〔註33〕王安祈：《紅綾恨》第一場《緣訂》，頁69。

〔註34〕王安祈：《紅綾恨》第一場《緣訂》，頁67。

〔註35〕「今朝猶如催領聲聲喚，不見文武百官步金鑾」施如芳：《帝女‧萬歲‧劫》，頁33。

諸臣盡亡國之臣」〔註36〕時，實是一種諷刺。

（二）舐犢情深

在長平公主生命之中，最令人悲痛者，在於為父親所問：「汝何故生我家！」大概崇禎平常痛愛長平公主，故在城破之際，對公主有此痛心一問，因此崇禎與公主的親情，也是後世戲曲的重點之一。相較於前兩作，《紅綾恨》的崇禎對於長平之愛並沒有那麼多的曲文描述，只有在拔劍斬殺時有些感覺，如編劇在劇本中描寫：

> 崇禎拉住公主，欲殺卻不忍下手。
> 崇禎愈發殺不下手，刺中公主左臂，公主倒地。
> 崇禎顫抖。〔註37〕
> 雖然也描述了崇禎殺不下手，但若與前作相比，著墨相較較少。

四、周鍾（田大人）：貪圖富貴，愚蠢昧良

周鍾，是周奎之子，在不同的劇作中，他的角色或者保留，或者改為其他名稱，但角色的功用都差不多，最主要的就是將公主從皇宮中帶出宮外。以下分別敘述他的特點，與周鍾相關者，亦附此列：

在本劇，這個角色一樣由丑飾演，只是名字由周鍾換為「田大人」，而這個田大人倒與黃燮清傳奇之中的周鍾差不多。田大人不但不懂公主對他的諷刺，不知自己的阿諛諂媚對公主是沒用的，甚至不懂國家情況有多危急，言道：「小小流賊，何足為懼？公主婚姻大事怎得延誤。慢說聖上為此煞費苦心，就連老臣我，也是『殫精竭慮，晝夜憂思』。今日這一位，乃是老臣親自挑選的，不僅文才出眾，而且與公主年貌相當，您少時一見，必然點頭稱許，欣然中意，賜他一杯葡萄美酒，這當朝的駙馬就選中了。那時聖上定是龍心大悅，傳旨滿朝文武，一同籌備婚禮，少不得舉國轟動、普天同慶，老臣我可稱得上是大功一件！」以此為大功，諷刺至極。

《忠憤》一場，基本上承襲了黃燮清傳奇中的《割慈》一齣後段，田大人原來要迎接太子，卻被朱純臣說服而投效清朝，甚至要將公主獻上。基本上，這個角色起的作用，除了讓公主在他的府上休息養病，就是讓公主進入庵觀的推動者，再來就是鍥而不捨地要公主還朝的推波助瀾者。與粵劇的周

〔註36〕王安祈：《紅綾恨》第三場《殺宮》，頁74。
〔註37〕王安祈：《紅綾恨》第三場《殺宮》，頁73。

鍾不同,他見利忘義,又寡廉鮮恥。作者在此也安排了一個田小姐(周瑞蘭)的角色,除了幫助公主逃走,這個田小姐的角色就是罵田大人:

> 爹爹,你來此作甚?公主已被你逼得走投無路,逃來庵堂,竟被清兵所害,可憐她死得面目全非!爹爹,你近前來,近前來仔細的看上一看,這就是被你害死的公主!公主,可嘆你城破之日,未死於先帝之手,今日竟因我父而遭此下場,若非爹爹你貪圖榮華富貴,公主也不至於慘死。你雖非殺她之凶手,公主終因你而亡。從今以後,我父女二人是千手所指、眾口所罵,慢說大明遺臣痛恨我們,今後你在新朝朝廷之上,也將落得個賣主求榮、不忠不義之名。可恨我生為田家女,今生今世還有何面目立足於人世之上、天地之間?〔註38〕

誠如田小姐所言,田大人雖非殺公主的兇手,公主最終亡命也跟他有關。然而田大人只說:「兒啊,為父也是為了我們全家老小往後的日子著想啊,你也別再怨為父了」相較於粵劇的周鍾,對於公主的慘死還不忍心再看,田大人僅做此反應,可說是完全的見利忘義。

第二節　歌仔戲《帝女‧萬歲‧劫》

一、長平公主

(一)憂國愛民

　　不同於先前的作品,《帝女‧萬歲‧劫》中的長平公主一開始便已許婚周世顯。而長平公主心中思思念念的是駙馬,她一心想著婚後的恩愛,對於家國百姓的問題似乎不那麼重視。在亡國之際、赴死之前,忠孝之間,她仍思念著駙馬;國破家亡以後,她在庵觀也想著駙馬,卻又礙於忠孝,讓自己不去想駙馬。關於對亂世煩愁的描寫部分,在長平身上看不見太多著墨,而相關戲份則都交給了崇禎皇帝。其後時間來到清代,公主上了金殿,對黎民百姓的遭遇也幾乎不執一詞。

(二)忠君愛國

　　雖然《帝女‧萬歲‧劫》中的公主對於憂國愛民之思不那麼明顯,但她

〔註38〕王安祈:《紅綾恨》第五場《避禍》,頁81。

的忠君愛國之心仍是有的。在領受綾羅以後，她思想起駙馬，卻又猛然想起：

> 不行！父王要長平即時殉節，逆旨就是不忠，不遵父命就是不孝，
> 我怎能不忠又不孝呢？〔註39〕

然而，在聽到崇禎手刃昭仁公主以後，她卻唱道：

> 天啊！虎毒不食子，枉爹為一國之君，竟然親手殺死親女兒！〔註40〕

她雖然認為要盡忠孝，卻在此時對這樣的情景發出哀嘆。然而她受領綾羅，領受皇命要她即刻就死，不也是另一種手刃親女的方式嗎？這樣的矛盾，或許是作者要做出的諷刺與反思。

　　時間來到清初，長平公主身在庵觀之中，見到周奎很是不耐，然而周奎用太子被擒一事說服長平入宮，此時長平認為這是崇禎給她下的最後一道聖旨：

> 周奎：老臣知道，公主為了當初殉節不成，一直感覺愧對先皇，若
> 這樣，不如就入朝！
> 公主：〔驚心〕入朝——
> 周奎：是呀，前朝公主回朝見駕，大清皇帝龍心大悅，說不定就會
> 釋放太子，公主也可將功贖罪報先皇！
> 長平：〔凜然〕父王，難道這是您賜下的最後一道聖旨嗎？〔下定決
> 心〕為了明太子，我就去見當今的萬歲。〔註41〕

被忠孝困住的長平公主，又被忠孝再次拉往另一個牢籠的道路。後來長平公主披麻戴孝，準備進宮面見清帝，說道「不孝的女兒中也可以為您們披麻戴孝了。」〔註42〕在與清帝周旋之時，長平公主又提到「亡國無殉節罪孽深重，劫後餘生天不從，拋頭露面來見皇上，欺世盜名更難容。」認為自己國亡而未死是罪孽深重，是欺世盜名，這全出自於她的忠君愛國之心。然而清帝的心機比她更深，他利用了眾臣，使他們對自己歌功頌德，上下交相賊，令長平公主看不下去，卻為了救太子、延續大明香火〔註43〕而不敢貿然離去。

〔註39〕施如芳：《帝女‧萬歲‧劫》，頁41。
〔註40〕施如芳：《帝女‧萬歲‧劫》，頁42。
〔註41〕施如芳：《帝女‧萬歲‧劫》，頁53。
〔註42〕施如芳：《帝女‧萬歲‧劫》，頁53。
〔註43〕施如芳：《帝女‧萬歲‧劫》，周奎向公主言道：「是啦，先皇地下有知，一定不願大明香煙斷絕，不惜一切也要救太子，公主，妳說是嗎？」，頁52。

（三）聰敏機智

由於《帝女‧萬歲‧劫》中沒有駙馬一角，因此沒有鳳台選婿的戲，無從得見公主是否有文采，也不知她是否機智。後段清末時，公主上殿乃是被周奎哄騙，上殿以後與清帝的一往一來，也與前兩作不同。她並沒有一笑一哭，而是用正義的言詞突顯清朝的名不正言不順〔註44〕，令清帝道「鳳凰來儀先作浪，話中千軍萬馬逞威風」〔註45〕然而清帝也不是省油的燈，將她的氣燄壓下。此時周奎提醒公主此行目的，公主才試著按捺情緒。

公主看著清帝與眾臣的「上下交相賊」很是不悅，想走卻又擔心皇弟，於是「為救太子我留步徘徊」〔註46〕與前兩作的公主也不一樣，前兩作的公主視死如歸，因而有勇氣以身相逼，知道自己要的是什麼；《帝女‧萬歲‧劫》的公主沒有周世顯相伴，為救太子也是遭受哄騙，上殿以後的作為不如前兩作，也幾次因看不過去現場情況，想要走人，較為沉不住氣，思慮也似乎不夠周全。

（四）對愛情的態度

因為沒有駙馬一角的關係，全劇對於愛情的描寫都出於公主的自思自嘆，如起頭時公主的夢囈，用嬌柔的聲音喊駙馬，唱：

> 既定佳期配鸞儔，夫唱婦隨千世修。〔註47〕

這裡也能看出公主的愛情觀是較其他長平公主保守的，尤其不同於粵劇《帝女花》及京劇《紅綾恨》，此二者的長平公主對於愛情較為主動，且不一定有此想法，這兩部作品中，公主親自選駙馬，因此算是了解駙馬的人品；作者也沒有寫到「夫唱婦隨」，而這樣的描寫跟兩作中的長平公主性格有些微衝突。

公主領受綾羅以後，赴死之前看見了懸樑的皇后與袁妃，想起了皇后曾諄諄教誨道嫁作人婦須舉案齊眉，要以夫為天才能和好到百年，觀念非常傳統，前兩作對此沒有特別描寫，或是因為不合劇情與人物性格。

長平公主拿著紅綾有感而發，說道：

〔註44〕「大功告成、理當物歸原主，分明篡位、怎稱正義之師？機關算盡、意在中土天子，作賊心虛、你惺惺假仁慈！」，頁57。
〔註45〕施如芳：《帝女‧萬歲‧劫》，頁57。
〔註46〕施如芳：《帝女‧萬歲‧劫》，頁59。
〔註47〕施如芳：《帝女‧萬歲‧劫》，頁32。

　　　長平並非貪生，只是早先訂下大婚之期，與駙馬已有夫妻之名，就
　　　算要走，也應該見駙馬最後一面呀。〔註48〕

臨死之前仍想著駙馬，相較粵劇《帝女花》及《紅綾恨》的公主從容就死，近乎無罣情愛，《帝女·萬歲·劫》的公主之於情愛便比較突出。等到劇情來到清初的時候，長平在庵觀不免也想起了駙馬：

　　　駙馬，你人在何處？你可知長平沒死，還在人間茫茫渺渺做遊魂！
　　　〔註49〕

此處也不同於其他長平公主，其他的長平公主並沒有做如此直白的呼喊，雖然後來公主依然決定長伴青燈，但她實際上仍是放不下駙馬的。直到最後，她的兒女之情被清帝的話語〔註50〕斬斷，被清帝拉著鼻子走，長平公主無可奈何。

二、周世顯

　　本劇並無周世顯一角。

三、崇禎皇帝

（一）悲嘆興亡

　　本作與其他劇作不同的地方，在於給了崇禎一段頗長的戲，而大段只有他跟王承恩兩人。王承恩上場唱道「不見文武百官步金鑾」〔註51〕便說明了大明朝的一個大問題。崇禎一人在敲鐘，嚇到了王承恩。崇禎怨怨地笑了笑，唱道：

〔註48〕施如芳：《帝女·萬歲·劫》，頁41。
〔註49〕後唱道：「公主駙馬雖是有媒聘，世人皆知那三尺紅綾！伊在眼前也不可相
　　　認，含恨偷生怎能再成親？前朝夢醒如隔世，滿頭青絲不願梳，隱姓埋名身
　　　是客，剪斷塵緣待出家。」見施如芳：《帝女·萬歲·劫》，頁50。
〔註50〕「清帝：恁曾經花前月下訂三生？
　　　長平：阮不曾花前月下訂三生。
　　　清帝：恁曾經鴛鴦被內雲雨情？
　　　長平：阮還無鴛鴦被內雲雨情。
　　　清帝：你生死交關伊束手無策。
　　　長平：我生死交關伊束手無策。
　　　清帝：無緣的駙馬是虛有其名！
　　　長平：你要我入宮是萬死不能！」，頁62～63。
〔註51〕施如芳：《帝女·萬歲·劫》，頁33。

> 九五之尊親身來敲鐘，喚不來炎炎日頭升，喚不來忠良在君側，孤
> 木難扶我朱氏大明。〔註52〕

然而造就孤木的又是誰？接下來的崇禎陷入幻境自言自語。崇禎說道夢見袁
崇煥與洪承疇來保駕。王承恩對袁崇煥讚譽有加，崇禎卻認為他是通敵賣國
的奸人：

> 胡說！知人知面不知心呀。那一次，清兵飛度關山、兵臨城下，幸
> 得楊公公被擒，在敵營偷聽到機密，才知道原來是袁崇煥他通敵叛
> 國！〔註53〕

王承恩聞言嘆道又是公公惹事，可見崇禎視人不清、錯信奸佞，連在他一旁
的王承恩都看得比他清楚。接著崇禎又看到了洪承疇，不同於對袁崇煥的恨，
崇禎對洪承疇讚譽有加，然而洪承疇才是降清的那一個人。作者如此安排，
也是對崇禎的一個諷刺。

（二）舐犢情深

崇禎對長平的感情，編劇作以下描寫：

> 崇禎執沾血的劍上，喃喃自語；被孤伶感籠罩的崇禎，突然瞥見長
> 平，感動地出聲喚她……。〔註54〕

長平原先不敢靠近，經由崇禎聲聲喚才決定投向崇禎，崇禎抱住她。編劇又
寫道「長平撿起劍欲自殺，崇禎打落她手上的劍，流露舐犢深情」，長平唱道：
「手牽龍袍、長平輕聲喚爹親，十五年來、多少寵愛在一身，嬌生慣養、無疑
倉皇辭廟日，賜下綾羅、帝女花落便歸根。」崇禎唱：

> 既是深宮嬌生慣養的龍種，怎忍三尺紅綾毀盡恩萬千？我只知鳳輿
> 夜寐理國政，不見吾家有女初長成。〔註55〕

他這時才知道「吾家有女初長成」，可見平日對待兒女不太上心。然後崇禎問
長平今年幾歲，答曰十五。編劇在這裡補充道：「崇禎泣不成聲，長平上前擁
抱他，這是崇禎父女畢生最親密的一刻。」〔註56〕當王承恩報闖賊已經殺進
來，崇禎突然清醒，問道長平怎麼還在這裡，拔劍就要殺。可知這一版本中

〔註52〕施如芳：《帝女・萬歲・劫》，頁33。
〔註53〕施如芳：《帝女・萬歲・劫》，頁35。
〔註54〕施如芳：《帝女・萬歲・劫》，頁42。
〔註55〕施如芳：《帝女・萬歲・劫》，頁43。
〔註56〕施如芳：《帝女・萬歲・劫》，頁44。

的崇禎與長平公主的感情並不深，而且只存在於崇禎的恍惚之中，當崇禎一「醒」，又要將她殺死，實在悲哀。

四、周鍾（周奎）：為富貴，寧做太平犬

在這一部戲裡，沒有周鍾，卻有周鍾的父親，周奎。周奎在黃燮清的傳奇中，基本上只出現在口頭之中，人物的對話裡。而《帝女・萬歲・劫》的周奎，扛起了一部分「周鍾」的職責「將公主扛回家中醫治」。

但是，這個周奎比前幾作的周鍾、田大人城府更深。他為了自己的榮華富貴，用公主的弱點誆騙公主回朝；在清帝說話時，又屢屢附和清帝言語，尤其是清帝說要長平來跟他共枕眠的時候，周奎還說「皇上，人說龍交龍、鳳交鳳，冤家變親家是好事情，是好事情。」是一個見風轉舵的小人，大明禮教對他來說沒用，寧做太平犬，不為前朝戰，能夠重登榮華才是重點。

第三節　客家戲《長平公主》

一、長平公主

（一）憂國愛民

由於是以粵劇《帝女花》為底本做改編的，基本無太大變動。然而因為刪去昭仁公主，長平公主便沒有一個對話的對象，因此也沒有姊妹談心，談「選婿條件」。本劇保留了粵劇中的「憂國心難平賊患」，此外對憂國愛民並沒有深入描寫。

（二）忠君愛國

客家戲《長平公主》改編自粵劇《帝女花》，情節基本上雷同。粵劇的長平公主得知賜死時，甘願且從容〔註57〕；客家戲的長平公主則在得知皇后已死，自己也將要領受紅羅時，先哭喊母后，再與駙馬說話：

> 高昇：公主。闖賊就快入乾清宮，方才皇后娘娘已經受紅羅賜死，

〔註57〕唐滌生：《帝女花》第二場《香劫》：「長平公主：自古道君要臣死，只憑一論，父要子亡只憑一語，父王欲賜紅羅，反覆不能傳諸金口，可見愛女情深。駙馬反覆不能轉達其情，可見愛妻情切。（介）父王，臣女年雖十五，經已飽嘗父愛，更難得夫寵新承，雖死亦無些微可怨。（介）（催快）望父王速賜紅羅，願死後九轉輪迴，來世再托生為父王之女、駙馬之妻，於願足矣。」，頁65。

現在下一位受紅羅賜死之人，就是公主。

長平：母后，母后受紅羅賜死……母后——

周世顯：公主……。

長平：駙馬……。〔哭〕連你也不願對本宮說出實情，就表示你對我
情深似海。到現在我還有什麼好埋怨的？父王，皇女懇求你速賜紅
羅，賜我一死。九生輪迴，皇女我只希望來世能夠再做父王的皇女。
能再做駙馬的妻。〔註58〕

在向崇禎領紅羅之前，她先與駙馬說話，道駙馬對自己情深似海，自己沒有
甚麼可以埋怨的，而後馬上求崇禎速賜紅羅，反倒像因為周世顯的關係而無
可埋怨的事，與粵劇的長平公主的「君要臣死，只憑一諭，父要子亡只憑一
語〔註59〕」不相同。

　　在第四場，公主在高家中休養，發現高氏父子要出賣她時，道高家父子，
是賣國賊，是內心懷不軌的奸臣。〔註60〕第六場中，長平誤會周世顯賣她求
榮，大罵道：

長平：你！我後悔與你相認，周世顯我恨你。【山歌仔】怒馬狂夫罵
匹夫，名花怎能被俗世汙！銀簪了斷尊緣路，與你恩斷絕義情分
無！〔白〕我與你周世顯！【轉山歌什唸仔】當初先帝悲金鼓，兩
次揮劍逼殺奴，要我保守貞節殉父母，誰知長平內心苦。如今前無
道後無路，我不愛慕不走後頭路，如今清室一金鋪，自刺肉眼送狼
心夫。〔註61〕

大體而言，長平公主不願被賣，誓不入清室之心與前幾個版本無異。而她對
於要將她當做棋子賣國求榮的奸臣都是非常不齒的。只不過「誰知長平內心
苦」這句讓人物情感及描寫角度都有了改變。後來誤會解開，周世顯言明心
跡，她知道大勢難挽回，文武百官都已入新朝，不知道周世顯打算怎麼做時，
表明不願侍二朝之心「駙馬，本宮決不侍奉二朝，我怎能與你在清宮白頭偕
老？」意志堅決。

〔註58〕謝培笁：《長平公主》第三場。

〔註59〕唐滌生：《帝女花》第二場《香劫》，頁64。

〔註60〕謝培笁：《長平公主》第三場，長平公主：「高家父子，你兩人分明就是賣國
賊。【大埔調搖板】聞聽此言震天地，驚惶一撼一聲雷。前朝宮花受連累，奸
臣內心懷不軌。」

〔註61〕謝培笁：《長平公主》第六場。

不過，因為這個版本刪去很多人物，且主旨不同的關係，有許多粵劇有而此作沒有的東西，使得客家戲版無法在某些方面交待得不太清楚。

（三）聰敏機智

《長平公主》一劇刪除了昭仁公主一角，所以在第一場中，沒有長平公主與妹妹講話的橋段，使人除公主那一段上場唱詞之外，沒更多線索幫助了解她真正的心意。不過承襲粵劇，本劇也設定了公主與周世顯的一來一往針鋒相對：

> 周世顯：這……公主。言語發自心聲，詞令出於學問，我雖無經天緯地的本領，卻有憐香惜玉之心意。無奈，人不以真誠相對，我又何必以誠信相投？
>
> 長平：這……酒來。〔註62〕

因為前無「父皇催粧有意的無奈」鋪陳，也無「千軍易得，一婿難求」的想法，僅有「自寂寞韶華亦難留。求鳳宴設鳳台紅帶飄。」因此在這裡，公主與周世顯反而看起來像是彼此刻意針鋒相對〔註63〕。周世顯自覺受辱之後而譏諷長平公主。長平公主似乎無法應對。而後公主賜酒，將方才說的話歸於「嬌氣沖飆」〔註64〕。話雖如此，也可見這一位長平公主多少有些才學，又見她吟詩〔註65〕暗示高卿家，可見也不是一般女流。

雖然如此，上述大體都還是照著粵劇的安排而走的。到了第二場時，她上金殿前也感覺出了異樣，只是她的表現不像粵劇的長平公主那樣機敏。在第四場，長平公主得知高氏父子要出賣她時，她並沒有憤恨要尋死，而是問高瑞蘭：

> 難怪高昇父子如此有誠意將我帶回，又來調理我的身體。瑞蘭，如今你的父親與兄長有心要害我，我在這個地方也不能待了，我要如何是好？〔註66〕

粵劇的長平公主沒有按照崇禎旨意死去已經感到對不起先皇，當發現周氏父子要出賣她時，她想要盡「未竟之責」；而客家戲版的長平公主，則是暫時安

〔註62〕謝培竺：《長平公主》第二場。
〔註63〕對照演員的表演，公主的表情像是故意針對而說出這句話。見影片8分25秒處。
〔註64〕謝培竺：《長平公主》第二場。
〔註65〕「雙樹含樟傍玉樓，千年合抱情多嬌。但願連理長久在，不向人間露白頭。」
〔註66〕謝培竺：《長平公主》第四場。

居高府養傷，等到發現要被出賣時，並不憤恨欲死，而是想逃走。而後得知慧清已死，亦是高瑞蘭急中生智：

> 高瑞蘭：竟然發生這樣的事情。（轉向公主）公主借一步說話。慧清師父相貌年紀與公主相仿。
>
> 長平公主：瑞蘭妹妹，你說此話有何用意？
>
> 高瑞蘭：偷天換日移花接木。
>
> 長平公主：偷天換日移花接木？
>
> 高瑞蘭：不錯。（轉身）老住持，事到如今我也不能再瞞騙你。面前這位就是周皇后的女兒長平公主。〔註67〕

又第六場，先是誤會周世顯變節，而後被周世顯遊說回朝以換取先帝安葬時，公主說自己絕不肯入二朝，然而當周世顯說事成之日便是仰藥之時的時候，她接受了，說自己果然沒看錯人。〔註68〕

（四）對愛情的態度

雖然是單純改編自粵劇《帝女花》，客家戲《長平公主》對愛情的描寫更多，如第二場多增了粵劇中沒有的台詞：

> 長平：你可知道，這棵含樟樹對本宮來說有何意義？
>
> 周世顯：我不知道此樹對公主的意義有多麼深重，不過此生我願與此樹一樣，長在這月華殿前保護公主，永伴相隨。
>
> 長平：周世顯。希望你以後能與含樟樹一樣，永陪在我身旁。〔註69〕

原來粵劇中周世顯吟詩〔註70〕證明心跡，令長平公主更加欣賞他；在這裡的

〔註67〕謝培竺：《長平公主》第四場。這一段的情節安排，與任白電影版本相似。

〔註68〕「長平：駙馬，本宮決不侍奉二朝，我怎能與你在清宮白頭偕老？

周世顯：公主。倘若你不願入朝，清帝怎會有可能中下暗計？我也和你一樣不願名節受辱，望在清宮事成之日，花燭之夜，你我夫妻雙雙了結於含樟樹下，表示我對明朝的一片丹心。

長平：駙馬，你此話當真？

周世顯：當然是真的，豈能有假？

長平：果然本宮沒看錯人。」

〔註69〕謝培竺：《長平公主》第二場。

〔註70〕粵劇中的長平：「世顯，所謂天有不測風雲，人有霎時禍福，你對於呢一陣狂風，到底有何感受呢？」世顯：「公主，世顯為表明心跡，願把詩酬。合抱連枝倚鳳樓，人間風雨幾時休。在生願為鴛鴦鳥，到死如花也並頭。」長平讚介：「亂世姻緣要經風雨，得郎如此附何求？生時不負樹中盟，何必張皇驚日後。」見唐滌生：《帝女花》第一場《樹盟》，頁48。

周世顯則是明言希望能夠保護公主、永遠相伴，而公主也如此希望。又如第三場在金殿上，公主領受紅羅以後，雖然要赴死，但不同於其他長平公主的決然，這個版本的長平公主在周世顯幾番呼喚下，又轉身向他走去，兩人抱在一起而崇禎看在眼裡心也不忍。

> 紅羅三尺了紅顏，回首再望駙馬面。且忘今生鴛鴦情，命運捉弄哀
> 蒼天。〔註71〕

雖然也勸駙馬忘記他，要他把自己拋擲，但兩人還是難捨難分。等到了第五場，身在庵觀的公主又記起了駙馬〔註72〕。有趣的是，這段唱詞刪除了國破家亡與父母殉難的唱詞，更多的是著墨於愛情之上。

　　兩人終於相認以後，到了第六場，兩人預計要破鏡重圓，等待之時，長平公主與高瑞蘭姊妹談心，長平說道：

> 長平：妹妹呀。【梳妝台】如今就像夢相逢，珠筆二點鴛譜中。
>
> 長平：有勞妹妹了。如今算是雨過天晴，破鏡重圓。【開金扇】明
> 朝宮花遭險危，如今險境隨波退。慢理雲鬢點胭脂，等候花轎來

〔註71〕「周世顯：公主，公主……。
　　　　長平：駙馬……。
　　　　周世顯：公主……。
　　　　長平：駙馬……。
　　　　周世顯：公主……。
　　　　長平：駙馬——
　　　　周世顯：公主——
　　　　周世顯：妻啊……【金指歌】相望痛楚淚斑斑，痛別離淚滿宮衫。夫何顏面
　　　　自偷生？黃泉路你我走一番。公主。妻啊。你可有聽過『執手生容易，相看
　　　　亡更難』。
　　　　長平：紅羅三尺了紅顏，回首再望駙馬面。且忘今生鴛鴦情，命運捉弄哀蒼
　　　　天。
　　　　周世顯：公主——
　　　　長平：駙馬——
　　　　周世顯：妻——
　　　　長平：駙馬——」見謝培竺：《長平公主》第三場。

〔註72〕「【紅樓夢】孤清清路靜靜，怎奈受斜雪峰欺凌。鴛鴦劫後染傷情，餐風續雨
　　　　保殘命。心好似月掛銀河靜，身好似夜鬼誰認。劫後弄玉怕簫聲，連理難以
　　　　同命人，誰憐駙馬杠有含樟樹盟定。
　　　　老道姑已經在數月前不在人世，寺內新來的住持，他完全不知我的身分，如
　　　　今在這維摩庵中只有慧清，長平公主從此消失在這世間。不求樂昌圓破鏡，
　　　　只憑魂夢哭皇陵。只盼此生永伴青燈下。」見謝培竺：《長平公主》第五場。

迎娶。〔註73〕

如果稍加思考，此處或許是個應當修改的地方，因為前段公主為了不被出賣，一心避世而小心翼翼，此處若說等候花轎來迎娶稍微張揚了些。此外，長平公主自言等候花轎迎娶是粵劇版本中沒有的，也與粵劇版本長平公主的性格不同，《長平公主》中的公主是更期待愛情的。

二、周世顯

（一）憂國愛民

本劇的周世顯承襲粵劇，在前段憂國愛民並不明顯，僅「微臣秉承天子重文豪之意，萬不料盛世會起波瀾。」〔註74〕一句稍微提及。且在第二場與公主緣訂之時，因為刪除了作詩〔註75〕表心跡的情節，故爾也沒有公主欣賞讚曰「亂世姻緣要經風雨，得郎如此復何求。生時不負樹中盟，又何必張皇驚日後。」〔註76〕等語。

（二）忠君愛國

《長平公主》基本仍是承繼了粵劇版本，也有願為崇禎以身替難的台詞〔註77〕，在第五場庵遇時，上場時也有唱段：

> 【都馬調】飄零猶似斷蓬船，誰解我萬般痛心肝。哭此日山河易主，痛先帝難保社稷朝綱換。冷冷雪蝶尋梅嶺，曲終弦斷劫皇城。有誰還記得悼崇禎？燈昏樓空殘夢醒。不知不覺來到維摩庵，不如入內祈求佛祖庇佑，我能早日找到公主。【平板】釵分玉碎想殉身歸幽冥。帝后屍首碧血積荒徑。〔註78〕

〔註73〕謝培竺：《長平公主》第六場。

〔註74〕謝培竺：《長平公主》第三場。

〔註75〕「合抱連枝倚鳳樓。人間風雨幾時休。在生願作鴛鴦鳥。到死如花也並頭。」見唐滌生：《帝女花》第一場《樹盟》，頁48。

〔註76〕唐滌生：《帝女花》第一場《樹盟》，頁48。

〔註77〕「父王。煤山三十里外有雙塔寺從小路可通往宣府門，請父王你趕快逃走，世顯我願替父王一死。」

〔註78〕這一段在粵劇中是「我飄零猶似斷蓬船，慘澹更如無家犬，哭此日山河易主，痛先帝白練無情。歌罷酒筵空，夢斷巫山鳳，雪膚花貌化遊魂，玉砌珠簾皆血影。幸有涕淚哭茶庵，愧無青塚祭芳魂。落花已隨波浪去，不復有粉剩脂零。冷冷雪蝶臨梅嶺，曲中弦斷香銷劫後城。此日紅閣有誰個誰個悼崇禎。我燈昏夢醒哭祭茶亭。釵分玉碎想殉身歸幽冥。帝后遺骸誰願領。碧血積荒徑。」

這一段改自粵劇版本，只是側重點不同。粵劇版說「我飄零猶似斷蓬船，慘澹更如無家犬」更為淒涼；客家戲版唱「誰解我萬般痛心肝」則心痛更明顯。粵劇版說「哭此日山河易主，痛先帝白練無情。」痛崇禎對長平公主下殺手；客家戲版則改為「痛先帝難保社稷朝綱換」痛改朝換代。

當公主尚在人間之事破，周世顯痛斥高氏父子[註79]，也可看出他品格高尚。在第六場公主以為周世顯見利忘義，以為他魚目混珠時，周世顯解釋道：

【平板】我何嘗不願守節將國保？我非是負心心中苦奈何。你聽我抱負凌雲志氣。犧牲情分代價高。

【轉平板什唸仔】我並非貪圖這駙馬郎，早早就把這暗計想。太子被捉禁在地牢中，父王屍首未曾先葬。此番若能回宮堂，心中早已細思量。一要父王皇陵先安葬，二要開枷將把太子放，我上表陳書泣哀傷，好比銀針刺心腸。好比千刀萬剮碎身骨，【轉平板偉[註80]】為了招安討清帝不知我將刀藏。[註81]

這一段改動的地方較大，是為了突顯周世顯的勇與謀。原來粵劇中周世顯說道「聰明如清帝，狂士未糊塗，施恩欲買前朝寶，帝女何妨善價沽」[註82]在說自己的計謀以前，提醒長平仔細思量，更說她「公主，我知你一世聰明，我所講嘅[註83]說話你已經心領神會咧。」[註84]更顯得公主聰明，而周世顯除了聰明，更是知心之人，他懂得公主的心理。

客家戲的更動之處還有周世顯想要奪回大明江山。當公主聽了周世顯的

[註79]「就算我自命清高又如何？就算我是前朝駙馬也無妨。總比你這貪圖富貴之徒，還有你這只知道利益的叛徒，來得有尊嚴。」

[註80] 疑為「尾」，影片字幕似有錯漏。

[註81] 謝培竺：《長平公主》第六場。

[註82]「銀簪驚退可憐夫，待把衷懷和淚訴，聰明如清帝，狂士未糊塗，施恩欲買前朝寶，帝女何妨善價沽，眼前只剩一段姻緣路，哭先帝桐棺未葬，哭太子被虜皇都。若得帝女花，肯重作天孫嫁，先帝可回葬皇陵，免太子長歸臣虜。公主，清帝派來十二宮娥，雖然身著明服，仍是清室之人，我之所以假做負恩者，無非怕洩漏風聲，難成大事啫。」見唐滌生：《帝女花》第五場《上表》，頁128。

[註83] 粵語「嘅」為書面語「的」之意。

[註84]「……想前朝骨肉何只帝女一人，望公主上表清帝，世顯願捧表上朝。事若可成則舊巢重返。倘若難成大事，我當以頸血濺宮曹。」見唐滌生：《帝女花》第五場《上表》，頁129。

衷心以後，嘆息自己已經是殘花，沒有能力成大事〔註85〕。周世顯道：

> 公主，這就是我願意回到宮中，為了國仇家恨，就算受人辱罵我也
> 不怕。公主，就請你修下表章我代送上朝。事情若能成就能重返宮
> 內，救太子安葬父王後，就是要想盡辦法奪回大明江山。〔註86〕

這版的周世顯真的有凌雲志氣，卻不免令人感到不切實際。粵劇的公主雖然
也處於被動，但她對於周世顯所說的話真的已心領神會，故而在周世顯說要
以頸血濺宮曹後，說他雖有驚世之才，但自己決不侍奉二朝，雖未言明，但
她是肯定周世顯的計策的；客家戲版的公主則不然，她在上一段引文之後說
「大勢已去，滿朝文武早已歸降清室。」〔註87〕並不認為周世顯要奪回江山
可行，此時周世顯說若不成則願血濺宮牆，長平才說「決不侍奉二朝」〔註88〕，
但說了這句話，倒好像認為周世顯想要反清復明的大業可成。當公主講了此
話以後，周世顯說道：

> 公主。倘若你不願入朝，清帝怎會有可能中下暗計？我也和你一樣
> 不願名節受辱，望在清宮事成之日，花燭之夜，你我夫妻雙雙了結
> 於含樟樹下，表示我對明朝的一片丹心。〔註89〕

這一段話基本是改自粵劇原作，唯一的問題是原作最後一句話是「我夫妻雙
雙仰藥於含樟樹下，節義難污。」意思是兩人的節義很難被污，因為公主誓
不事二朝，周世顯故有此語；而客家戲版或是為了突顯周世顯的人格特質，
除了讓他說「為了招安計，清帝不知我將刀藏」突顯他的智謀，「想盡辦法奪
回大明江山」突顯他的一片忠貞之外，又說「你我雙雙了結於樹下，表示我
對明朝的一片丹心」，雖是要突顯他的丹心。

（三）聰敏機智

自古多才子佳人故事，女主角公主聰慧機敏，男主角周世顯若不能相襯，
便會顯得兩者不登對，因此周世顯這方面的形象必須要足夠。本劇基本延續

〔註85〕「想我長平如今只是前朝殘花，何來能力將父王救出，將父王陵墓安葬？」
此處與粵劇版不同，粵劇版的公主說「想帝女花曾遭百劫，重有乜嘢力量救
太子於囚籠，安先帝於陵墓。」見唐滌生：《帝女花》第五場《上表》，頁129。
〔註86〕謝培竺：《長平公主》第六場。
〔註87〕謝培竺：《長平公主》第六場。
〔註88〕謝培竺：《長平公主》第六場。
〔註89〕謝培竺：《長平公主》第六場。

了粵劇的安排，可惜的是刪除了《上表》全部內容，改由太監一名宣讀詔書便過場了，因此見不到他在金殿上與清帝周旋的戲碼。〔註90〕

（四）對愛情的態度

愛情戲也是長平公主故事的看點之一。黃燮清傳奇中的周世顯很是深情，對公主呵護有加；唐滌生的周世顯，因為深情便癡情；客家戲《長平公主》的周世顯對於感情的表達也很顯白，如第二場鳳台選婿，公主賜他一杯酒，他接過後言道「我真情意明月斗量」〔註91〕這是前幾作都沒有的直白說話。後來公主問：

> 長平：周世顯。
>
> 周世顯：公主。
>
> 長平：你可知道，這棵含樟樹對本宮來說有何意義？
>
> 周世顯：我不知道此樹對公主的意義有多麼深重，不過此生我願與此樹一樣，長在這月華殿前保護公主，永伴相隨。
>
> 長平：周世顯。希望你以後能與含樟樹一樣，永陪在我身旁。

將心中所思的愛意宣諸於口，也是前幾作之所未見。粵劇中周世顯吟詩〔註92〕證明心跡，這裡的周世顯則是明言希望能夠保護公主、永遠相伴，而公主也如此希望。又如第三場公主領受紅羅以後，與駙馬兩人相喚而不能死：

> 周世顯：公主，公主……。
>
> 長平：駙馬……。
>
> 周世顯：公主……。
>
> 長平：駙馬……。
>
> 周世顯：公主……。
>
> 長平：駙馬——

〔註90〕此安排與任白電影版雷同。

〔註91〕「謝公主玉手賜瓊漿，我真情意明月斗量。甘露未足玉杯最為奇，最難得是眉目兩併相。彩鳳遮紅亦擁翠，經以蘭麝香飄微。未接玉杯香先透，但求鳳台燭透尾。」謝培笙：《長平公主》第二場。然而他們並無感情基礎，首次相見還先唇槍舌劍，因此這「真情意」源自何處，不免有些奇怪。

〔註92〕粵劇中的長平：「世顯，所謂天有不測風雲，人有霎時禍福，你對於呢（這）一陣狂風，到底有何感受呢？」世顯：「公主，世顯為表明心跡，願把詩酬。合抱連枝倚鳳樓，人間風雨幾時休。在生願為鴛鴦鳥，到死如花也並頭。」長平讚介：「亂世姻緣要經風雨，得郎如此復何求？生時不負樹中盟，何必張皇驚日後。」見唐滌生：《帝女花》第一場《樹盟》，頁48。

周世顯：公主——

周世顯：妻啊……。【金指歌】相望痛楚淚斑斑，痛別離淚滿宮衫。夫何顏面自偷生？黃泉路你我走一番。公主。妻啊。你可有聽過「執手生容易，相看亡更難。」

長平：紅羅三尺了紅顏，回首再望駙馬面。且忘今生駕鴛情，命運捉弄哀蒼天。

周世顯：公主——

長平：駙馬——

周世顯：妻——

長平：駙馬——〔註93〕

兩人在金殿之上難分難捨，對於情感的表露比前幾作都還要顯白。當崇禎拔劍欲斬長平，周世顯喊著「父王不可」在其中周旋阻止，甚至直接推開，也與其他版本不同。又如第五場唱道「釵分玉碎想殉身歸幽冥。帝后屍首碧血積荒徑。」〔註94〕因為公主在他眼前被崇禎拔劍殺死，他與公主分離，也想殉愛。不過，劇本令人感到奇怪的是，第三場周世顯親眼見公主被斬倒地，第四場刪除了到高府乞屍的戲碼，在第五場卻又說希望能早日找到公主〔註95〕，在看到道姑打扮的公主時又唱道「公主詐死避世間」〔註96〕，雖有高小姐云「有緣生死能相會，無緣對面不相逢」〔註97〕如果知道公主已死，甚至是「投

〔註93〕謝培竺：《長平公主》第三場。

〔註94〕這一段在粵劇中是「我飄零猶似斷蓬船，慘澹更如無家犬，哭此日山河易主，痛先帝白練無情。歌罷酒筵空，夢斷巫山鳳，雪膚花貌化遊魂，玉砌珠簾皆血影。幸有涕淚哭茶庵，愧無青塚祭芳魂。落花已隨波浪去，不復有粉剩脂零。冷冷雪蝶臨梅嶺，曲中弦斷香銷劫後城。此日紅閣有誰個誰個悼崇禎。我燈昏夢醒哭祭茶亭。釵分玉碎想殉身歸幽冥。帝后遺骸誰願領。碧血積荒徑。」，頁96。

〔註95〕「不知不覺來到維摩庵，不如入內祈求佛祖庇佑，我能早日找到公主。」謝培竺：《長平公主》第五場。

〔註96〕「奇怪，為什麼那位道姑長得與長平公主如此相像？難道……【平板什念】公主詐死避世間，改換道裝素容顏。暗中心內細思量，高家小姐道一言。〔白〕高家小姐曾經對我說過，有緣生死能相會，無緣對面不相逢，想必此是內有蹊蹺。」謝培竺：《長平公主》第五場。

〔註97〕「奇怪，為什麼那位道姑長得與長平公主如此相像？難道……【平板什念】公主詐死避世間，改換道裝素容顏。暗中心內細思量，高家小姐道一言。〔白〕高家小姐曾經對我說過，有緣生死能相會，無緣對面不相逢，想必此是內有蹊蹺。」謝培竺：《長平公主》第五場。

江而死」〔註98〕又期望找到人，便稍微不合理了，但對劇情無太大影響，這樣的情況在地方戲曲中不算罕見。

三、崇禎皇帝

（一）悲嘆興亡

本作雖是從粵劇所改，形象差不多，但崇禎的形象還是有些許不同。編劇將一些台詞刪改，意思便與粵劇原作的不同了：

> 崇禎：【漫漫春宵】中宮悶飲嘆時難，戰耗驚傳拋玉盞。兩行熱淚伴龍顏，登臨怕上兔兒山。〔註99〕

於粵劇版本，崇禎還說道百官同懶散，養文官武官都沒有什麼用的話，於本作無。崇禎接著嘆了一口氣：

> 崇禎：唉。
> 皇后：萬歲，今日雖然沒有任何改變，不過仍能閉關自守。太子也已經撫軍南京。穩王定王，臣妾已經交付嘉定王府周奎暫時撫養。萬歲你又何必長嘆呢？〔註100〕

沒有任何改變仍是正值亂世，崇禎長嘆是因為長平公主。帝后接著談起了為長平公主選定駙馬之事，並將周世顯宣召上殿，封為駙馬，卻不想高寶倫衝人，稟報說曹化淳偷開彰義門。崇禎此時嘆道大勢去矣。

（二）舐犢情深

客家戲《長平公主》改編自粵劇《帝女花》，其中情節相仿，相去不遠。不過，若仔細對照，仍有些不同。如粵劇中的崇禎皇帝之催粧是出於愛憐，客家戲中刪除了相關說白，因而削減了一些感情力道。如：

> 崇禎：梓童。孤王此生所愛的就是長平公主，只怕時逢世亂，天禍紅顏。

〔註98〕「長平：想必是一定要來找我的事情被人發現，一定是有人去高府密報。不可以，駙馬我想，你與我不能在這久留。
周世顯：公主，奇怪，我想到為什麼我到高府去找高大人，說你已經投江自盡，這到底是怎麼回事？」謝培笠：《長平公主》第五場。
〔註99〕這句在粵劇原是「中宮悶飲嘆時艱，戰耗驚傳拋玉盞。只剩得兩行酸淚伴龍顏。此日乾清百官同懶散。唉，登臨怕上兔兒山。養文官，帷幄嘆無謀，拳武夫，沙場難勇猛。」，頁55。
〔註100〕謝培笠：《長平公主》第三場。

> 皇后：萬歲。禮部已為長平挑選駙馬，從七百名之中挑中太僕之子，
> 已經由高卿家帶領周世顯覲見公主，但不知能否得到公主賞識。萬
> 歲，【五更歌】愛女今在月華殿，殿前設下求鳳宴。烽火歲月干戈起，
> 順招駙馬唯心願。
>
> 崇禎：梓童，孤王也有意望愛女早日落葉歸根。〔註101〕

其後賜下紅羅的崇禎，臉上寫滿了不捨，看見公主與周世顯依依難別，因不
忍而轉身。粵劇版本的崇禎是拋下紅羅便暈厥，此處的崇禎是不忍看有情人
生離死別，雖然都是因為愛女兒有的反應，不過相較起來，粵劇版本的崇禎
更顯深刻。後來，崇禎在殺了長平公主後，說道：

> 皇女長平，你莫要怨父王，只恨今生你出生在明朝皇室。若是有緣，
> 你我再續父女之情。〔註102〕

若是有緣分，再續父女之情，這一句話則是前幾個版本都沒有的。

（三）夫妻情義

本劇的崇禎皇帝有一個與其他兩作不同的特色，在第三場賜死皇后之時，
他對皇后說道：

> 你。紅羅伺候。九泉之下你先去，等待孤王長相隨。〔註103〕

傳奇中的崇禎對於后妃之死痛煞肝腸，甚至哭倒於地〔註104〕；粵劇版本的有
「含淚揮淚對后妃」，也有「泉台有路汝先行」之句，但不像這個版本的崇禎
這樣，對皇后有一個口頭的承諾，要她在九泉之下等他到來，長相陪伴。而
《紅綾恨》的崇禎這方面雖有猶豫，但對周后沒有這樣的承諾；《帝女·萬歲·
劫》中的崇禎更是直言「她們不用走了」，讓王承恩到各宮宣旨賜死。

四、周鍾（高昇）：賣主求榮

《長平公主》改自粵劇版本，其中保留了周家老小的角色，只是將名字
改換，將周鍾改為高昇，因此其兒女也跟著改姓。編劇謝培竺說，這樣的改
動是因為周並非客家常見姓氏，故而改為高。〔註105〕

雖然是改編粵劇版本，但這個高昇與粵劇的周鍾並不相同。周鍾救公主

〔註101〕謝培竺：《長平公主》第三場。
〔註102〕謝培竺：《長平公主》第三場。
〔註103〕謝培竺：《長平公主》第三場。
〔註104〕黃燮清：《帝女花》第五齣《割慈》，頁104。
〔註105〕與謝培竺信件訪談內容。

時，還沒想到要賣主；高昇救公主時，便已經「心內有主張」，至第四場時，還有此語：

> 【糶酒腔】計謀暗暗心中藏，為保官位細思量，事情一切若妥當，榮華富貴我盡享。〔白〕我說兒子，這回多虧你想出這樣的計謀，父親我才有可能繼續守著我的金山銀山，也好險當時為父我聰明，將長平公主帶回家中。〔註106〕

也可證明他將公主帶回家中是不安好心的，與粵劇的周鍾相比，沒那麼有人情，心機城府也深一些，但劇情到他帶周世顯去迎鳳為止，其實戲分並不多。高寶倫與高瑞蘭也如粵劇版本的一樣，然而高瑞蘭卻沒有周瑞蘭那樣，敢於罵父兄。

小結

以上梳理了各個版本長平公主的重點性格特質：憂國愛民、忠君愛國、聰敏機智以及對愛情的態度。

關於憂國愛民，《紅綾恨》的公主感觸更深，煩憂更為明顯。她也將嫁妝充作軍費，也恨自己不是巾幗將，此與傳奇中的公主相同；《帝女‧萬歲‧劫》中的長平公主較無著墨於對國家的擔憂；《長平公主》保留了粵劇「憂國心難平賊患」一句，其他更無著墨。

忠君愛國的部分也各有特色，《紅綾恨》的公主與粵劇版本的相似，看重忠孝，意志堅決、果斷。只是不若粵劇版的公主，《紅綾恨》的長平公主深知民隱以及崇禎的錯誤；《帝女‧萬歲‧劫》中的長平公主雖然也認為要盡忠孝，後來卻被忠孝困於清殿之上；《長平公主》大體而言，長平公主不願被賣，誓不入清室之心與前幾個版本無異。不過，因為這個版本刪去很多人物，且有許多粵劇有而此作沒有的東西，使得客家戲版無法交待得如粵劇那般清楚。

關於聰敏機智，《紅綾恨》的公主基本延續了粵劇版本的聰慧；《帝女‧萬歲‧劫》中沒有駙馬一角，因此沒有鳳台選婿的戲，無從得見公主是否有文采，也不知她是否機智。清末時，公主上殿甚至是被周奎哄騙的；《長平公主》大體是照著粵劇的安排而走的，只是不如粵劇版本豐滿。因為刪改之故，人物性格上有些前後不連貫的地方。

〔註106〕謝培笁：《長平公主》第四場。

關於對愛情的態度，《紅綾恨》則雖然一樣無求偶意而無奈被催粧，但她是要故意嚇走對方才出言相譏的，情感出發點與粵劇版不同；不過《紅綾恨》對於公主愛情的描寫更多，也更顯白，《庵遇》時將對駙馬的思念都宣洩於口，甚至呼喊於他，情感更豐富；《帝女‧萬歲‧劫》因為沒有駙馬一角的關係，全劇對於愛情的描寫都出於公主的自思自嘆；《長平公主》第三場在金殿上，公主領受紅羅以後，在周世顯幾番呼喚下，又轉身向他走去，兩人抱在一起。雖然是改編自粵劇《帝女花》，不過《長平公主》對愛情的描寫較原作更多。

雖然戴淑茵認為唐滌生的長平公主跟霍小玉是的新女性形象，反映了1950 年代香港女性的抬頭與獨立自主。〔註 107〕當然，若以長平公主的形象來代表新女性，似乎可行，但是長平公主一角的抱負，實際上仍與傳統男子的抱負相似。然則雖是一種新穎的形象，卻脫離不了傳統，若以女性主義〔註 108〕觀之，長平公主的形象則可能難以單純算是女性形象。如王安祈在《性別、政治與京劇表演文化》第四章提到為何未將郭小莊納入討論之中：

> 郭小莊具有強烈的使命感，非常重視戲劇的教化功能，強烈期望自己每一部戲，都能為端正社會風氣做出正面貢獻，希望自己積極奮鬥為京劇付出一切的形象，能和劇中人形象貼合。因此，郭小莊一再在戲裡塑造超越男性的傑出女性，大義凜然可歌可泣的事，價值觀和男性並無不同……本書仍將雅音新戲，歸入傳統的價值觀中。〔註 109〕

雖然長平公主是一個不同於傳統女角形象的角色，卻仍然包裝著傳統的價值觀，因此用以代表新女性是否合適？又長平一生籠罩在父權之下，生也離不開，死也由此死，全劇從頭至尾，大概只有她認了駙馬，願意與他破鏡重圓這一段是她真正為自己做的選擇。

至於各版本周世顯的重點性格特質：憂國愛民、忠君愛國、聰敏機智以

〔註 107〕戴淑茵：《1950 年代唐滌生粵劇創作研究》，（香港中文大學民族音樂學課程哲學博士論文，2007 年 11 月），頁 86。

〔註 108〕女性主義：feminism。顧燕翎：「『女性主義』一詞起源於十九世紀法國，意指挑戰男尊女卑傳統的婦女運動，因離經叛道，長期受主流社會冷眼相待，直到二十世紀後期才得以翻轉，受到較正面評價，而將中止女性的附屬地位或者建立女性主體性的種種作為統稱作女性主義。」見顧燕翎主編：《女性主義理論與流變》，（臺北：貓頭鷹出版，2019 年），頁 6。

〔註 109〕王安祈：《性別、政治與京劇表演文化》，（臺北：國立臺灣大學出版中心，2011 年），頁 147。

及對愛情的態度，唯《帝女‧萬歲‧劫》沒有周世顯一角，因此略而不提。

關於憂國愛民，《紅綾恨》周世顯的憂國愛民之心非常明白顯露，他作了一首〈可憐荷鋤翁〉陳民隱，這首樂府變成他與公主互為知音的關鍵；《長平公主》一劇的周世顯承襲粵劇，在前段憂國愛民並不明顯。

而關於忠君愛國，《紅綾恨》基本上也承繼了粵劇的周世顯，但仍有不同。在《庵遇》相認時，周世顯告訴公主這一年來他隱姓埋名，奔東南扶保南明；《長平公主》一劇的周世顯承襲粵劇，但有所增添，編劇將試圖突顯他的高貴志氣，卻令他有些不切實際。

關於聰敏機智，《紅綾恨》周世顯的文才，除了〈可憐荷鋤翁〉一曲，就是《庵遇》時的臨場反應，這一點自唐滌生粵劇開始便基本相同，只是台詞不同；《長平公主》基本延續了粵劇的安排，可惜的是刪除了《上表》全部內容，改由太監一名宣讀詔書便過場了，因此見不到他在金殿上與清帝周旋的戲碼。

至於對愛情的態度，《紅綾恨》中的周世顯並不似前二作一樣癡情，但心中還是有公主這個紅顏知己的；客家戲《長平公主》的周世顯對於感情的表達也很顯白，對於情感的表露比前幾作都還要明顯。

蘇雋說：

> 粵劇《帝女花》，堪稱任白戲劇經典之中的第一經典，也是唐滌生為任白創作的戲劇作品中，為數不多的以男主角的行動來推動戲劇發展的劇作之一。這一獨特性，未認見揮的表演提供了獨特的空間，也使其「決斷」表演風格得以最大化發揮，周世顯一角作為男性的剛烈、果斷、重情義、有氣節、有謀略的性格優世得以全面展示，在任劍輝塑造的人物畫廊中增添極其亮麗的一筆。〔註110〕

認為任劍輝的憨態與決斷兩種表演特色，取決於劇本內容，當男主角處於從屬狀態，則會出現憨態；當男主角處於主導時，便會展現出決斷。而周世顯在劇中處於主導地位，因而處處有決斷，而這樣的表演因為劇情而得到了最大化的發揮。而在《帝女花》中求愛時，周世顯則「看不到柳夢梅或李益的那種輕佻」〔註111〕。的確，從任白電影版中看任劍輝在《樹盟》時的表演方式，

〔註110〕蘇雋：〈論任白戲寶中男主角的「主導」與「從屬」〉，收錄於黃兆漢主編：《驚艷一百年：2013 紀念任劍輝女士百年誕辰粵劇藝術國際研討會論文集》，（香港：中華書局，2013 年），頁 387。

〔註111〕蘇雋：〈論任白戲寶中男主角的「主導」與「從屬」〉，收錄於黃兆漢主編：《驚艷一百年：2013 紀念任劍輝女士百年誕辰粵劇藝術國際研討會論文

從周世顯思考要如何回答公主的「未見其誠，益見其短」〔註112〕到他回答「我雖無經天緯地才，卻有憐香惜玉意」是不輕佻的，還展現出為人受到羞辱時的氣節。這一法度，也能在龍劍笙的表演中看到傳承。《紅綾恨》版的周世顯，因為劇本關係，他不像粵劇的周世顯有意求凰，而是無奈被選中，只好來走個形式，因而在這一點上有另外的發揮，但不脫離士人遭受羞辱時的氣節。而在客家戲中的周世顯，很明顯的與粵劇版的不同，他不但在想出如何回覆公主時表現出一種挑釁的表情，在說「憐香惜玉」時也有一種輕佻的感覺，這是一種很直接的表演方式，也可見對周世顯性格之把握是不同的。

這些形象不同的角色，背負了各自的責任，尤以主角長平公主最為明顯，因為不管是哪一齣劇作，劇名所講的都是長平公主這個人：《紅綾恨》的紅綾是就是公主本人。公主與周世顯緣訂以後，她只要三尺紅綾証同心。原以為婚後夫妻可以同心協力幫助君父治理國家，一同迎向海闊天清；然而在大婚之日，國破家亡，豈不憾恨？《紅綾恨》的長平公主背負著編劇與主演想要向社會傳達一些理念的責任，因此她感傷國事，在自己有限的能力內慷慨助民、贊助軍餉，讚揚忠臣、批判小人。

《帝女‧萬歲‧劫》劇名包含了三件事，第一是長平公主，第二是萬歲，劇中又有兩個萬歲，一個是崇禎，另一個是清帝；第三是劫，像徵著帝女遭受劫難，而此劫難源自於萬歲。本劇的長平公主是一個形象傳統的人，她沒見過駙馬，卻心心念念著他，身上背負著忠孝禮教教條，而這些自身分與君父而來的教條，將她束縛住了，也將她推向了另一個劫難——清帝。

《長平公主》的劇名就更顯白了，而本劇除了第一場戲及第七場過場戲以外，長平公主都有出現，戲份很重。她的形象基本是按照粵劇的來做改編，然而又與粵劇不同，雖然她也背負著忠孝的重擔，但顯然她比粵劇的公主更重視愛情。

關於這三部戲曲的人物塑造之對照，可參附表八。

集》，（香港：中華書局，2013 年），頁 388。
〔註112〕電影版台詞。

第四章　臺灣帝女花的戲曲藝術

　　前章論述了帝女花戲曲的人物形象，可知大部分的長平公主與周世顯的人格特質是雷同的，他們都憂國愛民、忠君愛國並且聰敏機智，但是對於愛情，唐滌生的周世顯顯然比長平公主更加痴情；而《紅綾恨》的公主與駙馬，兩人的感情始於「知己」，更在國破家亡後「心中已無兒女情」，剩下的是古云「士為知己者死」的情操；《帝女・萬歲・劫》只剩下公主一人，她對於愛情的想望，比粵劇、京劇的都還濃，然而駙馬始終只存在於她的口中，她思想駙馬，卻又被思孝束縛，情感矛盾。

　　本章分為三個部分，分別為曲文說白、舞台美術及主題思想等四節，以此探討臺灣帝女花戲曲的戲曲藝術。

第一節　曲文說白

　　曲文與說白對於戲曲而言是不可拆分的部分，有戲有曲就有詞，詞曲的優美能影響一部作品，以下分節述之：

一、《紅綾恨》

　　相較於前兩作，一個哀婉頑豔，一個典雅中帶有通俗，《紅綾恨》雖不及黃燮清傳奇的文詞悽切，卻也有自己的特色。例如宛如紅娘一般的〈可憐荷鋤翁〉一曲：

> 三月無雨遭大旱，九月霜降秋早寒，麥苗盡枯多黃萎，禾黍未熟俱青乾，可憐荷鋤翁，為納官租賣兒男！

新來官長也愛民，那信民家如此貧，上書朝廷陳民隱，朝廷依舊命催徵，可憐荷鋤翁，為避官租天涯奔！官久漸覺人命輕，耳熟不聞民悲啼，人心惶惶紛逃竄，從此國中盡亂離，可憐荷鋤翁，有家不得歸！可憐荷鋤婦，呼兒喚夫、淚盡聲已嘶！淚盡聲已嘶！〔註1〕

整整二十多句，模仿民歌形式，陳訴黎民百姓在國家昏暗下的痛苦生活，文字質樸，公主彈琴自唱，旋律悠緩，帶有哀思。又在第五場《避禍》中，公主與田小姐要逃往蓮花庵去，公主唱的一曲流水：

此身已是無家客，偏要奔波復顛連，望天涯，去路斷，悠悠大地何茫然，今生從此多劫難，怎得一方把身安，縱有庵堂暫得棲，飄零仍似斷篷船，一路行來屍踏遍，觸目驚心好慘然。〔註2〕

一路奔逃，一路皆是因戰亂而死的屍骸，國沒了，養在深宮的公主此身已是無家客，面對要被出賣，她只能暫找棲身處，即便找到一個暫時可棲身的地方，作為亡國帝女，她飄零仍似斷篷船〔註3〕，這一曲中，屬這兩句最能寫出公主由一個父母寵愛的女兒霎時變成隨風飄零的落葉，不知自己將何往，將何去。

於第六場《庵遇》中，歷盡一年滄桑的公主，在雷雨交加的中秋夜山林中，獨自挑柴，忍受風霜。思想起自己已無家無國，哭唱道：

一年滄桑都歷盡，思駙馬念幼弟珠淚暗吞，問蒼天江山可能再重整？問蒼天故人可得再重逢？滿懷抑鬱無處伸，且借這雨橫風狂山深地僻訴我悲情。御弟、世顯、夫啊！仰面問天天無語，低頭告地地不聞，收拾起悲酸事一肩擔承，默無言進庵堂依然是黃卷青燈。
〔註4〕

受到新來住持欺負的公主，不免一霎時七情俱已味盡，悲從中來，滿懷抑鬱即便問蒼天也得不到答案。這一段在演出時，搭配著昏暗的燈光，悲戚的音樂以及郭小莊悲切的唱，渲染力十足。

姚朋〈姚序——紅綾恨〉寫認為全劇精華在第五場《避禍》中的「恍惚間依然是承歡膝前，只見那冷月無聲映窗欄」公主唱出的情無以堪的悲。而

〔註1〕王安祈：《紅綾恨》第一場《緣訂》，頁63。
〔註2〕王安祈：《紅綾恨》第三場《避禍》，頁80。
〔註3〕此句化用唐滌生作，原來是周世顯在《庵遇》時唱的。
〔註4〕王安祈：《紅綾恨》第六場《庵遇》，頁82。

公主這句「心中已無兒女情，再回頭已似百年身」是全劇的眼，《哭殿》則是全劇高潮所在。〔註5〕

　　固然，當山河易變，改朝換代，無家無國經歷劫難後，又有何心情再面對愛情？劫難中能保存性命已屬不易，安身立命尚不可得，又何來心思放在兒女情呢？因此，這一句韻白確實如他所言有畫龍點睛之妙。

二、《帝女‧萬歲‧劫》

　　不同於其他《帝女花》劇作，《帝女‧萬歲‧劫》可以算是一個新的故事，在曲文安排上，雖有承襲前作詞文之處，然而劇情安排上頗有互相映照與諷刺的對比之感。

　　如一位操偶演師在首尾處，手操弄著一生一旦的偶，用輕快的曲調唱著：

> 月光光，駙馬郎，騎白馬，過洞房，白馬亂亂衝，跋一個撞墓壙，
> 哎喲駙馬郎！〔註6〕

文字質樸，曲調輕快有趣，而他所唱的內容，卻是全劇完全無發生的情節。安排在長平夢囈之後，代表長平公主的姻緣夢；安排在劇末，則是一種對長平公主無奈的反面襯托。

　　其實全劇中的詞文，與前幾作相比是更質樸的，全劇最典雅的，只有公主在敲打木魚時這段：

> 摧殘梧桐、朝來寒雨晚來風，收拾虛妄、方知繁華一旦空。〔註7〕

上半句是化用李後主〈相見歡〉一詞「無奈朝來寒雨晚來風」，公主國破家亡，山何易主無限悲哀，孤身一人棲身在庵觀，暗示公主「人生自世長恨水長東」；又李後主令一闋〈相見歡〉中有「寂寞梧桐深院鎖清秋」，後有「剪不斷，理還亂，是離愁，別是一番滋味在心頭」之句，也頗能映照在長平公主身上。

　　本劇可略分為兩段。前段有崇禎與王承恩一搭一唱，王承恩作為跟觀眾溝通的角色，時不時告訴觀眾崇禎的錯誤，是一個特別的角色；後段金殿上清帝鋒芒萬丈，心機蘊藏，言語中雖然有慈悲相，卻藏了刀槍，迫令滿朝文武跟著稱頌於他，氣氛營造頗佳。而最高潮處，當屬清帝挑釁嘲弄堅守大明禮教的長平公主：

〔註5〕姚朋：〈姚序——紅綾恨〉，收錄於王安祈：《國劇新編》，（臺北：行政院文化建設委員會，1991年），頁20。

〔註6〕施如芳：《帝女‧萬歲‧劫》，頁32。

〔註7〕施如芳：《帝女‧萬歲‧劫》，頁49。

> 清帝：哦，駙馬？駙馬！哈哈哈！莫非——（唱）恁曾經花前月下
> 訂三生？
> 長平：（唱）阮不曾花前月下訂三生。
> 清帝：（唱）恁曾經鴛鴦被內雲雨情？
> 長平：（唱）阮還無鴛鴦被內雲雨情。
> 清帝：（同唱）你生死交關伊束手無策。
> 長平：（同唱）我生死交關伊束手無策。
> 清帝：（唱）無緣的駙馬是虛有其名！
> 長平：（唱）你要我入宮是萬死不能！〔註8〕

清帝用長平公主心中的弱點攻訐她，她無言以對只能說「你要我入宮是萬死不能」，清帝完全佔了上風。而且，清帝的前兩句唱詞用比較快的速度唱出來，長平公主地則是拉長，較緩，亦可表現人物的內心：清帝老謀深算的劍攻長平夢中的盾；一個掌握實權，一個只在夢裡叫喚，輸贏立判。

本劇不像前幾作，有的哀婉淒切，有的典雅悲壯，亦不似前幾作中偶有丑角來調劑悲嘆興亡哀。本作所利用的是安插於前後中場的民女與操偶師，民女作為一個旁觀者的角色，讓觀眾暫時脫離劇情，而她的幾段話，頗令人玩味：

> 你們問後來呢？哎喲！欸，人家說「囂韶古，白賊戲」，千萬不要甚
> 迷。是有人說，公主後來遇到駙馬，兩個人同齊吃毒藥，去天上團
> 圓了啦。不過，現在江湖上出現一個尼姑，人稱「獨臂神尼」，大家
> 傳到有影有跡，說她是被崇禎剁斷這隻的長平公主啦，她若不是大
> 明公主，哪得一陣查甫人，和當今的萬歲爺在舞狗舞豬⋯⋯。〔註9〕

用最直白的語言，作為一個旁觀者清的局外人，為前面那些身不由己的劇中人、國破也家亡的達官顯貴們做了一個結尾。

三、《長平公主》

本劇改編自粵劇《帝女花》，基本承襲該作，然曲文有更動之處，有些是為了配合刪減的劇情，有些是為了合乎客家語言，此中有些曲文與說白能看出編劇的手法還不夠純熟，例如第二場周世顯云：

〔註8〕施如芳：《帝女・萬歲・劫》，頁63。
〔註9〕施如芳：《帝女・萬歲・劫》，頁64。

公主。想我初入宮廷當行宮禮。公主是天下女子儀範，怎好一語把
天下男兒汙辱。敢問女有四德又是以何為首？
而長平公主則回答道：

周世顯。善詞令者只適合在前朝與朝臣辯論朝政。倘若以此求於鳳
台。見其誠心未見其醜。〔註10〕

「見其誠心未見其醜」於粵劇中原句是「未見其誠益增其醜」，原來是公主想
設法為難周世顯的話語，卻在此處沒有刁難之意，可能是編劇筆誤，也可能
是演員口誤。

因為這一場刪去「王有事必與帝女謀」之情節，削減了公主對於政事方
面的能力，再加上刪減了公主選駙馬是被父親「催粧」的情節，塑造出一個
似是被寵慣了的公主。而後賜酒時又有公主唱：「【四季春】內侍遞過紫金琲。
翠盤香冷霓裳奏。借一杯瓊漿玉液，為方才嬌氣沖飆。」〔註11〕剛剛的一切
不是為了試探來人的心志，不是如唐劇中的「語出輕浮」，而是「嬌氣」，令公
主的形象跟唐劇有很大的差別。且將甌改為琲，是為了押韻，可惜琲字無有
容器的意思。

又如第三場宦官打開彰義門，江山被出賣時，身為高寶倫言道：「萬歲。
【西路流水】就請萬歲莫心慌，微臣城池來觀看。闖賊兵薄士氣弱，保駕出
宮別宮往。」〔註12〕這一段台詞不合情理，因為天下已亂眾人心知肚明，若
闖軍士氣弱，明朝又何以覆滅？尤其是下接崇禎：「大勢去矣」更顯得奇怪。

此外還有周世顯言道：「父王。煤山三十里外有雙塔寺從小路可通往宣府
門，請父王你趕快逃走，世顯我願替父王一死。」此處用了「逃走」一詞，也
不合適。一般而言，下對上應該不會使用如此直白的詞。

又有長平上金殿以後唱：「父王哪。【怨情調】長平左右乾清探，父王愁
容因何嘆。世顯雙目有淚含，周卿低頭淚斑斑。滿朝宮娥悲聲喚，玉腮紅淚
粉脂殘。憂國心難平賊患，再問父王莫怠慢。」唐劇原句是「十二宮娥低聲
喊」於此處改為「滿朝宮娥悲聲喚」，因粵語的「喊」有哭的意思，因此此處
營造出了不一樣的氣氛：一個是十二宮娥壓低聲音哭泣；另一個是滿朝的宮
娥悲聲呼喚。這樣的更改頗有意思。

〔註10〕謝培竺：《長平公主》第二場。
〔註11〕謝培竺：《長平公主》第三場。
〔註12〕謝培竺：《長平公主》第三場。

當公主領紅羅要自縊時，周世顯道：「妻啊……。【金指歌】相望痛楚淚斑斑，痛別離淚滿宮衫。夫何顏面自偷生？黃泉路你我走一番。〔白〕公主。妻啊。你可有聽過『執手生容易，相看亡更難』。」〔註13〕唐劇原作「執手生離易，相看死別難」頗有意境，此處被改為「執手生容易，相看亡更難」則略不知所云。

第三場將結束時，背景有曲：「【老山歌】明朝江山所滅亡，前朝宮花父弒傷。倖存保命殘花留，高卿心內有主張。」〔註14〕這一段唱詞中的「所」無意，而「弒」用在下殺上，崇禎殺女不該用此字。

又如第五場，公主被發現還活於世上，高氏父子前來跟周世顯說話時，周世顯：「【緊十二月採茶】夷齊扯食周朝栗。怕〔註15〕前朝宮花多志氣，未迎舊鳳入新朝。你喚盡千聲誰敢回。未迎舊鳳入新朝。誰敢回。」〔註16〕此處將原作「夷齊恥食周朝粟」改成「夷齊『扯』食周朝『栗』」失之毫釐差之千里。

又劇末的〈妝台秋思〉變動之處也令人物感情有所變換：

落花滿天遮月光，思想起當時鳳台上。帝女花帶淚上香，在來生回報爹娘。偷偷看偷偷望，他雙眼帶淚暗悲傷。半有驚惶怕駙馬惜鸞鳳配不願殉愛伴我臨泉壤。寸心盼望能同合葬，鴛鴦情比天長，九泉下再設新房，地府陰司裡再尋那平陽門巷。〔註17〕

這裡「鴛鴦情比天長」原來是「鴛鴦侶相偎傍」，一個強調愛情地久天長；一個是亂世之後僅存能互相依靠的家人。

惜花人願殉葬，花燭夜難為駙馬毒酒嚐。江山悲災劫，感先帝恩千丈，與妻雙雙叩問帝安。盼得花燭共偕白髮，有誰願看花燭翻血浪？我誤君累你同落孽網，應當盡禮花燭前深深拜，再合巹交杯墓穴做新房，待千秋歌讚註駙馬在靈牌上。將柳蔭當做芙蓉帳。明朝駙馬看新娘，夜半挑燈探紅妝。地老天荒情鳳永配癡凰，願夫君天長地久交杯誓盟。〔註18〕

〔註13〕謝培笁：《長平公主》第三場。
〔註14〕謝培笁：《長平公主》第三場。
〔註15〕此處字幕上打「怕」，但演員唱「驚」。此二字之客語（本文採四縣腔）拼音分別為「pa」與「giang´」。
〔註16〕謝培笁：《長平公主》第五場。
〔註17〕謝培笁：《長平公主》第八場。
〔註18〕謝培笁：《長平公主》第八場。

「願夫君天長地久交杯誓盟」在粵劇中是「願與夫婿共拜相交杯舉案」〔註19〕。前者強調愛情的長久；後者強調的是願與夫婿共拜花燭，互相交杯、舉案齊眉，夫婦和諧。

> 端過金杯慢飲淺嚐，將砒霜帶淚放入美酒上。長平與君醉夢鄉。世顯相隨黃泉上。如今世顯代滄。駙馬盍墳墓收藏。宮花落。斷肝腸。含樟樹上飄散帝女香。帝女花。長伴多情郎。夫妻死後與樹也同模樣。〔註20〕

「如今世顯代滄」在粵劇中是「百花冠替代殮妝」，前者意思是「如今世顯你為我承擔了滄桑」〔註21〕，這樣的更動失去對仗的曲詞，「代滄」乍聽之下也顯得無法理解。而粵劇中「長伴有心郎」在此處更動為「長伴多情郎」意思也跟著變動了。粵劇中的周世顯確實是有心人，他為公主犧牲諸多，為了愛情拚了性命，絕非只是多情可以涵蓋。

　　上述錯字情況，很有可能是抄寫劇本時的疏忽，這點自古以來都很常見；另外一些選用字，很可能只是單純使用最直白的詞語，或為押韻而換字，補虛字等等的情況在地方戲中算屬平常，若以此觀之，則不算大缺失。

　　另外，由於漢語是有聲調的語言，聲調的作用是幫助人們辨明意思。國語有四聲而粵語有六個聲調〔註22〕，因此依聲填詞的要求比國語更加嚴格，否則會令聽者誤聽，把「『可以笑的話』，不會哭」聽成「『何＿燒敵娃』，不會哭」〔註23〕這樣天差地遠的意思。客語也有六個聲調，而《長平公主》的這一段保留了原曲〈妝台秋思〉，歌詞也與原版相去不遠，故而引起筆者此一想法：改編《長平公主》時，最後一場戲保留了〈妝台秋思〉，但更動了一些唱詞，這樣的更動是否是因聲調差異的關係？以下試將〈妝台秋思〉粵曲工尺譜、粵劇《帝女花》與《長平公主》的前三句唱詞以及聲調調值相互比對〔註24〕：

〔註19〕此為現今唱詞，若是原劇本內唱詞，則是「共拜，夫婦共拜相交杯舉案。」
〔註20〕謝培笠：《長平公主》第八場。
〔註21〕編劇謝培笠的解釋。
〔註22〕若計入入聲字則有九個聲調，但三個入聲聲調的調值與第一、第三、第六聲相同，因此實際上仍為六聲。
〔註23〕可「ho2」以「ji5」笑「siu3」的「dik1」話「waa6」；何「ho4」二「ji6」燒「siu1」敵「dik6」娃「waa1」。歌詞出自潘源良作詞，王傑演唱：〈誰明浪子心〉，1989年。
〔註24〕詳見本文附錄表六。

工尺譜：
3 6 5 6 5 3 6　　5 6 1 3 5 3 2 3　　2 3 5 1 6 1 2
工五六五六工五　　六五生工六工尺工　　尺工六上士上尺

〔註25〕

粵　劇：
22 55 13 55 33 22 55　　33 55 55 22 33 22 21 22　　33 13 55 33 22 13 55
落花滿天蔽月光，借一杯附薦鳳台上，帝女花帶淚上香

〔註26〕

客家戲：
5 24 24 24 24 5 24　　24 31 31 24 11 55 11 24　　55 31 24 55 55 24 24
落花滿天遮月光，思想起當時鳳台上，帝女花帶淚上香

從上面的比對，可知粵劇唱詞的聲調起伏是能合樂譜的，客家戲的卻不能，因此編劇可能為了保留大部分的原意，而選擇忽略聲調與樂曲的配合度，當然，也有可能是編劇原來就沒有考慮到這一塊；另外，這樣的結果也顯示出唱詞的更動基本上與聲調無關，有比較大的可能是為了情節之故。而如果演出時沒有字幕對照，觀眾在聽曲時，是否可能會因此出現誤聽誤解的情況，則無法以單一樂曲、單一劇目作出判定，不過，這樣的結果也顯見，雖然客家話與粵語已經很接近，但差異仍然很大。

不過，改動經典本就非易事，又何況是將不同聲腔之劇本改成另一個聲腔，編劇勇於嘗試確實值得鼓勵。

第二節　舞台美術

前幾節聚焦於戲中人物與曲文說白，本節將討論戲曲之舞台美術。戲劇不能只有劇本，劇本固然是一劇之靈魂，但戲劇呈現在舞台上時，就攸關視覺美學了。李澤厚《美的歷程》中提及傳統戲曲，言道：

> 外在形式美又仍然佔有極重要的地位。中國戲曲儘管以再現的文學劇本為內容，卻通過音樂、舞蹈、唱腔、表演，把作為中國文一的靈魂的抒情特性和線的藝術，發展到又一個空前絕後、獨一無二的綜合境界。它實際上並不以文學內容而是以藝術形式取勝，也就是

〔註25〕工尺上方為簡譜，其中「生」是「高音1」；「士」是「低音6」。完整工尺譜與簡譜可見：https://www.sap.edu.hk/CustomPage/45/113.5/curriculum_p4/xian_yiao.pdf（最後查閱日期：2018/07/14）。

〔註26〕第二句的「上」與第三句的「上」調值不同，是因粵語中，「上」之詞性不同而聲調有別：前者為名詞，聲調調值為「22」；後者為動詞，聲調調值為「13」。

　　說以美取勝。〔註27〕

是以《宋元戲曲考》云戲曲「必合言語、動作、歌唱以演一故事，而後戲劇之意始全。」若只有劇本或是只有曲文美，依然不能算上戲曲佳作，黃燮清之《帝女花》即是一個例證。當然，現代的傳統戲劇求新求變，在舞台上便不只有音樂、唱腔等表演，還必須考慮到佈景、服裝、道具等等因素。因此，本節主要依佈景與服裝為主要，梳理舞台美術的部分。

一、《紅綾恨》

　　長平公主的故事終於來到了臺灣，《紅綾恨》於 1989 年上演，當時雅音小集首次進入國家戲劇院演出，更是京劇在臺灣第一次使用旋轉舞台，這在舞台設計上或是宣傳上皆是特點。即便當時因為雅音租到了國家戲劇院的場地而有「雅音享特權」之說〔註28〕，不過依然不減觀眾的熱情，黃牛票甚至賣到兩倍以上的價格〔註29〕，可見當時盛況。

　　無獨有偶，當年粵劇《帝女花》初演時也利用了旋轉舞台，《紅綾恨》上演也利用了旋轉舞台作為場景切換。只是今日粵劇當年景況如何難以知曉，《紅綾恨》則有影片留下，可以一觀。

　　第一場《緣訂》，公主緣在宮苑內彈琴白唱〈可憐荷鋤翁〉，無奈必須見一見來應選駙馬之人，便決意擺排場來讓對方知難而退。公主起身，領著宮人走上階梯，場景轉換來到內殿，內殿的宮女們都已各就各位，演員只要走到定點即可，不用上場下場，更不用落幕起幕，道具搬來移去，很是方便。

　　第二場《寇景》只是一個短短的過場，佈景是一塊畫著街景的大布幕，燈光昏暗。

　　第三場《殺宮》，場景與第一場的內殿一樣，只是撤掉紗幕，便成金鑾殿。

　　第四場《忠憤》又是一樣大街佈景，燈光較亮。後來，布幕換成了城外景。

　　第五場《避禍》再次用了旋轉舞台，從原先的田家場景，轉換到了樸素的蓮花庵。

　　第六場《庵遇》布幕再次放下，此時是深山場景，因為是中秋夜，所以

〔註27〕李澤厚：《美的歷程》，（臺北：三民書局，1996 年），頁 214。
〔註28〕張必瑜：〈雅音享特權？立委要質詢！〉，《聯合報》，1989 年 6 月 21 日，第28 版。
〔註29〕張必瑜：〈雅音卯勁·紅綾恨賣作〉，《聯合報》，1989 年 7 月 21 日，第 28 版。

燈光很暗。後來布幕升起，場景回到庵堂，燈光亮起。

第七場《哭殿》舞台再次旋轉回到金鑾殿，此時已是大清，燈光明亮，一片昇平。周世顯跟公主在這一場的服裝皆是白色的蟒，而公主的鳳冠也以銀色為主，屬整部戲中最特別者。

第八場《花燭》，場景旋轉換成當年彈琴宮苑。公主跟駙馬上場改穿紅色吉服。這裡有一個缺憾是公主的衣服是紅底繡金線，駙馬的有紅有藍有白，視覺上總有一點不和諧的感覺，若能像粵劇那樣，服飾上在統一一些會更好。

除上述以外，本劇的一些動作或也可以再安排，例如庵遇重會時，兩人貼身抱在一起，情感是可以直接表達，但視覺上沒那麼美，且兩人皆不是面向觀眾；另外便是最後一場，兩人飲毒後因為痛苦而在舞台上的掙扎並不好看，後面公主先死倒地，周世顯後死倒地，於視覺上也不美觀，若能參考粵劇演法，生旦二人相偎而死，雖也有痛苦，但死得直接，死相也好看。

另外，旋轉舞台與布幕畫背景兩者質感有落差，畢竟一個是立體的，一個是平面的，兩者交互轉換，感覺上也有些突兀。

二、《帝女‧萬歲‧劫》

《帝女‧萬歲‧劫》在場景的處理簡單許多，舞台上有兩段階梯，運用燈光獨聚焦在重點角色上。如開頭的公主夢囈與民女，燈光照在兩人身上，其他地方是暗的。公主站在最上方那層，象徵她的地位；民女站在最下層，也是象徵她的地位。民女身上的燈光比公主的亮一些，然後民女隨著燈光走到紡紗車那裡。這個時候的音樂是和緩的，因為深夜之中，公主在作姻緣夢。

接著，輕快的音樂響起，燈光暗下，另一處的燈光亮起，是一位操偶師操著生旦戲偶。燈光再次暗下。當悠緩的歌聲響起，燈光慢慢亮起，時值五更，帶有藍光的燈光逐漸明亮，一直到明朝滅亡都是用這樣森冷的燈光，暗喻明朝的國之將亡。

場景又變了，此時燈光顏色是溫暖的，光一亮，觀眾才看到背景跟階梯上都有紅色布。而場上人物是已經換下粉色服裝的民女，如今作婦人打扮。

藍色的燈光再次亮起，長平公主身在庵觀裡，象徵樸素與悲涼。

長平公主再次上台，改穿披麻帶孝服裝。舞台上方降下紅花布幕，清廷宮女帶著金色紗幕走出來，象徵清室的承平與開國氣象。

清帝上台，站在最上方的台階；公主此時站在下方，身分地位改變了；

後面金殿燈光暗下，燈光打在民女身上，民女起身走向公主，跟她展開一段劇本上沒有的對話。〔註30〕

最後，操偶師又出場了。四周燈光昏暗，只有操偶師手上的兩尊木偶有燈光，象徵著一場不可能的美夢。全劇結束。

本劇的舞台效果，藉由燈光表現得很好：明末亂世的藍光與昏暗，對比清初光亮的派頭，形成了淒涼與盛世的強烈對比。

三、《長平公主》

客家戲《長平公主》僅在客家電視台播放，因為製作經費與劇團人力均有限，加之必須配合電視台的要求，勢必犧牲不少地方。例如布景都是一張布幕，除了第二場及第三場配合劇情場景在皇宮之中而有部分立體實景。第五場的布幕算是最尷尬的，因為布幕上的畫像是佛，可是劇本卻沒將「觀音」改掉，而是繼續沿用，所以演員演戲，觀眾看戲，都會有指鹿為馬的奇特感。

另外則是曲文與科介、道具並不相符，令人尷尬。於第六場，公主看著桌上的鏡子，一邊看一邊扮妝，身後幫忙公主梳頭的高瑞蘭說要去幫公主準備菱花。然而菱花即鏡子，鏡子就在公主前方的桌上。

類似的不經心之處還有同場後面，長平公主以為周世顯賣她求榮，因而有此唱段：

> 【山歌仔】怒罵狂夫罵匹夫，名花怎能被俗世汙！銀簪了段尊緣路，與你恩斷絕義情分無！〔白〕我與你周世顯！【轉山歌什唸仔】當初先帝悲金鼓，兩次揮劍逼殺奴，要我保守貞節殉父母，誰知長平內心苦。如今前無道後無路，我不愛慕不走後頭路，如今清室一金鋪，自刺肉眼送狼心夫。〔註31〕

〔註30〕《新曲：帝女花》，見演出 DVD。
　　　　民女：公主呀公主！誰叫你出世在帝王之家。
　　　　長平：天作成長平生在帝王之家。貴為公主心靈又手巧。
　　　　民女：若是心靈又手巧，不如刺繡與補縫，起火學燒柴。民女粗茶淡飯，歡喜勻頭擔。
　　　　長平：帝女情願清白守無暇。
　　　　民女：再守也是一領被人穿破的衫。英明天子名聲若文雅，心肝早就擲給豺狼虎豹。他們為坐大位來稱霸。他們。他們。他們。他們各各練到心狠又手辣。害你生無張弛，要死又走不開腳。
　　　　長平：是天作成長平生在帝王之家。
〔註31〕謝培竺：《長平公主》第六場。

演長平公主的演員雖然做了一個似是拔簪的介，之後卻沒有拿著銀簪的動作。這個唱段，銀簪是很重要的，它除了要令周世顯擔心公主自戕，還是公主拿來刺目的兇器，唱詞都有，卻沒有這些動作，令緊張感被削弱，是一個疏漏。

另外，本劇服裝也有特別之處。例如粵劇、京劇的周世顯選婿時穿的是圓領官衣；本劇的周世顯在此穿的是改良式男服〔註32〕。在面見崇禎時，粵劇的周世顯一樣穿圓領官衣；京劇的則因安排結婚，穿的是婚服。本劇的周世顯一樣是穿改良式男服。這樣的改良式古裝在歌仔戲很是流行，也頗為本地觀眾接受。

而在長平公主故事中，最重要的轉捩點是李闖殺入而崇禎殺女，因此在這場戲中，急迫、緊張的感覺必須要足夠才能引人情緒。粵劇《帝女花》在這裡的處理是多次「擂戰鼓」。

唐滌生在《香劫》一場中一共註記了十二次「擂戰鼓」：第一響令崇禎張皇失措；再一響戰鼓，周寶倫上殿，言道宦官偷開彰義門，李闖已經長驅直入，崇禎嘆大勢去矣，因此才要賜死妻女。在第三聲戰鼓響起前有一大段演眾人勸阻崇禎不要殺場平公主，崇禎的情緒雖然被影響，卻仍決定把公主召上金殿。接著演了一段父女夫妻之情，公主駙馬分別牽著崇禎的衣服，一個請死，一個求恕。這個時候第三聲戰鼓響起，崇禎狠了心，將紅羅拋下。此時駙馬拉住公主的紅羅，不欲她死，兩人因此又拉拉扯扯。周世顯想勸止公主，甚至想殉情，公主勸駙馬不要殉死，但周世顯意志堅決。此時戰鼓第四聲響起，長平公主說「聽，鼓角喧天，火勢瀰漫……含淚告別。勸駙馬休喊〔註33〕。」周世顯又與她搶起紅羅來。駙馬的癡情終於打動了她，兩人相擁而哭。到此處似乎有所轉機，卻在這時第五聲戰鼓響起，崇禎驚醒問道公主是否已死，發現未死便要把周世顯趕走，原來好不容易戰時勸阻下公主，卻又因戰鼓起波端。第六聲戰鼓一響，周寶倫稟報賊兵應當離乾清宮不遠了。第七聲戰鼓響起，文武官員、十二宮娥魚貫而奔逃。接著編劇第八度標註要求戰鼓聲要斷斷續續，內場要殺喊聲。然後便是崇禎執劍要殺女，一路走一路追，舞台一路旋轉。崇禎誤殺昭仁後，第九註戰鼓與殺喊聲迫近，崇禎即將殺女。第十註戰鼓聲，十二宮娥散髮血衣分邊上，各種死法。接下來一直到整場戲結

〔註32〕帝后為公主妙選良家，公主招婿何等隆重，若穿圓領官衣則更顯正式。然而周世顯畢竟尚未做官，因此不穿官衣也是有道理的。
〔註33〕粵語「喊」有書面語「哭」之意。

束還有兩個擂戰鼓的註記。如若不算人物台詞提及的戰鼓，只算編劇註記需要的，共計十二次，除了營造緊張迫切的氛圍，戰鼓也起了命運轉換的功用，例如公主與駙馬相擁而哭，這時響起戰鼓，將原來拋下紅羅後暈倒的崇禎驚醒，讓他繼續逼殺女兒。編劇匠心獨運，可見一斑。

　　回到《長平公主》，戰鼓第一次響起，高寶倫衝進金殿稟報皇上，言道闖賊已攻入，因此覺得大勢去矣的崇禎才要賜死妻女。然而第二聲戰鼓到很後面才響，中間有一大段的唱詞與口白，將情節所需之緊張情緒緩和掉了，頗為可惜。

第三節　主題思想

　　中國文學向來有「詩言志」的傳統存在，什麼是詩言志？此語出自尚書，而後各家皆有所解讀，有人以為詩言作者之志，有人以為是藉詩言志，有人以為是抒發個人志趣，說法眾多。〔註34〕湯顯祖云：「余於聲律之道，瞠乎未入其室也。《書》曰：『詩言志，歌永言，聲依永，律合聲。』志也者，情也。先民所謂發乎情，止乎禮義者是也。磋乎，萬物之情各有其志……。」〔註35〕認為志就是情。中國文學自古有抒情之傳統，陳世驤認為「中國文學傳統從整體而言就是一個抒情傳統」，云：

> 歌──或曰言詞樂章（word-music）所具備的形式結構，以及在內容或意向上表現出來的主體性和自抒胸臆（sclf-cxprcssion），是定義抒情詩的兩大基本要素。《詩經》和《楚辭》，作為中國文學傳統的源頭，把這兩項要素結合起來，只是兩要素之主從位置或有差異。
>
> 自此，中國文學創作的主要航道確定了下來……。〔註36〕

劇作家們又是如何藉戲曲而抒情呢？吳偉業云：「今之傳奇，即古者歌舞之變也。然其感動人心，較昔之歌舞更顯而暢矣，蓋士之不遇者，鬱積其無聊不平之概於胸中無所發抒，因借古人之歌呼笑罵以陶寫我之抑鬱牢騷。」〔註37〕意即今日之傳奇，是古代歌舞的變體，士不遇者，常借古人之酒杯澆自己胸

〔註34〕 李澤厚：《華夏美學》，（臺北：三民書局，1996年），頁36。
〔註35〕 〔明〕湯顯祖：《湯顯祖集》，（上海：上海人民出版社，1973年），頁1502。
〔註36〕 陳世驤：〈論中國抒情傳統〉，收錄於陳國球、王德威編：《抒情之現代性：「抒情傳統」論述與中國文學研究》，（北京：三聯書店，2014年），頁45。
〔註37〕 吳偉業：〈北詞廣正譜序〉，見《一笠菴北詞廣正譜》。

中之塊壘。

創作一個作品，一定有一個目的，而凡是人皆有思想，那樣的思想，或也可稱為一種主題，總會不自覺影響到人所創作的詩詞歌賦或戲曲當中，這樣的做法，王瓊玲說是作者化成劇中人物，向真實世界表白〔註38〕。一個作品的思想旨趣，也一定與作者的抒情息息相關。

一、《紅綾恨》

雖然《紅綾恨》開場便讓生旦緣訂，甚至早早成婚，然而這部戲終究不是愛情戲。公主與駙馬兩人之所以訂下婚約，乃是因為彼此是對方的知音。在《庵遇》時，一個說「心中早無兒女情」，一個話「心中已無兒女情」，誠然，兩者在緣訂的當下是動了情的，然而後來國破家亡，怎還容得兒女情長？因此這一齣戲也是用愛情包裝的政治教化戲。

由前面章節的整理與比較，已得知《紅綾恨》最突出的三個思想觀念為：（一）閃避君恩情節、（二）加強憂國愛民之思、（三）諷刺靦腆二臣、突顯高貴人性。以下分別敘述之：

（一）閃避君恩情節

黃燮清的傳奇對清朝歌功頌德，粵劇《帝女花》宣揚忠孝之觀，《紅綾恨》的作者王安祈則有不同之主旨。她曾經提到此劇「不再表彰傳統臨危一死報君王的價值觀，改用批判與憐憫的態度塑造崇禎皇帝，閃避君恩觀念」，因此在劇中可聽到長平公主與費宮人的對話：

> 費貞娥：（京白）唉！可嘆朝臣宦官們，俱都慣於粉飾太平，難得有
> 人，深求民隱，作出此曲。此曲倘若未傳入宮中，也不知天下人心
> 已亂。
> 公主：（白）我也曾多次在父王面前彈唱，只是父王也不以為意，只
> 與我說些選駙馬之事。〔註39〕

連一個宮娥都知道天下人心已亂，崇禎皇帝卻不以為意，作者有意藉此段對話批判崇禎皇帝。而後公主與周世顯談論到〈可憐荷鋤翁〉時，公主說道崇

〔註38〕「劇作家此種借人物代言以寫情，並非以己意強加於劇中人物，使之隨我張
嘴，任我傾吐；而係劇作家一時間有若忘了自身的處境，化作劇中人物的肚
腸，成了劇中人物真實化後向世界表白的靈媒。」見王瓊玲：〈論明清傳奇之
抒情性與人物刻畫〉，收錄於《中國文哲研究集刊》，第九期，1996 年，頁 241。
〔註39〕王安祈：《紅綾恨》第一場《緣訂》，頁 63。

禎聽到此曲後感傷不已，有意替父親圓場，而周世顯說：

> 積弊已深，故是實情，只是既在其位，當謀其政。請問公主，當年錯殺袁崇煥，以至邊防一疏自此的，可是當今聖上？殺了一個魏忠賢，卻縱容一千閹宦干政的，可是當今聖上？如今流賊四起，國勢危急，難道說當今聖上能辭其咎嗎？〔註40〕

周世顯直搗黃龍，說出崇禎在位期間的積弊。古人閃避說的，以及傳統觀念下不敢說的，作者透過周世顯的口中一次說出，批判、諷刺的意味濃厚。而後《殺宮》時，崇禎仍派宦官把守宮門，李國禎感嘆皇上事到如今仍重用宦官，也是一個諷刺。此場結尾時，崇禎說道：「朕非亡國之君，諸臣盡亡國之臣」頗有項羽烏江嘆「非戰之罪」之感。

然而，雖然不強調一死報君王的觀念，但公主還是抱持著這樣的想法，是故崇禎要她死，她便接受；即便後來沒有一次次尋死，這樣的觀念仍然在她的心裡，以至後來與駙馬仰藥同死。

（二）加強憂國愛民之思

無論是黃燮清《帝女花》亦或粵劇《帝女花》，長平公主與周世顯都對國患、國亡感到傷心難過，只是側重點不同。黃燮清《帝女花》雖屢提及闖賊亂明、亡明，然而主要的用意是在表彰清朝平亂之功並勸世。粵劇《帝女花》則在國亡之痛上表現得較為明顯，然而其描寫的是建立在國愁家恨上的愛情，又以愛情包裝政治，因此描寫男女主角情感的部分比較多。《紅綾恨》則更強調國患之愁、國亡之痛，如公主彈唱〈可憐荷鋤翁〉，以及對田大人說：「如今內有流賊，外有邊患，哪個有心選什麼駙馬？」，而周世顯在與公主針鋒相對後說：

> 如今百姓流離失所，盜賊指日逼近京師，想我等為官之人，當以濟世救民為職志，哪個有心貪你皇家什麼榮華？又圖你皇家什麼富貴？俺本無求鳳之念，無奈竟被選中……。〔註41〕

聽聞周世顯此話後，公主接唱：

> 自恨不是巾幗將，平陽躍馬徒有心，自恨未習安邦策，倒挽狂瀾無計行……一跪你輔國忠良臣，剴切陳言莫心冷，二跪天下眾百姓，長平女代父請罪謝黎民，三跪空中眾神明，損折我十年壽命換取太

〔註40〕王安祈：《紅綾恨》第一場《緣訂》，頁67。
〔註41〕王安祈：《紅綾恨》第一場《緣訂》，頁66。

平！〔註42〕

將公主憂國憂民之思表達到了極致。粵劇《帝女花》雖在後面幾場有此表現，然而更側重於國「仇」，而非國「愁」。黃燮清《帝女花》中也有類似情節，如《宮歎》一齣，公主對周皇后說現今國家正處多事之秋，干戈四起，應以天下大勢為重，兒女婚姻不急於一時。然而這兩部都不似《紅綾恨》這般直接突出。

（三）諷刺覥腆二臣、突顯高貴人性

無獨有偶，唐滌生創作《帝女花》時，是希望「有良好主題」；王安祈在《國劇新編》中說道，寫作此劇的另一用意：強調國家民族的情感，突顯遺民烈士的風骨氣節與高貴的人性。在此劇中，不時可看到諷刺小人以及覥腆事新朝的二臣之情節，如公主諷刺田大人若是為了國事也能如此殫精竭慮就奏請父王加封他三級等。而後在《殺宮》一場，安排費貞娥刺殺一隻虎的情節，這是黃燮清《帝女花》與粵劇《帝女花》中無有的情節，編劇者在編此戲時，增加這一情節，突顯了宮娥雖然地位不高，卻有此報國之心；國家棟梁的臣子們卻一個個覥腆事賊，前後對照，強烈對比。

《忠憤》一折，粵劇《帝女花》無有，而黃燮清《帝女花》的《朝鬧》與此內容相當。編劇者安排忠臣李國禎穿戴孝服準備迎接太子還朝，卻沒想到吳三桂已變節，他思思盼盼，到來的竟是清兵入關，眾臣降清。李國禎大罵：

> 分明是衝冠一怒為紅顏，還敢把天下蒼生掛舌尖，你不該為私情逞
> 私慾報私怨，援引異族入中原，李國禎堂堂血性男兒漢，胸懷義膽
> 與忠肝，任憑你干戈刀斧大軍千千萬，討一個公道留世間！〔註43〕

諷刺吳三桂與降臣，表彰李國禎的忠肝義膽。後面尚有田小姐罵田大人害死公主，害田家上下落得賣主求榮、不忠不義之名，以及公主在清朝殿堂上哭道史閣部為國捐軀、李國禎罵賊身亡壯氣凌雲，大罵剃髮易服的遺臣皆為亡國之臣。編劇者擅長用前後衝突與身份高低之對比，諷刺趨炎附勢之徒、烘托高貴的人性，非常符合作者的立意與題旨。

二、《帝女‧萬歲‧劫》

在這幾部作品之中，《帝女‧萬歲‧劫》當屬最特殊的一部。編劇將周世

〔註42〕王安祈：《紅綾恨》第一場《緣訂》，頁68。
〔註43〕王安祈：《紅綾恨》第四場《忠憤》，頁78。

顯拿掉，讓長平公主自己面對一切，本劇的主旨是諷刺道德教孝並反思忠孝觀。

　　中國戲曲教忠教孝、忠君愛國形成一種傳統，因而有許多可歌可泣的故事，每年都仍在搬演。然而時至今日，如此之觀念不免令人起疑。道德教化固然對穩定社會有所幫助，然往往思想定於一尊，又犧牲個人。例如楊家將一門死傷大半，若不是因為忠孝，他們大可保存自身，免於橫禍，故言犧牲個人，並非只有一個人，也很可能是一小群眾。

　　以本劇中的長平公主為例，她劫後餘生，遁入庵觀，本也想存貞守樸度過殘生，但周奎為了自身的前途，用公主心中最無法割捨的來誘導她，騙她回朝：

　　周奎：老臣知道，公主為了當初殉節不成，一直感覺愧對先皇，若這樣，不如就入朝！

　　公主：〔驚心〕入朝——

　　周奎：是呀，前朝公主回朝見駕，大清皇帝龍心大悅，說不定就會釋放太子，公主也可將功贖罪報先皇！

　　長平：〔凜然〕父王，難道這是您賜下的最後一道聖旨嗎？〔下定決心〕為了明太子，我就去見當今的萬歲。〔註44〕

為道德教條綁住的公主，被人所騙而不自知。她當初受死足為了盡孝，而今披麻上殿還是為了盡孝，這個忠君盡孝之心卻令她陷入牢籠。由以下兩段引文可以看出作者試圖做出的諷刺：

　　周奎：大明禮教說連篇——

　　眾臣：說連篇。

　　周奎：都說亡國之臣得守節——

　　眾臣：守節？守節！咱是為何而戰？

　　周奎：改頭換面、咱得來作太平犬。

　　眾臣：管他。四書五經讀聖賢。

　　清帝：公主何必苦守貞烈的牌匾，枉屈大好的天生自然。

　　眾臣：吾皇萬歲萬萬歲！〔註45〕

雖然看起來很無恥厚顏，但禮教觀念害死多少人？國破家亡殺妻女的崇禎皇

〔註44〕施如芳：《帝女・萬歲・劫》，頁53。
〔註45〕施如芳：《帝女・萬歲・劫》，頁63。

帝何只應該謝黎民？公主保存生命就一定會為人所唾棄？用禮教用忠孝罵舊
臣的長平公主，為了禮教為了忠孝的長平公主，被清帝說得無言以對。另外
一曲：

> 《新曲：帝女花》
> 民女：公主呀公主！誰叫你出世在帝王之家。
> 長平：天作成長平生在帝王之家。貴為公主心靈又手巧。
> 民女：若是心靈又手巧，不如刺繡與補縫，起火學燒柴。民女粗茶
> 淡飯，歡喜勻頭擔。
> 長平：帝女情願清白守無暇。
> 民女：再守也是一領被人穿破的衫。英明天子名聲若文雅，心肝早
> 就擲給豺狼虎豹。他們為坐大位來稱霸。他們。他們。他們。他們
> 各各練到心狠又手辣。害你生無張弛，要死又走不開腳。
> 長平：是天作成長平生在帝王之家。〔註46〕

則是以民女與公主對話，歷史上由崇禎帝說出的「汝何故生我家」成為民女
認為長平「不該埋怨」的譏諷話。長平自持帝王之家禮教，民女一句「英明天
子名聲若文雅，心肝早就擲給豺狼虎豹。他們為坐大位來稱霸。他們。他們。
他們。他們各各練到心狠又手辣。害你生無張弛，要死又走不開腳。」對照在
崇禎與清帝身上，一個害長平生不得生，一個害她死不得死，便可知民女所
言不差。

三、《長平公主》

　　本劇改編自粵劇《帝女花》，情節內容與唱詞基本雷同，然而《長平公主》
的主題思想與粵劇不一樣。粵劇《帝女花》是一部用愛情包裝的「道德教化
劇」；而這部則以愛情為主旨，以愛情建立在亂世之中，可歌可泣，哀戚感人
而改編，故爾從情節與唱詞安排上皆能看得出來。例如第一場開宗明義：

> 高瑞蘭：「長平姊姊，你與駙馬兩人可好？真羨慕你們兩人，果真在
> 天一對比翼鳥，在地也成連理枝。每次瑞蘭我回到維摩庵，看見從
> 月華宮移到維摩庵的含樟樹，就會想起公主姐姐，想起昔日一段亂
> 世情緣。」〔註47〕

〔註46〕施如芳：《帝女‧萬歲‧劫》，演出DVD。
〔註47〕謝培竺：《長平公主》第一場。

高瑞蘭在維摩庵內唸佛，侍女銀鈴摘了由月華宮移植到維摩庵的含樟樹，並將花交給高瑞蘭，令其睹物思人，想起長平公主。《長平公主》特別安排了一場戲作為起興，告訴觀眾這齣戲以愛情為主題。

　　親情也是編劇改編本劇時的考量之一，除了生旦的愛情戲以外，長平父女的親情也是本戲重點，雖然牽扯忠孝，但表現並不像前幾作那麼強烈。且因多方面的因素，如要在電視台演出，所以長度必須調整，故有些情節在不影響劇情之表達的情況下做出刪減。

　　又，編劇謝培竺說，當時榮英客家劇團以旦角為要，因此在改編劇本時，需要以能夠表現旦角藝術為考量要素。所以《長平公主》在劇情鋪排上，長平公主前後八場戲只有兩場戲未出場，也可知旦角戲份比例很重。

結　論

　　《帝女花》乃敷演明末長平公主之事，長平公主是歷史人物，筆者從史書中找出長平公主的歷史本源形象，並以清人詩文輔之，再進入到黃燮清《帝女花》傳奇，首先分場介紹大略情事，再梳理創作動機，以幫助筆者分析戲文含意。清人文獻之後，進入唐滌生《帝女花》粵劇，首先分場介紹劇情，再來進入創作動機，以幫助筆者後文分析。其後三部臺灣帝女花作品，除了分場故事之外，還與粵劇作對比，以此整理其中異同。本文第三章為臺灣帝女花的人物形象，先梳理傳奇與粵劇中的人物形象，再進入三部臺灣帝女花戲曲，分析重要人物之異同。第四章討論戲曲藝術，有曲文說白、舞台美術以及主題思想等。

　　關於臺灣的「帝女花戲曲」：首先是《紅綾恨》，「紅綾」象徵公主，因為紅綾是公主唯一向崇禎討要的嫁妝，而在新婚之日家國破碎，加深了「紅綾」之「恨」。

　　本劇為雅音小集十週年之作，適逢臺灣社會轉型期，郭小莊向王安祈表示希望能夠做一部對人生能有啟發的戲，王安祈有感郭小莊想藉由戲曲向社會大眾發聲，《紅綾恨》因此躍上舞台。《紅綾恨》是京劇在臺灣第一次使用旋轉舞台，這在舞台設計上或是宣傳上皆是特點。無獨有偶，當年粵劇《帝女花》初演時也利用了旋轉舞台，《紅綾恨》上演也利用了旋轉舞台作為場景切換。

　　《紅綾恨》與兩齣《帝女花》之間的承繼關係以及創新部分，承繼關係如《紅綾恨》與粵劇《帝女花》情節架構雷同，其中穿插《寇警》、《忠憤》部分，則與黃燮清《帝女花》相似。然而本劇有其創新之處，並非一味承襲舊有

劇作，如加強公主與駙馬之間憂國憂民之心，或可將之比擬為編劇與郭小莊想要向社會表達關懷的心聲。

閃避君恩情節則充分表現出時代的差異以及價值觀的變遷，在現代的氛圍裡，人們心中雖仍一定程度認同忠孝節義的思想，然而距離現實生活太遠，觀眾可能難以感同身受，本劇避免了君恩情節，甚至以批判性的角度塑造崇禎皇帝，乃時代與價值觀變遷使然。

《紅綾恨》試圖閃避君恩，筆者以為，若不再標榜忠孝觀，公主駙馬或許沒有赴死的必要，因為死是殉國，是代表節操的完滿。然而公主與駙馬憂國愛民的特質，便註定了他們赴向鬼門關：周世顯雖言「覆巢之下卵安存，豈能苟活做降臣，怎奈是今生猶有未了願」、「雖說是興亡夢幻早歷盡，心中已無兒女情，但有一點心相印，公主，但願得再牽紅綾証同心」暗示即將赴死，而後在《哭殿》時才由清帝口中得知「要公主臣服大清，在宮中養老送終」，結尾的戲劇張力卻似乎已稍稍減弱。不過，《哭殿》的情節鋪排確實是很緊湊的，緊張與無奈交相映。公主與駙馬雖說是賭一場，然而這場賭局無論如何清帝都不會贏，因為公主與駙馬根本就不怕死，無論清帝要殺要剮，公主與駙馬都能成全自己節操的完滿，是很有張力的戲。

此外，諷刺靦腆二臣、彰顯高貴人性、突顯末世移民烈士的風骨氣節則是本劇另一想傳達的訊息，劇作者王安祈與郭小莊希望做一部對人生有啟發性的戲，對於靦腆事二君的臣子，編劇用了一定的篇幅諷刺，並且用以彰顯其他小人物如費貞娥、李國禎之情操。

然而編劇者也不全然給予二君臣子否定，例如在《忠憤》後面有許多遺臣是被迫降服的，因此後來《哭殿》時，才為公主言語所撼動哭泣。而公主與駙馬的最後身死，如此而為確實有節有義，有很高的情操。編劇希望藉由這樣的故事，表彰人性的高貴並向社會大眾表達關懷，為此，劇中的主要人物必須有著關懷世人的特質，所以長平公主、周世顯兩人都有憂國愛民的特質，他們為國家前景擔憂，也替受苦的百姓們難過。只不過這樣的公主仍然背負著忠君的擔子，她不違背父命，甘願就死。

客家戲《長平公主》改編自粵劇《帝女花》，情節內容與唱詞基本雷同，然而《長平公主》的主題思想與粵劇不一樣。粵劇《帝女花》是一部用愛情包裝的「道德教化劇」；而客家戲《長平公主》則以愛情為主旨，以愛情建立在亂世之中，可歌可泣，哀戚感人而改編，故爾從情節與唱詞安排上皆能看得

出來編劇的立意。本劇雖然牽扯忠孝觀，但更突顯愛情。

　　《長平公主》是透過客家電視台之徵選，在所給予之經費下製作完成的一齣客家戲，編劇除了得找出符合徵選規則的要求之劇本外，還得考慮劇團人員編制，改編也屬不易。較為可惜的是當年《長平公主》僅在客家電視台播出，未有公開售票演出。

　　雖然是改編粵劇，但《長平公主》也有自己的特色，例如改編為客語，其中有客語俗語，曲調也改用傳統曲調，服裝與妝容也都是臺灣本土戲曲的古裝扮相，表演方式也富有客家戲的特色，雖然曲文說白中有些史改的痕跡或是錯字錯漏，不過直白的文字與表演方式都充滿著地方戲曲的特色與活力。

　　歌仔戲《帝女‧萬歲‧劫》，是以「折子戲」的架構下去創作的，因此在篇章安排與劇情設計勢必與其他作品不同。雖然如此，《帝女‧萬歲‧劫》結構完整，雖然不及《紅綾恨》有兩小時三十分鐘的長度，只有一個小時半左右的長度，然而它不單單只是折子戲，而可以視作是一部完整的作品。施如芳說本作不僅是宮廷戲，而且情節聚焦於金鑾殿上的殺機，還有女兒對父王、前朝公主對當今皇帝的掙扎和鬥爭。

　　《帝女‧萬歲‧劫》在這些帝女花故事之戲曲作品中算是很特別的一部，因為它是篇幅最短的作品，也是唯一沒有讓駙馬現身的作品，更是以粵劇《帝女花》的人物來新創的戲。《帝女‧萬歲‧劫》多聚焦於「公主與皇帝」的對手戲上：前半場戲中，公主要面對崇禎皇帝；後半場裡，公主要面對清朝皇帝。編劇將周世顯拿掉，是要讓長平公主自己面對一切，所以「帝女」隻身一人面對兩個「萬歲」為她所帶來的「劫」，藉此反思父權體制所帶來的問題。所以她被安排嫁給素未謀面的人，又只能接受君父之命自盡，雖然劫後餘生，卻不能追尋自己所想所望，她不能去尋找自己的愛情，但她也沒有想過這個愛情只是自己心中的想像。而後她又受人利用，成為換取富貴榮華的棋子，來到清室殿堂，她又遭受清帝的算計而無人幫她。這種種皆因她在父權社會中成長，而無法選擇自己的道路。放諸今日，雖然女性有了比較自由的空間，但是仍然受限於性別。

　　本劇的舞台佈景非常簡單，三層的台階張顯人物不同的地位，燈光的明與暗、暖與冷的隱喻效果極佳：明末亂世的藍光與昏暗，對比清初光亮的派頭，形成了淒涼與盛世的強烈對比。

中國傳統戲曲教忠教孝、忠君愛國形成一種傳統，然而時至今日，如此之觀念不免令人起疑。道德教化固然對穩定社會有所幫助，然往往思想定於一尊，又犧牲個人。以《帝女‧萬歲‧劫》的長平公主為例，她劫後餘生，遁入庵觀，本也想存貞守樸度過殘生，但周奎為了自身的前途，用公主心中最無法割捨的來誘導她，騙她回朝。為道德教條綁住的公主，被人所騙而不自知。她當初受死是為了盡孝，而今披麻上殿還是為了盡孝，這個忠君盡孝之心卻令她陷入牢籠，是編劇向觀眾提出的一個反思。

無論劇作如何搬演，長平公主的一生都可歌可泣。先有吳梅村與張宸替她作詩作誄，後有黃燮清替她敷演傳奇，近代有唐滌生編寫《帝女花》粵劇，將其重新塑造，成為一個完烈忠貞的公主。到了京劇《紅綾恨》，公主除了貞烈之外，體恤黎民之心思更不輸給「男兒漢」，她一身白色衣冠替國、家披麻戴孝，諷刺遺臣，意念堅持毫不妥協，成功使清帝安葬父親崇禎、釋放親弟弟，最後在花燭之夜，與駙馬仰藥殉國，氣節完滿，傳奇一生畫下句點。而歌仔戲《帝女‧萬歲‧劫》開闢了另一條思路，忠孝真的是唯一的道路嗎？

長平公主「錯生在帝王家」，因國破家破，為「免於汙辱」所以慈父竟要狠心將她賜死。這樣的悲劇好似理所當然，錯卻都是崇禎的錯，丟皇家顏面也是丟崇禎的臉，無法接觸政治的妻女又與國家昏暗有何相干，竟要她們以生命來承擔？這是傳統父權社會下，女性受害的例子之一。

歷史上，明亡後公主上書請求詔許出家，然而上不許，詔回元配，她只是一個懷柔的棋子。黃燮清一干人等借公主跟駙馬重新婚配之事來表達清室之殊恩，強調這樣的恩惠在歷史上聞所未聞，無人在意公主本人的意願——出家才是公主真正的願望，可惜歷史上詔不許，她也沒有改變命運的能力，只一年光景便香消玉殞。

是故施如芳《帝女‧萬歲‧劫》中安排民女與公主的對話，可以說是很具反思效果的一段唱詞。公主受到忠孝所害，而那忠孝是對君父而言。倘若她看開，或許尚能保存性命存貞守樸。而那些藉公主歌功頌德的人，豈不知帝王「他們各各練到心狠又手辣」？施如芳說君權是父權的極致，而此又為歷史共業、文化的共業。她特別安排一位民女在結尾與公主做出這樣的對話，真的是要提醒觀眾，忠孝固然是傳統美德，卻也是一種父權的桎梏。〔註1〕

而「一條苦命怎生做兩起死？」是黃燮清筆下的長平公主，對自己命運

〔註1〕施如芳：《願結無情遊》，（臺北：聯合文學，2010年），頁29。

最沉痛的呼喊。城破之日本是她殉死之時，可無奈她並未死去，五日後而復甦，開起她漫漫鬱鬱的最後人生。

觀此五劇，公主的兩起死發動者，皆與帝王有關。除卻黃燮清根據史實所敷演的劇本，只有崇禎讓她死，而後她抑鬱寡歡、積憂成疾傷病自亡，其他粵劇、京劇、歌仔戲以及客家戲，基本走向都是：她的死，與兩名帝王有關。

黃燮清的《帝女花》中，讓生分別扮演崇禎與周世顯，崇禎與周世顯對公主的愛憐幾乎相同，有論者認為此種處理方式，含有深意，認為周世顯處處隱含著崇禎的影子〔註2〕。如若以此觀之，公主的兩起死又與兩名「帝王」相關了。

唐滌生對於兩名帝王的處理也是別有深義，他讓武生靚次伯〔註3〕（1904～1992）分別飾演慈愛的崇禎以及心機深沉的清帝，兩者一個是公主之死的發動者，一個是完成者：前者於國破家亡時忍痛割慈；後者要帝女回朝，進而使她為了節操的完滿而自殺殉國〔註4〕。而兩場劫難，分別是第一場《香劫》以及第六場《香夭》，劫，意為「災禍」禍「用威嚇的手段脅迫」；夭，音一ㄠˇ（[iau↓]）時意為「少壯而死」或是「摧殘」，讀一ㄠ（[iau↓]）時也有「災禍」之意〔註5〕，正恰好如劇中，兩名帝王對公主所做之事，差別只在香劫時大難不死，香夭時少壯而亡。〔註6〕

由此，《紅綾恨》的公主之死命運的推動者依然是兩名皇帝，只是這時已非一人分飾兩角，而分別由老生與武生擔任。崇禎之老生，象徵一國之衰；清帝之年輕武生，象徵著一國之始，氣象之新，又或者借以暗示清朝的馬上得天下。

《帝女・萬歲・劫》的兩起死之發動者，依然是兩名帝王，清帝由呂雪鳳〔註7〕（1964～）的小生形象登場，年輕英俊，卻心懷狡詐。他雖然沒

〔註2〕梁慧：〈以劇寫「史」：黃燮清《倚晴樓九種曲》研究〉，（香港中文大學中國語言及文學課程哲學碩士論文，2011年5月）頁75～76。

〔註3〕靚次伯，本名黎松柏，有武生王、南音王之美稱。以上部分參中國戲劇出版社出版之《粵劇史》，（北京：中國戲劇出版社，1988年）頁213。

〔註4〕陳國球：《香港的抒情史》，（香港：香港中文大學，2016年）頁375～376。

〔註5〕分別見教育部重編國語辭典修訂本「劫」、「夭」條目：http://dict.revised.moe.edu.tw/cbdic/index.html（最後查閱日期2018年6月26日）

〔註6〕劫，粵音「gip3」，夭粵音「jiu2」。

〔註7〕呂雪鳳（1964～），歌仔戲著名演員，現活躍於電視圈中。

有真正實質上的完成公主的死，公主的「劫難」卻仍然由他而來，她最後的無奈，又何嘗不能說她心死了呢？而這便是《帝女‧萬歲‧劫》題旨的由來。

《長平公主》中，清帝雖然沒有登場，卻仍然是第二起死的完成者。

一條苦命怎生做兩起死？本是歷史事實進而由文人書歎，到了後世劇作家的手中，成了必要之情節，更是戲曲故事架構的美感。

至於「汝何故生我家！」原是崇禎皇帝對長平公主的說話，在國破家亡之際，這一句話成了最狠的刀。劇作家對此各有處理，但大抵都是讓崇禎對心愛的女兒說出這樣的話，無論是黃燮清筆下崇禎的「我那親兒呵。事到如今。安能顧他。你投生錯入帝王家。」心中的無奈與悲痛，盡在言語中；或唐滌生的「你雖身似金枝玉葉，但可惜生在帝王之家。」所謂天禍紅顏，應當就是天子禍紅顏；或是《紅綾恨》中的「你不要埋怨為父、為父我、我……唉，只怨你不該生在帝王之家！」無奈相同；或是《帝女‧萬歲‧劫》中，長平聽到崇禎殺昭仁時的幕後音：「女兒，誰叫妳要生在帝王之家！」雖是問昭仁，卻也是問長平；又或是《長平公主》的「你莫要怨父王，只恨今生你出生在明朝皇室。」無論哪一個，都用以突顯末代帝王之於親情的無奈與悲哀。綜觀五部作品，僅有《帝女‧萬歲‧劫》還透過民女之口說出這句話，用以詰問被忠孝道德束縛的長平公主：「誰叫你出世在帝王之家！」

若以歌仔戲《帝女‧萬歲‧劫》的「誰叫你出世在帝王之家！」來回答清代《帝女花》傳奇的「一條苦命怎生做兩起死！」之問，作一場現代人對古代人的隔空對話，則相當有趣味。

本文研究臺灣的「帝女花」戲曲，首先爬梳關於長平公主之生平以及前人詩文、戲曲創作：清末民初楊圻的〈長平公主曲〉、黃燮清《帝女花》傳奇及唐滌生《帝女花》粵劇。其次，梳理三部臺灣「帝女花」戲曲：京劇《紅綾恨》、歌仔戲《帝女‧萬歲‧劫》以及客家戲《長平公主》。

長平公主的一生，以史書上的記載，大致為：（一）公主許配周世顯。（二）城破，崇禎皇帝問：「汝何故生我家」砍左臂。（三）公主五日後於外戚家甦醒。（四）上書請求出家，清帝不允，詔求原配。（五）公主與周世顯結婚。（六）公主病死。

上述情節，到了黃燮清的傳奇，基本不變，但前後及中間都多了神佛因果情節。此外，更讓公主進入庵觀，庵觀自明傳奇以來便有避禍守潔的功能

性〔註8〕，公主進入庵觀而不回，後來周奎家被害破敗，公主因身在庵觀而得以保全。黃燮清為了讚揚清室厚恩，劇中多了許多歌功頌德之語，除此以外，還有藉由戲文批判諷刺禍國殃民的亂臣賊子。

　　而唐滌生的粵劇情節簡潔，劇情走向為：（一）公主自選駙馬，兩人訂情。（二）城破，崇禎賜后妃死，斬長平。（三）長平在周鐘家休養，驚聞周氏父子語，以偷樑換柱逃往庵觀避禍。（四）一年後的長平心如止水，卻碰上癡情駙馬，一陣攻防最後相認。（五）周世顯帶周鍾等人迎接公主回朝，公主氣極，周世顯後來解釋情由，共謀大計。（六）公主與周世顯清殿上與清帝攻防，成功令清帝答允要求。（七）拜堂殉國。情節簡而緊湊，後來改編劇作，基本都從此情節走向。

　　為何後來戲曲大多都從唐滌生粵劇版本的走向，而非黃燮清的版本呢？筆者以為是因作者都各自有懷抱要書，黃燮清雖也有憂國之思，借古鑒今之意，然而曲文中多有頌讚上位者的內容，放諸民主時代看來固然不自然，且傳奇體制，一本二十齣，雖不及《牡丹亭》五十五齣那般宏偉，卻也實在龐大，改編不易，演出不易，看戲更不易；而更重要的一點，是黃燮清《帝女花》傳奇雖然曲文優美，哀感頑豔，卻不是一本好的戲劇創作。生旦之間，竟然要到卷下才得相見，相見以後又好景不常，再者全篇寄興亡，不免通篇沉重，令觀者無處可抒臆。

　　而唐滌生的《帝女花》，分場較少，情節明快緊湊，改編起來相較容易。其中雖有忠孝情節，但無書天恩熙朝，反而是演生旦二人勇抗強敵的貞烈戲碼，加之多年以來，粵劇《帝女花》已經是經典戲寶，情節眾人耳熟能詳，比起黃燮清的《帝女花》名氣更盛。

　　再者，唐滌生創造出的力抗強敵的公主與駙馬，勇於批判心懷不軌的外來霸主，他們對於故國之懷抱非常強烈，明知不可為而為之的情操令人感動，較之於一般生旦之愛，有著家國興亡背景的粵劇《帝女花》更有時代變換的滄桑感、在江山易代後不變的志氣，怎能不令人動容呢？

　　於是，長平公主與駙馬的故事變成了編劇抒發懷抱的喻依與憑藉，如唐

〔註 8〕「投庵情節是明傳奇一系列悲喜劇的重要結構段落，可分人助與神助兩種類型。旦角在亂離中得助獲救，投庵出家後，復返家團圓。投庵情節無論發生在前或在後，旦角無論是自行投庵或被救送庵，都串連了故事主軸脈絡，表現了命運逆轉的過程，具關鍵情節作用。」吳淑鈿：〈明代傳奇的「投庵」情節〉，《文化遺產》2009 年第 3 期。

滌生借有著良好主題的《帝女花》，期望粵劇能邁向康莊大道，又因他的《帝女花》實際上包含了政治與道德的主題在內，這是他所謂「良好主題」，雖不知他借指的外強（清朝）具體是誰，不過不妨礙劇本本身的立意。

長平公主渡過「黑水溝」來到寶島臺灣，也成為了劇作家及藝術家寄託家國懷抱的憑藉。例如雅音小集的京劇《紅綾恨》，便是因此誕生。郭小莊本人對於端正社會風氣有著強烈的使命感〔註9〕，京劇是她載道的工具，是故長平公主便成了藝術家的化身，向世人傾訴，提出諷諭。所以，《紅綾恨》也是一個以愛情為包裝，實際上充滿了警世與褒貶的作品。編劇諷刺二臣，讚揚忠良，立意明顯。然而，即便閃避君恩情節，公主與駙馬最後為了變易的山河仍然殉國死去；突顯高貴人性，劇中忠良李國禎自刎而死，雖然符合時代氣節，卻不免令人唏噓，進而反思，如此犧牲生命的情操，究竟值不值得？然而縱觀史書與傳說，古代忠臣良相佳話不斷相傳，亂臣賊子不斷遭到辱罵與輕視，這樣的氣節又何嘗不是「千秋歌讚在靈牌上」呢？生命雖殞，聲名卻永誌。

而歌仔戲《帝女‧萬歲‧劫》，雖然將史上最癡情的駙馬從長平公主身邊抽離，讓她隻身面對一切，呈現出末代公主形單影隻的時代感，構思創新，雖然拿掉了駙馬，故事的情節仍然基本是以唐滌生的粵劇為依據——公主哭殿，卻一改以往的成功，公主輸給了清帝以及變節的遺臣。大明的禮教不過是她一意遵守的窠臼，而這樣的禮教成為她的桎梏，令她求生不得，反被仇敵嘲弄，多麼荒謬。此外，公主的嬌柔以及對愛情的美好想像，終歸只是想像，即便她為了婚姻而聽了多少母親的言教身教，她身為帝王之女，愛情從來不是她能夠掌握的，命運也不是。作者借此針砭傳統禮教、忠孝觀念，再明白不過了。

至於客家戲《長平公主》則雖以粵劇《帝女花》作為改編底本，愛情主題卻較其他作品更加明顯。黃燮清的《帝女花》傳奇，愛情本身不是重點，寄

〔註9〕王安祈在《性別、政治與京劇表演文化》第四章提到為何未將她納入討論之中：「郭小莊具有強烈的使命感，非常重視戲劇的教化功能，強烈期望自己每一部戲，都能為端正社會風氣做出正面貢獻，希望自己積極奮鬥為京劇付出一切的形象，能和劇中人形象貼合。因此，郭小莊一再在戲裡塑造超越男性的傑出女性，大義凜然可歌可泣的事，價值觀和男性並無不同……本書仍將雅音新戲，歸入傳統的價值觀中。」見王安祈：《性別、政治與京劇表演文化》，（臺北：國立臺灣大學出版中心，2011年）頁147。

興亡之感、諷刺褒貶與讚揚殊恩才是；粵劇《帝女花》本身的愛情本也不是重點，愛情皮底下的骨——道德教化才是；京劇《紅綾恨》的愛情也不是重點，借興亡語道德才是；《帝女‧萬歲‧劫》的愛情更不是重點，諷刺禮教、傳統忠孝觀與父權才是。

　　總而言之，從黃燮清開始，長平公主的故事便被拿來加以做文章，其目的不外乎是抒臆、借古鑒今等；到了唐滌生，長平公主脫胎換骨，成為一名道德節操完滿的人物，甚至讓長平公主，乃至《帝女花》成為香港文化的一個不可分割的部分，又或許能跟香港人的性格重疊在一起：先不談香港長期為英國所殖民統治，早期的港督又實行種族政策，香港華人飽受雙重標準等壓迫。就從孫中山革命談起，香港從 1895 年到 1911 年間，孫中山以「驅逐韃虜，恢復中華」為口號，要創立合眾政府。「孫中山直接策劃的南方十次武裝起義，就有六次是香港興中會及同盟會香港分會以香港為基地秘密發動的。」、「香港既是指揮和策劃中心，又是經費籌集和轉匯之地，軍火購置與轉運中心、海內外革命同志的聯絡與招募中心，也是每次起義失敗後革命黨人的避難場所。」〔註 10〕可見香港至關重要。甚至在 1911 年 11 月 6 日，香港人收到一則假消息，說滿人已經遁逃，令全港各地華人興奮鼓舞，不顧燃放鞭炮是違法的，仍然放鞭炮慶祝。又如五四運動，香港學界也開始響應，甚至形成一股反日風潮，許多市民群起全日本商店前面抗議示威，抵制日貨。香港人的情操，甚至於抗戰時期也義無反顧，支持抗戰。將香港這段歷史、這種對抗外族（滿清）以及對抗外強（日本）的心，與長平公主似乎重疊在一起了。凡此種種，都能看得出香港人的風骨。又日佔香港，始於英國政府放棄保守香港，以至香港淪陷、港督楊慕琦〔註 11〕（1886～1974）遭俘，開啟了香港淒風苦雨的一段日子〔註 12〕，若拿這段歷史來看外來殖民所造成的人民悲哀，日佔之結束離《帝女花》的創作恰好十年再長一點，記憶仍在，長平公主能夠迅速進入香港人的心中，是很合情合理的事。

　　「帝女花」在臺灣不像在香港那樣「刻骨銘心」地成為文化的一部分而有各式各樣的相關創作，然而，「帝女花」及至臺灣有三部戲曲創作，也幾乎

〔註 10〕引劉蜀永：《簡明香港史》，（香港：三聯書店，1998 年），頁 141。

〔註 11〕楊慕琦（Mark Aitchison Young），於 1941 年 9 月 10 日到同年 12 月 25 日任香港總督，1946 年香港重光後復任。

〔註 12〕以上資料，參考劉蜀永：《簡明香港史》，（香港：三聯書店，1998 年），頁 139～173。

是拿長平公主來作為憑藉。她或志向明確，或束手無策；或用以諷諭，或用以反思；她或者背負責任重擔，或者想追求愛情；「她」或者典雅，或者通俗而富有民間文學的活力……無論如何，長平公主儼然是一個宣揚道德風氣，或是能借她以進行思考的一個角色，是一個能夠借以言志抒情的人物。

徵引文獻

一、專書

1. 〔清〕張宸:〈長平公主誄〉,收錄於〔清〕談遷《北游錄》,北京:中華書局,1960 年。

2. 曾永義:《中國古典戲劇論集》,臺北:聯經,1975 年。

3. 〔清〕吳梅村:《梅村集》,收錄於《文淵閣四庫全書》,臺北:臺灣商務,1984 年,冊 1312。

4. 〔清〕張廷玉等:《明史》,收錄於《文淵閣四庫全書》,臺北:臺灣商務,1984 年,冊 297。

5. 葉紹德:《唐滌生戲曲欣賞》,香港:週刊出版社有限公司,1986 年。

6. 賴伯彊:《粵劇史》,北京:中國戲劇出版社,1988 年。

7. 〔清〕徐用儀:《光緒海鹽縣志》,收錄於《中國地方志集成》,上海:上海書店,1993 年。

8. 王安祈:《國劇新編》,臺北:文建會,1991 年。

9. 黎鍵:《香港粵劇口述史》,香港:三聯書店,1993 年。

10. 劉靖之主編:《粵劇研討會論文集》,香港:三聯書店,1995 年。

11. 楊智深:《唐滌生的文字世界·仙鳳鳴卷》,香港:三聯書店,1995 年。

12. 李澤厚:《華夏美學》,臺北:三民書局,1996 年。

13. 李澤厚:《美的歷程》,臺北:三民書局,1996 年。

14. 許子漢:《明傳奇排場三要素發展歷程之研究》,臺北:國立臺灣大學出

版委員會，1999 年。

15. 陳守仁：《香港粵劇導論》，香港：香港中文大學音樂系粵劇研究計劃，1999 年。

16. 林鶴宜：《臺灣戲劇史》，臺北：國立空中大學，2003 年。

17. 楊圻：《江山萬里樓詩詞鈔》，上海：上海古籍出版社，2003 年。

18. 盧瑋鑾主編：《姹紫嫣紅開遍——良辰美景仙鳳鳴（儂纖本）》，香港：三聯書店，2004 年。

19. 邁克：《任劍輝讀本》，香港：香港電影資料館，2005。

20. 陳守仁：《香港粵劇劇目初探（任白卷）》，香港：香港中文大學音樂學系粵劇研究計劃，2005 年。

21. 陳守仁：《粵曲的學和唱：王粵生粵曲教程》，香港：香港中文大學音樂系粵劇研究計劃，2007 年。

22. 王安祈：《光照雅音——郭小莊開創臺灣京劇新紀元》，臺北：相映文化，2008 年。

23. 盧瑋鑾主編：《辛苦種成花錦繡——品味唐滌生粵劇《帝女花》》，香港：三聯書店，2009 年。

24. 劉步釗：《五十年欄杆拍遍——唐滌生粵劇劇本文學探微》，香港：匯智出版有限公司，2009 年。

25. 黃兆漢主編：《長天落彩霞——任劍輝的劇藝世界》，香港：三聯書店，2009 年。

26. 〔清〕黃燮清：《帝女花》，見《倚晴樓七種曲》，收錄於《傅惜華藏古典戲曲珍本叢刊》第 93 冊，北京：學苑出版社，2010 年。

27. 黎鍵：《香港粵劇緒論》，香港：三聯書店，2010 年。

28. 施如芳：《願結無情遊：施如芳歌仔戲創作劇本集》，臺北：聯合文學，2010 年。

29. 王安祈：《性別、政治與京劇表演文化》，臺北：國立臺灣大學出版中心，2011 年。

30. 黃兆漢編：《驚艷一百年：2013 紀念任劍輝女士百年誕辰粵劇藝術國際研討會論文集》，香港：中華書局，2013 年。

31. 施如芳：《帝女・萬歲・劫》，桃園：國立中央大學黑盒子表演藝術中心，

2014 年。

32. 何志華、馮勝利主編:《承繼與拓新:漢語語言文字學研究》,香港:商務印書館,2014 年。

33. 陳素怡、劉燕萍編著:《粵劇與改編——論唐滌生的經典作品》,香港:中華書局,2015 年。

34. 唐卓敏:《淒風苦雨——從文物看日佔香港》,香港:中華書局,2015 年。

35. 鄧思穎《粵語語法講義》,香港:商務印書館,2015 年。

36. 陳國球:《香港的抒情史》,香港:香港中文大學,2016 年。

37. 陳守仁:《唐滌生創作傳奇》,香港:匯智出版有限公司,2016 年。

38. 劉蜀永:《簡明香港史》第三版,香港:三聯書店,2016 年。

39. 馮梓:《帝女花演記》,香港:匯智出版有限公司,2017 年。

40. 王賡武:《香港史新編(增編)》,香港:三聯書店,2017 年。

二、論文

(一)學位論文

1. 廖秀霞:《戲曲虛實論研究——以王安祈劇作為例》,臺北:臺灣師範大學國文研究所碩士論文,2001 年。

2. 韓仁先:《臺灣新編京劇研究(1949～2003)》,臺北:中國文化大學中國文學研究所博士論文,2005 年。

3. 呂莉:《黃燮清戲曲研究》,北京:首都師範大學碩士論文,2006 年 4 月。

4. 陳素怡:《改編與傳統道德:唐滌生戲曲研究(1954～1959)》,香港:嶺南大學哲學碩士論文,2007 年。

5. 戴淑茵:《1950 年代唐滌生粵劇創作研究》,香港:香港中文大學民族音樂學課程哲學博士論文,2007 年 11 月。

6. 蔡慶:《黃燮清創作研究》,上海:華東師範大學中國語言學系研究所碩士論文,2009 年 4 月。

7. 張傳若:《黃燮清與倚晴樓戲曲》,上海:上海戲劇學院碩士論文,2010 年 3 月。

8. 梁慧:《以劇寫「史」:黃燮清《倚晴樓九種曲》研究》,香港:香港中文大學,2011 年 5 月。

（二）期刊

1. 楊穌之：〈關於長平公主和「帝女花」〉，刊於《歷史月刊》1995 年第 88 期。

2. 區文鳳：〈唐滌生早期的創作道路和編劇特點〉，收錄於《南國紅豆》，1995 年 S1 期。

3. 區文鳳：〈香港戰後粵劇發展概況〉，刊於《南國紅豆》，1997 年第 2 期。

4. 吳淑鈿：〈明代傳奇的「投庵」情節〉，《文化遺產》2009 年第 3 期。

5. 陳潔儀：〈論鍾曉陽〈良宵〉與香港的互文性〉，刊於《政大中文學報》第 11 期，2009 年 11 月。

6. 劉燕萍：〈性格與命運、亂世情和謫仙──論《帝女花》的改編〉，收於《文學論衡》總第 15 期，2009 年 12 月，見 http://www.huayuqiao.org/LLM/LLM-15/LLM1505.htm，最後查閱日期：2013/06/10。

7. 徐燕琳：〈在家與國的邊緣──《帝女花》的歷史空間及嶺南敘事〉，刊於《文化遺產》，2013 年第 6 期。

8. 王祥穎：〈長平公主傳說研究〉，刊於《文學新鑰》第二十四期，嘉義：南華大學文學系，2016 年 12 月。

9. 陳國球：《政治與抒情──從黃燮清到唐滌生的《帝女花》》，刊於《中國文學學報》第七期，香港：香港中文大學，2016 年 12 月。

（三）單篇

1. 何冠驥：〈粵劇的悲情與橋段：《帝女花》分析〉，收錄於《借鏡與類比──中國文學研究的現代化》，臺北：東大圖書公司，1989 年。

2. 陳世驤：〈論中國抒情傳統〉，收錄於陳國球、王德威編：《抒情之現代性：「抒情傳統」論述與中國文學研究》，北京：三聯書店，2014 年。

（四）報章

1. 張必瑜：〈雅音享特權？立委要質詢！〉，《聯合報》，1989 年 6 月 21 日，第 28 版。

2. 張必瑜：〈雅音卯勁‧紅綾恨賣作〉，《聯合報》，1989 年 7 月 21 日，第 28 版。

3. 廖偉棠：〈火宅與香天〉，刊登於《中國時報》2016 年 7 月 5 日，見：http://literature.chinatimes.com/20160705003928-262702。

三、影音資料

1. 仙鳳鳴劇團：《帝女花》電影，香港：大成影片公司，1959 年。

2. 雛鳳鳴劇團：《帝女花》電影，香港：嘉禾電影公司，1976 年。

3. 中視：《帝女花——亂世不了情》，1994 年（一共 18 集），見：https://youtu.be/8LVYwu1eaTM，上傳日期：2017 年 4 月 27 日。

4. 雅音小集：《紅綾恨》，臺北：台視文化，2008 年。

5. 乾坤大戲班：《歌仔折戲展風華：帝女・萬歲・劫：香蓮告青天》，臺北：乾坤大戲班，2006 年。

6. 李靜芳歌仔戲團：《帝女花・長平恨》，南投：李靜芳戲曲工作室，2015 年。

7. 榮英客家戲劇團：《長平公主》，見客家電視 Hakka TV YouTube 頻道：
   第一集：https://youtu.be/bygRWHpYeSQ，上傳日期：2017 年 4 月 26 日。
   第二集：https://youtu.be/Q9AAH7FQmo8，上傳日期：2017 年 4 月 26 日。
   第三集：https://youtu.be/3NYddm0NqGk，上傳日期：2017 年 4 月 26 日。
   第四集：https://youtu.be/gvJXhYAN4Kc，上傳日期：2017 年 4 月 26 日。
   第五集：https://youtu.be/1pqkiL5zaEA，上傳日期：2017 年 4 月 26 日。

四、網路資源

1. 香港大學教育學院中文教育研究中心：《帝女花教室》網上版，見 http://yuejuedu.blogspot.tw/2008/06/blog-post_22.html。

2. 郭小莊的戲劇世界：http://yayin329.com/。

3. 任劍輝研究計畫：http://www.yamkimfai2009.net/。

4. 粵語審音配字詞庫：http://humanum.arts.cuhk.edu.hk/Lexis/lexi-can/。

5. 教育部重編國語辭典修訂本：http://dict.revised.moe.edu.tw/cbdic/index.html。

附　錄

表一、傳奇《帝女花》與粵劇《帝女花》情節對照表

	黃燮清《帝女花》傳奇情節	粵劇《帝女花》情節
1	黃燮清《帝女花》傳奇《宮歡》以公主憂國憂民作開場，後被周后通知許配周世顯。並無與周世顯對戲。	1.《樹盟》 2. 出昭仁公主上場，告訴觀眾父皇要替長平姐選駙馬。其中只有「愁雲慘霧照南天」提及亂事。昭仁與長平公主談論選駙馬之事，長平言道本無選駙馬之心，無奈父王催粧有意。 3. 周鐘帶領周世顯上殿應選。周世顯抬頭一望公主已被驚艷。 4. 長平公主出言與周世顯針鋒相對。後公主青睞周世顯的才貌，吟詩使周鐘知道周世顯雀屏中選。 5. 含樟樹吟詩定情後突然雷電大作，眾人皆知這是不祥之兆，公主與駙馬則互相盟誓，情意綿綿。
2	在《軼關》中描寫叛將降流寇、李闖入城燒殺擄掠。	僅在《香劫》中由演員口頭訴說，李自成並無實際出現。
3	1.《割慈》一齣寫李闖兵臨城下，崇禎欲刺死公主，但只砍斷左臂一半，公主昏厥。 2. 周皇后攜二子上前，看到公主慘狀傷心難過，又聽聞崇禎將昭仁、袁貴妃砍死並遣宮人逼太后、李妃速	1.《香劫》 2. 崇禎與二后妃談及國家遭逢禍亂，交代太子與二皇子的去向。 3. 崇禎：「孤王生平所愛，就係一個年方十五歲嘅長平公主，怕只怕天禍紅顏。」

— 167 —

	死，並請周皇后歸天。周皇后拋下二子死去。	4. 周鐘呈報選定駙馬之事，崇禎宣召周世顯上殿。
	3. 崇禎悵惋後引內侍下，在後一齣《佛餌》由周太夫人口中得知崇禎已死。	5. 周世顯習文，崇禎嘆：「亂世文章有乜嘢用吖。」令周世顯自慚。周鐘趁機推薦自己的兒子周寶倫為駙馬。
	4. 周鐘來到宮廷，發現屍橫遍地，後找到公主，發現尚未氣絕，便將之帶回家中。	6. 崇禎傳諭禮部，冊封周世顯配長平公主，賜駙馬名銜。
	5. 李自成於末段上場，一些舊臣轉降闖王。	7. 周寶倫報宦官偷開彰義門，李闖已進皇城。崇禎自知大勢去矣。
		8. 周后與袁妃求死，崇禎賜下紅羅下場。後公主由周鐘口中得知母后、袁妃俱死。
		9. 崇禎賜死后妃後，周世顯告知欲替岳父死，崇禎嘆自己無法救社稷，希望能死社稷。后妃已死，剩下長平昭仁兩位公主，未免汙辱，萬不能留二人在人間。
		10. 周世顯沉痛萬分，崇禎要周世顯別怨他太狠，世顯欲阻止，但崇禎心意已決，世顯只恨書生無力護紅顏。長平公主上殿，察覺不對勁，崇禎欲說而說不出，公主轉向問駙馬，駙馬有口難言，最後周鐘開口告知。
		11. 長平公主願從容就義，世顯與之拉拉扯扯，公主無法自縊。後崇禎發現公主未死，便拔劍刺殺，周世顯欲阻止，卻在過程中與公主失散。
		12. 崇禎先誤殺昭仁，後刺長平。之後往煤山自盡。
		13. 周鐘發現公主未死，將之救回。周世顯衝入，詢問宮人公主去向，宮人回答屍體已被周鐘帶回家。
4	1.《哭墓》一折演周世顯前往祭拜先帝先后，得知公主未死消息。 2.《探訊》一折演周世顯前往周府尋找公主，得知公主避居庵觀。	1.《乞屍》 2. 周寶倫與周鐘同謀，要將公主獻與清廷以求富貴。 3. 公主與周瑞蘭聽見，趁周鐘父子出門之際，公主求死。瑞蘭不恥父兄

	3.《草表》一折公主自訴不恥與覥腆事賊的周鐘同處一室，後假借進香名義，一去不返。	行為，適逢維摩庵老道姑前來，瑞蘭得知慧清道姑已死，公主聽聞後心生一計，與瑞蘭、道姑商議以假亂真，逃脫虎口。 4. 周瑞蘭告知父兄公主已毀容自殺，並留下血書。 5. 周世顯前來乞屍，周鍾不敢給別人知道公主死因，只給周世顯看一半的遺書，並說公主屍體已葬入江海中。 6. 周世顯欲殉情，卻受嘲諷；周瑞蘭看他情真意切，語露玄機。 7. 周瑞蘭向周鍾請走紫玉山房，以便照料公主。
5	僅有《草表》描述公主在庵內生活，且住持已知公主身分，公主未受到折磨，上表是為了請示出家，與粵劇《帝女花》的上表不同。	1.《庵遇》 2. 長平公主在庵觀外想起過去，心中好不慘然：「……不求樂昌圓破鏡，只憑魂夢哭皇陵。」 3. 周世顯偶至庵觀，發現那道姑好像公主，便上前詢問。長平公主先是不認，周世顯撒潑使公主心軟，終於認了。兩人相約於紫玉山房再續前緣。 4. 周鐘受到通報，得知公主在庵觀，於是前來一探究竟，沒看到公主，只看到周世顯。 5. 因為事跡敗露，周世顯心生一計，順水推舟，與周鐘約定前往紫玉山房迎接彩鳳還朝。 6. 後有《上表》一齣，描寫公主在紫玉山房等待周世顯到來，怎知等到的是「出賣」，憤恨欲死，經由周世顯解釋過後，才共謀大計，欲逼清帝安葬先帝、釋放太子，事成之後，兩人雙雙仰藥以證氣節。
6	並無哭殿戲碼。	1.《香夭》 2. 清朝堂上，一半是漢服官員，一半是滿服官員。周世顯穿著明朝服裝上朝。

		3. 周世顯對清帝明褒暗貶，當堂宣讀公主表章，清帝假裝依允，騙使公主上殿。
		4. 公主上殿，用目橫掃前朝舊臣，使他們俯首自愧。
		5. 長平公主發現清帝哄騙她入朝，周世顯建議公主將悲聲放。
		6. 公主哭殿，使舊臣紛紛受到打動。
		7. 清帝無可奈何，只好依允公主的要求。並命公主赴馬二人立刻成婚，公主要求將花燭設在月華宮外，清帝應允。
7	《香夭》一折，僅公主婚後病重，最後病死，駙馬未死。駙馬後於《散花》與公主重逢，一同聽聞佛法。	1. 《香夭》最後一段
		2. 駙馬令宮女退下，舞台上只留下公主與赴馬二人。
		3. 公主駙馬兩人對唱，情深意切，行交拜禮後仰藥自殺，相擁身亡。

表二、京劇《紅綾恨》與粵劇《帝女花》情節對照表

	《紅綾恨》情節	粵劇《帝女花》情節
1	1. 以長平公主唱〈可憐荷鋤翁〉開場，宮人、公主互相嘆息時局險惡，後談論到了挑選駙馬之事，公主表示先前那些候選者都是趨炎附勢之徒，不能託付終身，此時昭仁公主引田大人上場。 2. 公主諷刺田大人不思國家大事，只作替主子配譜鴛鴦的小事。公主為了要讓「趨炎附勢」之徒打退堂鼓，便故意擺排場去接見周世顯。 3. 田大人引周世顯上場。周世顯聽見笙簫聲很是不悅，因為本身不想來應選，又聽見笙簫之音，躊躇徘徊不想入宮。田大人告訴他中選後即可享有榮華富貴，周世顯嘆息。 4. 長平公主先是與周世顯針鋒相對，周世顯大嘆國家逢亂，無心貪圖富貴，告知公主他是勉強入宮來的。長平公主後得知周世顯為〈可憐荷鋤翁〉作者後，心生喜歡。後以酒	1. 《樹盟》 2. 由昭仁公主上場，告訴觀眾父皇要替長平姐選駙馬。其中只有「愁雲慘霧照南天」提及亂事。昭仁與長平公主談論選駙馬之事，長平言道本無選駙馬之心，無奈父王催粧有意。 3. 周鐘帶領周世顯上殿應選。周世顯抬頭一望公主已被驚艷。 4. 長平公主出言與周世顯針鋒相對。後公主青睞周世顯的才貌，吟詩使周鐘知道周世顯雀屏中選。 5. 含樟樹吟詩定情後突然雷電大作，眾人皆知這是不祥之兆，公主與駙馬則互相盟誓，情意綿綿。

	祭天地，周世顯看到公主這般憂國憂民，心生憐惜。公主與周世顯在楓樹下約訂終身。嫁妝全當軍餉，只願有一紅綾作嫁粧。 5. 在雷聲大作後幕急落。	
2	僅是短短過場，寫闖賊入京，百姓紛紛逃竄。	僅在《香劫》中由演員口頭訴說，李自成並無實際出現。
3	1. 公主與駙馬在朝堂中行婚禮。 2. 內監忽上報崇禎闖賊已入皇城。崇禎命宦官把守宮門，李國禎嘆皇帝至今仍重用宦官。 3. 崇禎讓太子換上百姓衣衫，讓馬世奇護送至吳三桂處。 4. 周皇后請死，崇禎賜其黃羅緻死。由昭仁公主在後台喊娘，使觀眾知道周后已死。 5. 崇禎與長平父女情深，崇禎不忍地說出：「只怨你不該生在帝王之家！」長平告知願以身殉國，周世顯請求開恩，願保公主出宮，崇禎認為周世顯不可能保全公主出宮，因此讓長平以紅綾自盡。周世顯願與公主同死，公主勸他要他留得青山在，匡復大明朝，願來生再敘前緣。後崇禎發現長平仍未死，拾劍刺殺，周世顯欲阻止，卻被踢開，撞到柱子昏厥。崇禎誤賜昭仁，後刺中長平公主左臂，公主倒地。崇禎往煤山自盡 6. 李國禎救起田大人與公主，命兵士將公主送往田大人家。 7. 魏宮人撞牆自盡，費宮人假充公主，想要刺殺李自成，卻被賜給一隻虎。	1. 《香劫》 2. 崇禎與二后妃談及國家遭逢禍亂，交代太子與二皇子的去向。 3. 崇禎：「孤王生平所愛，就係一個年方十五歲嘅長平公主，怕只怕天禍紅顏。」 4. 周鐘呈報選定駙馬之事，崇禎宣召周世顯上殿。 5. 周世顯習文，崇禎嘆：「亂世文章有乜嘢用吖」令周世顯自慚。周鐘趁機推薦自己的兒子周寶倫為駙馬。 6. 崇禎傳諭禮部，冊封周世顯配長平公主，賜駙馬名銜。 7. 周寶倫報宦官偷開彰義門，李闖已進皇城。崇禎自知大勢去矣。 8. 周后與袁妃求死，崇禎賜下紅羅下場。後公主由周鐘口中得知母后、袁妃俱死。 9. 崇禎賜死后妃後，周世顯告知欲替岳父死，崇禎嘆自己無法救社稷，希望能死社稷。后妃已死，剩下長平昭仁兩位公主，未免汙辱，萬不能留二人在人間。 10. 周世顯沉痛萬分，崇禎要周世顯別怨他太狠，世顯欲阻止，但崇禎心意已決，世顯只恨書生無力護紅顏。長平公主上殿，察覺不對勁，崇禎欲說而說不出，公主轉向問駙馬，駙馬有口難言，最後周鐘開口告知。 11. 長平公主願從容就義，世顯與之拉拉扯扯，公主無法自縊。後崇禎發現公主未死，便拔劍刺殺，周世顯欲阻止，卻在過程中與公主失散。

		12. 崇禎先誤殺昭仁,後刺長平。之後往煤山自盡。
		13. 周鍾發現公主未死,將之救回。周世顯衝入,詢問宮人公主去向,宮人回答屍體已被周鍾帶回家。
4	1. 李國禎身著孝服,準備迎接太子與吳三桂還朝。 2. 途中巧遇田大人,問起公主近況,田大人言道公主由田小姐照看,已經痊癒。 3. 李田二人談及擁護太子登基之事。此時光頭的朱純臣上場,告知吳三桂引清兵入關,而他想在新朝謀個官做。田朱二人惺惺相惜,決定一同共事新朝。 4. 李國禎在一旁聽不下去,欲打他們。此時吳三桂領清旗號上場。其餘明臣迎接太子,怎知太子已被獻與清廷,吳三桂前來勸降,不少明臣被迫紛紛轉降。 5. 李國禎痛心,大罵降臣,欲刺吳三桂失敗,自刎身亡。 6. 田大人告知吳三桂,他還有寶(即長平公主)可獻與清廷。	無安排忠憤戲,關於公主復原與奸臣獻公主一事,則在《乞屍》中演出。
5	1. 公主在田小姐閨房內,幻覺看到父王母后,接著驚醒。 2. 田小姐走報公主其父變節降清,要將公主獻與清廷。 3. 田小姐帶領公主前往蓮花庵避禍,到蓮花庵後,發現慧清師太已被亂兵砍死,田小姐急中生智,將公主與慧清掉包,成功矇騙過田大人。 4. 田小姐痛罵田大人貪圖榮華富貴,害死公主。	1.《乞屍》 2. 周寶倫與周鍾同謀,要將公主獻與清廷以求富貴。 3. 公主與周瑞蘭聽見,趁周鍾父子出門之際,公主求死。瑞蘭不恥父兄行為,適逢維摩庵老道姑前來,瑞蘭得知慧清道姑已死,公主聽聞後心生一計,與瑞蘭、道姑商議以假亂真,逃脫虎口。 4. 周瑞蘭告知父兄公主已毀容自殺,並留下血書。 5. 周世顯前來乞屍,周鍾不敢給別人知道公主死因,只給周世顯看一半的遺書,並說公主屍體已葬入江海中。

		6. 周世顯欲殉情，卻受嘲諷；周瑞蘭看他情真意切，語露玄機。
		7. 周瑞蘭向周鍾請走紫玉山房，以便照料公主。
6	1. 公主在庵觀受到後一個住持的欺凌，每天令她做粗活，公主思及至此，不免一陣傷心難過。 2. 公主回到庵堂，又受住持冷嘲熱諷。 3. 周世顯尋訪公主撒手人寰之處，來到庵觀，偶然間看到假扮慧清的公主，兩人激動相認，互相訴說這些日子來的往事。住持前往報官。 4. 田大人帶人迎彩鳳入朝，周世顯假意逢迎，公主憤怒欲刺瞎自己雙眼。周世顯向公主訴說自己情衷，兩人共謀上朝爭取安葬先帝、釋放太子，事成之後共証同心。	1. 《庵遇》 2. 長平公主在庵觀外想起過去，心中好不慘然：「……不求樂昌圓破鏡，只憑魂夢哭皇陵。」 3. 周世顯偶至庵觀，發現那道姑好像公主，便上前詢問。長平公主先是不認，周世顯撒潑使公主心軟，終於認了。兩人相約於紫玉山房再續前緣。 4. 周鍾受到通報，得知公主在庵觀，於是前來一探究竟，沒看到公主，只看到周世顯。 5. 因為事跡敗露，周世顯心生一計，順水推舟，與周鍾約定前往紫玉山房迎接彩鳳還朝。 6. 後有《上表》一齣，描寫公主在紫玉山房等待周世顯到來，怎知等到的是「出賣」，憤恨欲死，經由周世顯解釋過後，才共謀大計，欲逼清帝安葬先帝、釋放太子，事成之後，兩人雙雙仰藥以證氣節。
7	1. 清朝朝堂上，所有臣子皆服滿裝。周世顯上殿，身穿白色明朝官服，表示戴國孝。 2. 周世顯當堂宣表，讓清帝不得不嘆長平公主有智謀。 3. 在周世顯與清帝幾番對峙後，清帝假裝依允，使公主放心上殿。 4. 公主穿戴白色冠服上殿，與清帝對峙。發現清帝哄騙她入朝，便悲切得放聲大哭、大罵朝堂。 5. 清帝使威風，哪知公主哭殿使眾明遺臣跟著悲切起來。逼得他不得不寫下詔書，應允了。 6. 清帝為了安撫朝臣，問眾臣有哪朝皇帝對待前朝帝女如此恩厚，眾臣應允。	1. 《香夭》 2. 清朝堂上，一半是漢服官員，一半是滿服官員。周世顯穿著明朝服裝上朝。 3. 周世顯對清帝明褒暗貶，當堂宣讀公主表章，清帝假裝依允，騙使公主上殿。 4. 公主上殿，用目橫掃前朝舊臣，使他們俯首自愧。 5. 長平公主發現清帝哄騙她入朝，周世顯建議公主將悲聲放。 6. 公主哭殿，使舊臣紛紛受到打動。 7. 清帝無可奈何，只好依允公主的要求。並命公主赴馬二人立刻成婚，公主要求將花燭設在月華宮外，清帝應允。

	7. 公主仍有一事相求，清帝表現出不耐煩。公主要求在月華殿重辦婚禮，清帝準許。	
8	1. 時間是深秋，楓紅滿樹，增添悲涼。 2. 花燭禮上只有公主、駙馬二人。兩人交拜，喝下毒酒後，倒在一起，身亡。 3. 公主駙馬唱的句子少，多數是幕後合唱。	1.《香夭》最後一段 2. 駙馬令宮女退下，舞台上只留下公主與赴馬二人。 3. 公主駙馬兩人對唱，情深意切，行交拜禮後仰藥自殺，相擁身亡。 4. 初期尚有安排公主駙馬乃觀音座下金童玉女〔註1〕，兩人死後升天，兩個電影版本都還有這樣的橋段，後來舞台版本演到《香夭》便結束了。〔註2〕

表三、歌仔戲《帝女・萬歲・劫》與粵劇《帝女花》情節對照表

	《帝女・萬歲・劫》情節	粵劇《帝女花》情節
1	1. 公主與駙馬從未見面，駙馬出現在公主的夢魘中。 2. 周世顯只存在於人物口頭之中。	1.《樹盟》 2. 由昭仁公主上場，告訴觀眾父皇要替長平姐選駙馬。其中只有「愁雲戰霧照南天」提及亂事。昭仁與長平公主談論選駙馬之事，長平言道本無選駙馬之心，無奈父王催粧有意。 3. 周鐘帶領周世顯上殿應選。周世顯抬頭一望公主已被驚艷。 4. 長平公主出言與周世顯針鋒相對。後公主青睞周世顯的才貌，吟詩使周鐘知道周世顯雀屏中選。

〔註1〕「（清帝望空長拜介花下句）帝女前生為玉女，金童卻是駙馬郎。」見唐滌生：《帝女花》第六場《香夭》，頁151。

〔註2〕「……開戲師爺總要想辦法讓觀眾離場時輕輕鬆鬆，就算不能皆大歡喜，也不讓觀眾帶著沉重的心情回到現實世界去。『帝女花』於是有一個略為滑稽的結局：放下一幅描着天上人間景緻的軟幕，中間挖空兩個洞，生旦把頭穿出來，象徵金童玉女升仙之後永無止境的美好。那滑稽結局，只演了幾晚，覺得不好，就不再用了，只用幾個太監拿黃綾遮擋宮主駙馬。」見白雪仙口述，邁克撰文：〈仙鳳鳴劇團第四屆演出特刊〉，收錄於盧瑋鑾主編：《姹紫嫣紅開遍——良辰美景仙鳳鳴（纖濃本）》，（香港：三聯書店，2004年），無頁碼。

		5. 含樟樹吟詩定情後突然雷電大作，眾人皆知這是不祥之兆，公主與駙馬則互相盟誓，情意綿綿。
2	僅由演員口頭訴說，李自成並無實際出現。	僅在《香劫》中由演員口頭訴說，李自成並無實際出現。
3	1. 明末。 2. 某武將告知崇禎闖賊勢如破竹，已經攻到奉天門外了。 3. 崇禎自認大限已到，要王承恩快帶太子走，又要處理後宮。 4. 王承恩原以為要連后妃、公主一同帶走，卻不想是要將她們賜死。 5. 后妃俱領受死，長平接下三尺綾羅，又見母后、袁妃自縊，飽受驚嚇。 6. 公主回憶起母后對她的教誨，又想到紅羅應該是用在花燭而不是索命。她想到了駙馬。 7. 長平聽見昭仁的慘叫。原來想見駙馬一面地她，想起應該對父皇盡忠。 8. 長平與崇禎訴父女之情。長平欲執劍自殺，卻被崇禎打掉。 9. 崇禎驚醒，將長平砍暈。砍暈長平後，與王承恩上煤山謝民愛。	1. 《香劫》 2. 崇禎與二后妃談及國家遭逢禍亂，交代太子與二皇子的去向。 3. 崇禎：「孤王生平所愛，就係一個年方十五歲嘅長平公主，怕只怕天禍紅顏。」 4. 周鐘呈報選定駙馬之事，崇禎宣召周世顯上殿。 5. 周世顯習文，崇禎嘆：「亂世文章有乜嘢用吖」令周世顯自慚。周鐘趁機推薦自己的兒子周寶倫為駙馬。 6. 崇禎傳諭禮部，冊封周世顯配長平公主，賜駙馬名銜。 7. 周寶倫報宦官偷開彰義門，李闖已進皇城。崇禎自知大勢去矣。 8. 周后與袁妃求死，崇禎賜下紅羅下場。後公主由周鐘口中得知母后、袁妃俱死。 9. 崇禎賜死后妃後，周世顯告知欲替岳父死，崇禎嘆自己無法救社稷，希望能死社稷。后妃已死，剩下長平昭仁兩位公主，未免汙辱，萬不能留二人在人間。 10. 周世顯沉痛萬分，崇禎要周世顯別怨他太狠，世顯欲阻止，但崇禎心意已決，世顯只恨書生無力護紅顏。長平公主上殿，察覺不對勁，崇禎欲說而說不出，公主轉向問駙馬，駙馬有口難言，最後周鐘開口告知。 11. 長平公主願從容就義，世顯與之拉拉扯扯，公主無法自縊。後崇禎發現公主未死，便拔劍刺殺，周世顯欲阻止，卻在過程中與公主失散。

		12. 崇禎先誤殺昭仁，後刺長平。之後往煤山自盡。
		13. 周鍾發現公主未死，將之救回。周世顯衝入，詢問宮人公主去向，宮人回答屍體已被周鍾帶回家。
4	周世顯只存在於人物口頭之中，因此相關劇情皆無。	1. 《乞屍》
		2. 周寶倫與周鍾同謀，要將公主獻與清廷以求富貴。
		3. 公主與周瑞蘭聽見，趁周鍾父子出門之際，公主求死。瑞蘭不恥父兄行為，適逢維摩庵老道姑前來，瑞蘭得知慧清道姑已死，公主聽聞後心生一計，與瑞蘭、道姑商議以假亂真，逃脫虎口。
		4. 周瑞蘭告知父兄公主已毀容自殺，並留下血書。
		5. 周世顯前來乞屍，周鍾不敢給別人知道公主死因，只給周世顯看一半的遺書，並說公主屍體已葬入江海中。
		6. 周世顯欲殉情，卻受嘲諷；周瑞蘭看他情真意切，語露玄機。
		7. 周瑞蘭向周鍾請走紫玉山房，以便照料公主。
5	周世顯只存在於人物口頭之中，因此相關劇情皆無。	1. 《庵遇》
		2. 長平公主在庵觀外想起過去，心中好不慘然：「……不求樂昌圓破鏡，只憑魂夢哭皇陵。」
		3. 周世顯偶至庵觀，發現那道姑好像公主，便上前詢問。長平公主先是不認，周世顯撒潑使公主心軟，終於認了。兩人相約於紫玉山房再續前緣。
		4. 周鍾受到通報，得知公主在庵觀，於是前來一探究竟，沒看到公主，只看到周世顯。
		5. 因為事跡敗露，周世顯心生一計，順水推舟，與周鍾約定前往紫玉山房迎接彩鳳還朝。

		6. 後有《上表》一齣，描寫公主在紫玉山房等待周世顯到來，怎知等到的是「出賣」，憤恨欲死，經由周世顯解釋過後，才共謀大計，欲逼清帝安葬先帝、釋放太子，事成之後，兩人雙雙仰藥以證氣節。
6	1. 清初。 2. 長平在庵觀中敲打木魚。 3. 周奎回溯當天入宮救出公主的時候；公主回想起劫後餘生，上天又為何要讓她生。 4. 周奎想著要如何重新再起；公主想起駙馬。 5. 此時周奎聽見當朝聖旨，便發現機會來了，於是入庵觀與公主講話。 6. 公主原先不屑入朝，後來被周奎用太子被困說服，為救太子而要入新朝。	1. 《香夭》 2. 清朝堂上，一半是漢服官員，一半是滿服官員。周世顯穿著明朝服裝上朝。 3. 周世顯對清帝明褒暗貶，當堂宣讀公主表章，清帝假裝依允，騙使公主上殿。 4. 公主上殿，用目橫掃前朝舊臣，使他們俯首自愧。 5. 長平公主發現清帝哄騙她入朝，周世顯建議公主將悲聲放。 6. 公主哭殿，使舊臣紛紛受到打動。 7. 清帝無可奈何，只好依允公主的要求。並命公主赴馬二人立刻成婚，公主要求將花燭設在月華宮外，清帝應允。
7	1. 長平換上白衣白冠，戴重孝。 2. 周奎見到白衣白冠深怕清帝動怒。長平作勢要走，卻被周奎攔下，並建議她一哭二鬧三上吊，以救出太子。 3. 清帝上場與眾臣一搭一唱，塑造自己公正、慈悲的形象，令長平不恥。 4. 長平出言斥責，清帝也自有盤算，想要鎮壓公主的氣勢。 5. 周奎提醒公主救太子要緊，於是長平將自己的情緒壓下。 6. 長平提起崇禎自縊，舊臣為之動容。清帝為了安撫，便說「順從者定用之不疑」，收買人心。 7. 長平看不下去想走，卻又心繫太子。 8. 清帝知道長平的心意，但他想到了一個妙計。他提議納長平為妃，冤家宜解不宜結。	1. 《香夭》最後一段 2. 駙馬令宮女退下，舞台上只留下公主與赴馬二人。 3. 公主駙馬兩人對唱，情深意切，行交拜禮後仰藥自殺，相擁身亡。

	9. 長平驚怒，提起已經有許配的駙馬。但這不足以令清帝卻步，反而變成壓倒長平的最後一根稻草。	
	10. 眾臣附和清帝的意願，長平束手無策。	

表四、客家戲《長平公主》與粵劇《帝女花》情節對照表

	客家戲《長平公主》情節	唐滌生《帝女花》粵劇情節
1	由高瑞蘭在維摩庵內念佛，侍女銀鈴摘了由月華宮移植到維摩庵的含樟樹，並將花交給高瑞蘭，令其睹物思人，想起長平公主。並問道：「長平姊姊，你與駙馬兩人可好？真羨慕你們兩人，果真在天一對比翼鳥，在地也成連理枝。每次瑞蘭我回到維摩庵，看見從月華宮移到維摩庵的含樟樹，就會想起公主姐姐，想起昔日一段亂世情緣。」	並無此引子。
2	1. 公主上場。高昇帶周世顯上場。 2. 公主設鳳台招選駙馬，看見周世顯下跪以後開始你一來我一往的唇槍舌戰。而後公主答辯不出，賜酒，為剛才的言語道歉。 3. 公主吟詩一首表明相中周世顯。 4. 而後周世顯向公主表明心跡，希望以後能夠像含樟樹一樣長在公主身邊保護她。 5. 而公主也說希望周世顯能夠像含樟樹一樣一直在她身邊。	1. 由昭仁公主上場，告訴觀眾父皇要替長平姐選駙馬。其中只有「愁雲戰霧照南天」提及亂事。昭仁與長平公主談論選駙馬之事，長平言道本無選駙馬之心，無奈父王催粧有意。 2. 周鐘帶領周世顯上殿應選。周世顯抬頭一望公主已被驚艷。 3. 長平公主出言與周世顯針鋒相對。後公主青睞周世顯的才貌。後公主青睞周世顯的才貌，吟詩使周鐘知道周世顯雀屏中選。 4. 含樟樹吟詩定情後突然雷電大作，眾人皆知這是不祥之兆，公主與駙馬則互相盟誓，情意綿綿。
3	1. 從帝后談話間知道時逢世亂，皇帝最愛的是長平公主。 2. 經由高昇稟報後知道公主選中周世顯。 3. 周世顯受封駙馬同時，闖賊殺入皇宮中，皇后自縊，皇帝欲殺長平公主。公主駙馬兩人在金殿上相擁難分。	1. 崇禎與二后妃談及國家遭逢禍亂，交代太子與二皇子的去向。 2. 崇禎：「孤王生平所愛，就係一個年方十五歲嘅長平公主，怕只怕天禍紅顏。」 3. 周鐘呈報選定駙馬之事，崇禎宣召周世顯上殿。

	4. 公主受了一劍昏厥，眾人皆以為公主已死。 5. 高昇返回金殿上發覺公主未死。由唱段可知高昇已經想將公主出賣。		4. 周世顯習文，崇禎嘆：「亂世文章有乜嘢用吖」令周世顯自慚。周鐘趁機推薦自己的兒子周寶倫為駙馬。 5. 崇禎傳諭禮部，冊封周世顯配長平公主，賜駙馬名銜。 6. 周寶倫報宦官偷開彰義門，李闖已進皇城。崇禎自知大勢去矣。 7. 周后與袁妃求死，崇禎賜下紅羅下場。後公主由周鐘口中得知母后、袁妃俱死。 8. 崇禎賜死后妃後，周世顯告知欲替岳父死，崇禎嘆自己無法救社稷，希望能死社稷。后妃已死，剩下長平昭仁兩位公主，未免汙辱，萬不能留二人在人間。 9. 周世顯沉痛萬分，崇禎要周世顯別怨他太狠，世顯欲阻止，但崇禎心意已決，世顯以恨書生無力護紅顏。長平公主上殿，察覺不對勁，崇禎欲說而說不出，公主轉向問駙馬，駙馬有口難言，最後周鐘開口告知。 10. 長平公主願從容就義，世顯與之拉拉扯扯，公主無法自縊。後崇禎發現公主未死，便拔劍刺殺，周世顯欲阻止，卻在過程中與公主失散。 11. 崇禎先誤殺昭仁，後刺長平。之後往煤山自盡。 12. 周鐘發現公主未死，將之救回。周世顯衝入，詢問宮人公主去向，宮人回答屍體已被周鐘帶回家。
4	1. 長平公主發現高氏父子想要將她出賣，透過高瑞蘭的巧計偷樑換柱，讓她以道姑的身分躲藏避世。 2. 高氏父子以為公主自殺死去，富貴原來只是水中撈月、空裡拈花。 3. 侍女銀鈴也知道公主下落。 4. 駙馬沒有出現。		1. 周寶倫與周鐘同謀，要將公主獻與清廷以求富貴。 2. 公主與周瑞蘭聽見，趁周鐘父子出門之際，公主求死。瑞蘭不恥父兄行為，適逢維摩庵老道姑前來，瑞蘭得知慧清道姑已死，公主聽聞後心生一計，與瑞蘭、道姑商議以假亂真，逃脫虎口。

		3. 周瑞蘭告知父兄公主已毀容自殺，並留下血書。
		4. 周世顯前來乞屍，周鍾不敢給別人知道公主死因，只給周世顯看一半的遺書，並說公主屍體已葬入江海中。
		5. 周世顯欲殉情，卻受嘲諷；周瑞蘭看他情真意切，語露玄機。
		6. 周瑞蘭向周鍾請走紫玉山房，以便照料公主。
5	1. 周世顯在庵堂巧遇化身道姑的長平公主。長平並不願意相認，周世顯不願意放棄，在幾番嘗試之下終於讓公主認了他，但也因此公主的行蹤也暴露了。 2. 高氏父子來到庵堂遊說，周世顯利用高昇父子的求祿心態，暗生計謀。	1. 長平公主在庵觀外想起過去，心中好不慘然：「……不求樂昌圓破鏡，只憑魂夢哭皇陵。」 2. 周世顯偶至庵觀，發現那道姑好像公主，便上前詢問。長平公主先是不認，周世顯撒潑使公主心軟，終於認了。兩人相約於紫玉山房再續前緣。 3. 周鍾受到通報，得知公主在庵觀，於是前來一探究竟，沒看到公主，只看到周世顯。 4. 因為事跡敗露，周世顯心生一計，順水推舟，與周鍾約定前往紫玉山房迎接彩鳳還朝。
6	長平公主歡喜等待周世顯來迎娶她，等到的卻是他與高氏父子。周世顯為怕隔牆有耳，所以講了一些頹喪話。長平公主氣極，而後周世顯向長平公主表明心跡。公主寫表，希望能將計就計救出太子，並且將先皇安葬。	描寫公主在紫玉山房等待周世顯到來，怎知等到的是「出賣」，憤恨欲死，經由周世顯解釋過後，才共謀大計，欲逼清帝安葬先帝、釋放太子，事成之後，兩人雙雙仰藥以證氣節。
7	太監宣讀聖旨，言道安葬崇禎，釋放太子並且讓公主與駙馬完婚。	1. 唐滌生《帝女花》還有《香夭》一場，中間有與清帝的精彩對峙，戲比較多。 2. 清朝堂上，一半是漢服官員，一半是滿服官員。周世顯穿著明朝服裝上朝。 3. 周世顯對清帝明褒暗貶，當堂宣讀公主表章，清帝假裝依允，騙使公主上殿。

	4. 公主上殿，用目橫掃前朝舊臣，使他們俯首自愧。
	5. 長平公主發現清帝哄騙她入朝，周世顯建議公主將悲聲放。
	6. 公主哭殿，使舊臣紛紛受到打動。
	7. 清帝無可奈何，只好依允公主的要求。並命公主赴馬二人立刻成婚，公主要求將花燭設在月華宮外，清帝應允。
8	長平公主與周世顯雙雙在月華宮前完婚並仰藥殉國。
	1. 駙馬令宮女退下，舞台上只留下公主與赴馬二人。
	2. 公主駙馬兩人對唱，情深意切，行交拜禮後仰藥自殺，相擁身亡。

表五、人物對照表

	長平公主	周世顯	周　鍾	周寶倫	周瑞蘭
賈覺清《帝女花》	坤興公主朱媺娖	都尉	周鍾	無此角	無此角
唐滌生《帝女花》	長平公主朱徽妮	太僕左都尉之子	周鍾	周寶倫	周瑞蘭
王安祈《紅綾恨》	長平公主	無說明官銜身分	田大人	無此角	田小姐
施如芳《帝女・萬歲・劫》	長平公主朱長平	有此角色，但僅於其他人口中出現。	周奎	無此角	無此角
謝培竺《長平公主》	長平公主朱徽妮	太僕左都尉之子	高昇	高寶倫	高瑞蘭

表六、〈妝台秋思〉前三句唱詞聲調比對

調值	5 24 24 24 24 5 24	24 31 31 24 11 55 11 24	55 31 24 55 55 24 24
客	落 花 滿 天 遮 月 光	思 想 起 當 時 鳳 台 上	帝 女 花 帶 淚 上 香
簡譜	3 6 5 6 5 3 6	5 6 1 3 5 3 2 3	2 3 5 1 6 1 2
工尺譜	工 五 六 五 六 工 五	六 五 生 工 六 工 尺 工	尺 工 六 上 士 上 尺
粵	落 花 滿 天 蔽 月 光	借 一 杯 附 薦 鳳 台 上	帝 女 花 帶 淚 上 香
調值	22 55 13 55 33 22 55	33 55 55 22 33 22 21 22	33 13 55 33 22 13 55
註	1. 本曲譜為「任白唱片版本」，出自陳守仁《粵曲的學和唱》，香港：香港中文大學音樂系粵劇研究計劃，2007 年，頁 30。 2. 客語聲調採四縣腔。 3. 完整曲譜可見（最後查閱日期：2018/07/14）：https://www.sap.edu.hk/Custom Page/45/113.5/curriculum_p4/xian_yiao.pdf 4. 工尺譜出處同上。 5. 工尺譜為粵曲工尺譜。		

表七、黃燮清《帝女花》傳奇與唐滌生《帝女花》粵劇人物對照表

長平公主	傳奇《帝女花》	粵劇《帝女花》
憂國憂民	1. 初出場時便道明心跡，除了說明了時勢背景干戈四起，鼙鼓漁陽，文武將相皆失職外，透過唱詞可知她對國家的擔憂。 2. 只恨自己無法上前殺敵。 3. 願意將自己的嫁妝充當軍餉，有共體時艱的心。	唐滌生的公主在這方面並不明顯。
忠君愛國	1. 著重在失去家國以後的悲嘆。 2. 當崇禎要殺她時，她非常震驚：「難離母。慘呼爹。常時疼熱我。百樣愛憐咱。親生的皮和肉。怎生要殺。」〔註3〕	1. 著重在「君要臣死臣不死是為不忠」，公主從容就死，並無二話，非常果敢。 2. 她對崇禎也有父女情義，所以她告訴崇禎，願來生再做崇禎之女。

〔註 3〕黃燮清：《帝女花》第五齣《割慈》，頁 102。

	3. 雖然她旋即說：「孩兒死不足惜。只是夜台縹緲不知可能再見父母否。怕黃泉無處覓慈鴉。遊魂易飄泊。遊魂易飄泊。」〔註4〕也是聽父命的，但相較起來軟弱得多。 4. 對故國與家人展現追思與哀愁，對奸臣也非常痛憤，然而她卻對竊國的清朝心懷感恩。	3. 非常忠貞，赴死從容，對於覥顏臣子也非常痛恨。 4. 避居庵觀時，因為國破家亡，寧願存貞守樸，也不願與駙馬重圓。 5. 誓不侍奉二朝。
聰敏機智	1. 聰敏與機智沒有具體表現出來。 2. 始終處於被動，沒有什麼自主性。	1. 長平公主的聰敏機智被刻意突顯，他人是如此形容長平公主的：「王有事，必與帝女謀」、「自恃才華性情傲慢」、「我知你一世聰明」、「休說女兒筆墨無斤兩，內有千軍萬馬藏，鳳未來儀先作浪，帝女機謀比我強」、「公主比我更聰明，難許君王將約爽」。 2. 她在選婿時對周世顯一來一往的故意刁難也是富有才學的證據其一。欲招周世顯，以詩文暗示周鍾〔註5〕，也表露了她的才學。 3. 當她奉命上金殿，觀察眾人臉色，便知事有不對〔註6〕，在眾人無法開口向她言明時，她心中已有數〔註7〕。顯見得她很懂得察言觀色。 4. 急中生偷樑換柱之智。

〔註4〕黃燮清：《帝女花》第五齣《割慈》，頁102。
〔註5〕「（長平吟詩曰）雙樹含樟傍玉樓。千年合抱未曾休。但願連理青蔥在。不向人間露白頭。」見唐滌生：《帝女花》第一場《樹盟》，頁47。
〔註6〕「舒鳳眼，左右盡愁顏。父王擊案緣何嘆。世顯雙瞳有淚㗎。周將軍，俯首無威猛。白髮唏噓暗呢喃。十二宮娥低聲喊。盡都是玉腮紅淚粉脂殘。憂國心，難平賊患。也難端賴女雲鬟。再問父王難怠慢。」見唐滌生：《帝女花》第二場《香劫》，頁63。
〔註7〕「周將軍，到底君王宣召衰家有何訓諭，父不忍向女言，夫不忍向妻說，可想內容悽慘。」、「老卿家，所謂禍福天降，不能趨避。不言其慘，其情更慘。老卿家你何苦要我斷腸猜度呢？生就生，死就死，最難堪者，就係流淚眼看流淚眼。」見唐滌生《帝女花》第二場《香劫》，頁63。

		5. 上表的表文被清帝形容內有千軍萬馬藏。表是她寫的，可見有一定的才學。
		6. 在金殿上哭皇父皇母，激起遺臣情緒，迫使清帝下詔。
		7. 對於清帝的言而無信，表現得很沉著。
		8. 她於清殿上的表現，真正是機敏過人。
對愛情的態度	1. 對愛情的態度屬於傳統女性，她雖然稍微提出異議，最後仍安然接受了父母替她安排的婚姻，甚至於「有個人兒添入心窩裡」〔註8〕。 2. 在庵觀時，她也思想起未曾見過面的駙馬。 3. 後來兩人完婚，婚後生活算是愜意，也能從唱白中看出她愛夫情深。	1. 公主與駙馬兩人鳳台相見並訂約，愛情更增添合理性。 2. 對於選婿的態度，長平雖然無求偶意，但父王催粧，只好來選，但是她選婿「難從濁裡求」，「若是無緣怎生將就」，如果沒有選到合適的，則「甘自寂寞看韶華溜」，她的選婿是為了父王，為了國家，當然不能隨便，因而她出言是為了試探周世顯的才幹。 3. 對於自己的選擇，即便日後同死，她也無怨無悔。 4. 在庵觀中存貞守樸時，雖然也想到駙馬，但她並不認為破鏡可以重圓。甚至為了忠孝，能夠犧牲愛情，不認駙馬。 5. 直到長平公主為周世顯的哭聲與癡情感動，才願意與他破鏡重圓。
周世顯	**傳奇《帝女花》**	**粵劇《帝女花》**
憂國憂民	1. 憂國憂民但對時事無力，也無挽救之法。 2. 將國家受禍的緣由，歸為是東林獄起，朝綱毀壞，以至今日	如同長平公主，周世顯對於國家的亂離感慨表現得不那麼明顯。

〔註8〕「【前腔】眉銜一段悲。語雜三分喜。有箇人兒添入心窩裏。婚姻值亂離。好驚疑。向風火堆中繫彩絲。惟願取聘錢十萬充軍費。不煩他宮女三千作嫁衣。朱媺娖吓朱媺娖。你雖有所歸。只是又添許多挂礙了。從今起。便莊生化蝶也向他飛。渺茫茫一點情兒。蕩悠悠一縷魂兒。須索要跟隨你。」見黃燮清《帝女花》第二齣《宮歎》，頁87。

	亂局。而天下亂至此，乃因朝堂上的庸臣卻仍然內鬥、內耗。 3. 對於禍國殃民的臣子，表現得非常憤恨。	
忠君愛國	並無忠君護主，而是感懷故主，憑弔亡者。	1. 他願意在危急時刻做替身保崇禎，很是勇敢。 2. 以用帝女還朝作為籌碼，要讓清帝安葬崇禎、釋放太子。如若不成，他便要以頸血濺宮曹〔註9〕；如若事成，他便要與公主雙雙仰藥。這是一種氣節，也是他身為大明臣子的愛國表現。
聰敏機智	並沒有特別能夠發揮出他機智聰敏的劇情。	1. 富有才華。 除了他上場詩白「敏捷當如曹子建，瀟灑當如秦少游」的自許之外〔註10〕，當公主問他「士有百行以何為首」時，他能夠立即回應，在公主問他對風雷交加有何看法時，他也立刻作詩一首，詩中意涵令公主很是欣賞。 2. 臨場反應佳。 《庵遇》時他要逼公主將他重認，一步一步向前行，公主出招，他就接招，不但接招，他也會還手；在被識破公主未死時，周世顯卻立刻將計就計，用公主還朝來做籌碼，逼清帝釋放太子以及安葬先帝。他還將周鍾矇騙過去，臨場反應非常地好。

〔註 9〕「銀簪驚退可憐夫，待把哀懷和淚訴，聰明如清帝，狂士未糊塗，施恩欲買前朝寶，帝女何妨善價沽，眼前只剩一段姻緣路，哭先帝桐棺未葬，哭太子被虜皇都。若得帝女花，肯重作天孫嫁，先帝可回葬皇陵，免太子長歸臣虜。公主，清帝派來十二宮娥，雖然身著明服，仍是清室之人，我之所以假做負恩者，無非怕洩漏風聲，難成大事嗻。」見唐滌生：《帝女花》第五場《上表》，頁 128。

〔註10〕全詩為「孔雀燈開五鳳樓，輕袍暖帽錦貂裘。敏捷當如曹子建，瀟灑當如秦少遊。」見唐滌生：《帝女花》第一場《樹盟》，頁 44。

		3. 有勇有謀。 周世顯上了金殿以後並無下跪拜，清帝雖然不悅然而為了達成目的，暫時忍下。而周世顯更出語譏諷〔註11〕，讓觀眾看到了他帶著凌霄壯志視死如歸的勇氣。
對愛情的態度	1. 思念公主，願與之同死，非常情深。 2. 得知公主帶髮修行，為她傷心。 3. 公主死後，悲痛非常。 4. 聽聞公主也在聽佛法，非常欣喜地要前往相聚。	1. 非常癡情。在《香劫》不忍公主被賜死，崇禎要把他差下龍廷，他報柱狂叫哀求要見公主。 2. 公主上殿以後，他跟著公主分牽帝衣，公主求死，他求饒恕。 3. 但崇禎心已定，公主也不願偷生，周世顯願與她同死。 4. 還未成婚仍願意將公主帶回家一生供奉。 5. 因深情而癡情，多次想殉難皆不可得。 6. 最後與公主一同殉國殉情。

〔註11〕「清帝：周駙馬，試問歷代興亡，有幾多個新君肯體恤前朝帝女呢，我想知道當長平公主見到香車迎接嘅時候，一定會百拜喜從天降。
周世顯：皇上，歷史上雖無體恤前朝帝女之君，卻有假意賣弄慈悲之主，難怪公主見香車驚喜交集。
清帝：吓，驚從何來？
周世顯：公主所喜者乃是福從天降，所驚者，乃是驚皇上借帝女花沽名釣譽，騙取民安。
清帝：周駙馬，孤王有覆滅一朝之力，又點會無安民之策呢。小小一個前朝帝女，重不過百斤，究竟能有幾多力量。
周世顯：皇上，所謂取一杯之水，不能分潤天下萬民，借帝女之花，可以把全國遺民收服。公主雖然弱質纖纖，年方十六，若果要權衡輕重，可以抵得十萬師干。
清帝：周駙馬，你出言縱有千斤重，好在我有容人海量未能量。你見否殿前百酌鳳凰筵，後有刀光和斧杖。
周世顯：倘若殺人不在金鑾殿，一張蘆蓆可以把屍藏。倘若殺身恰在鳳凰台，銀槨金棺難慰民怨暢。」見唐滌生：《帝女花》第六場《香夭》，頁140。「有幾多個新君肯體恤前朝帝女呢。」之「幾多」為書面語「多少」之意，後「究竟能有幾多力量」同。「我想知道當長平公主見到香車迎接嘅時候」之「嘅」為書面語「的」之意。「難怪公主見香車驚喜交集」、「驚從何來」之「驚」為書面語「害怕」之意，後「所驚者，乃是驚皇上借帝女花沽名釣譽」等皆同。「又點會無安民之策呢」之「點」為書面語「怎」之意。「你見否殿前百酌鳳凰筵」之「見否」為書面語「看見沒有」之意。

崇禎皇帝	傳奇《帝女花》	粵劇《帝女花》
悲嘆興亡	1. 崇禎已無救國方法了，只盼勤王兵到。 2. 滿朝官員也沒有良方。 3. 祈求天賜聖人，弭平災亂。	1. 悶飲嘆時艱。 2. 認為養文官武官都沒有用。 3. 事先將皇子都安置妥當。 4. 擔心亂世禍害紅顏。
舐犢情深	1. 因為無力回天，也顧不上公主，哀戚戚地唱道「你投生錯入帝王家」。 2. 長平公主的眼淚讓他悲痛非常。 3. 欲砍死長平，卻手軟不能殺。 4. 嘆道長平不如生在百姓家，沒有這樣的劫難，數行文字表露出崇禎對長平的慈愛。	1. 非常疼愛長平公主。 2. 欲賜紅羅反父不能宣諸於口，拋下紅羅後暈厥。 3. 以為殺了公主以後只透過動作演出心痛。
夫妻情義	對於后妃之死也痛斷心腸，甚至哭倒。	流露出對妻妾的感情：含淚揮淚對后妃，並說「泉台有路汝先行」，之後袖掩流淚眼。

周　鍾	傳奇《帝女花》	粵劇《帝女花》
見風轉舵 貪圖榮華	1. 認為歸降是高見。 2. 貪圖榮華。 3. 靦腆事賊。	1. 懂得把握機會，把自己的兒子推薦給崇禎以代替周世顯。 2. 對於兒子的暗示他心知肚明，卻又擔心辜負舊朝，最後用一個理由說服自己相信把長平公主交給清室是對的。
愚蠢	國家處危難之際，他仍與人飲酒作樂，因而弄不清狀況。	並無描寫此種特質。
忠心	並無描寫此種特質。	1. 當國難之際，他願意與崇禎保駕同行；後來救了公主。 2. 崇禎要殺公主時，周鍾替公主說情。 3. 公主上金殿時，一個個質問原因，問到周鍾時他哭了。 4. 在公主上清殿時，還替公主幫腔。

表八、《紅綾恨》、《帝女・萬歲・劫》、《長平公主》人物塑造對照表

長平公主	《紅綾恨》	《帝女・萬歲・劫》	《長平公主》
憂國愛民	1. 對國家遭遇亂離的感觸與憂愁很深。 2. 屢次向崇禎暗示，崇禎卻不與理會。 3. 不屑田大人這種不為國事的人。痛罵誤國之臣。 4. 對於忠臣良將很是肯定，親身下跪以表尊敬之心。 5. 結婚時只要紅綾三尺、花紅財禮散與國中眾饑民，妝奩充作軍餉費等。 6. 痛陳嘉定三屠、揚州十日。	幾乎沒有描寫。	與粵劇相同，並沒有太多描寫。
忠君愛國	1. 看重忠孝。 2. 意志堅決。 3. 深知崇禎的責任，但仍然替他掩蓋。 4. 只恨自己不是良將，也沒有學過安邦策。 5. 讚美忠臣。 6. 領受崇禎命令以後，果斷就死。 7. 選良婿希望與夫君一同盡忠報國。 8. 言道非死不入新朝。 9. 上清殿時一身素白，戴重孝。	1. 認為要盡忠孝，引此違抗君父之命就是不忠不孝。 2. 認為救太子是崇禎給她的最後一道聖旨。 3. 披麻戴孝見清君。 4. 認為亡國而不死是欺世盜名。	1. 知道自己將要領受紅羅之後，先哭喊母后，再與駙馬說話。 2. 大體而言，長平公主不願被賣，誓不入清室之心與前幾個版本無異。 3. 對於要將她當做棋子賣國求榮的奸臣是非常不齒的。 4. 她知道大勢難挽回，文武百官都已入新朝，不知道周世顯打算怎麼做時，表明不願侍二朝之心，意志堅決。

聰敏機智	1. 從她與周世顯的一來一往針鋒相對中可看出她的才智。 2. 但預設周世顯是攀龍附鳳之徒，因而擺宮中排場，想要嚇人。 3. 上表表文也內有千軍萬馬藏。 4. 直陳清帝言而無信。 5. 痛罵誤國臣子，激起遺臣情緒。 6. 對於清帝食言非常生氣，更辱罵清帝。	1. 並不明顯。 2. 她甚至遭到哄騙而上清庭。 3. 對於清帝的言語非常生氣，屢次想要走人，需要旁人提醒才暫時壓抑下來，較為沉不住氣。	1. 第二場保留了吟詩表示心跡的內容。 2. 第三場在金殿外發現異狀，但較不機敏。 3. 在領受紅羅之前，說道駙馬對自己情深似海，自己沒有甚麼可以埋怨的。 4. 誤會周世顯變節時，憤恨欲死；待誤會解開，認為自己沒看錯人。
對愛情的態度	1. 誤會解開後，公主覺得找到了知音，並看見了周世顯眼中的光亮。 2. 在庵觀思念駙馬時，將思念之情宣之於口，情感表現更為豐富。 3. 重遇以後，相抱相認，並沒有刻意壓抑情感，是故她愛得比較明顯。	1. 日思夜夢駙馬。 2. 對於愛情是比較保守、傳統的。 3. 臨死前仍想著未見過面的駙馬。 4. 思念駙馬時，直呼於口，台詞直白。 5. 雖然決定長伴清燈，仍然放不下駙馬。	1. 雖然開始時出言相難，但她更期待愛情，並希望周世顯說到做到。 2. 在赴死時，又因為周世顯的幾聲呼喚而轉向他，兩人難分難捨。 3. 等待破鏡重圓時，公主喜形於面，很是期待。
周世顯	**《紅綾恨》**	**《帝女・萬歲・劫》**	**《長平公主》**
憂國愛民	1. 作了一首〈可憐荷鋤翁〉陳民隱。 2. 對於公主的笙簫歌舞排場十分不悅。 3. 聽說崇禎沒有所為，心中憤慨。	無〔註12〕。	對此的態度並不明顯。

〔註12〕本劇的周世顯僅存在於公主口頭之中。

	4. 對於明朝朝廷上下的腐敗已經心灰意冷。		
忠君愛國	1. 隱姓埋名,奔東南扶保南明。 2. 上清殿時身穿白色明朝官服,表示戴國孝。	無。	1. 願為崇禎以身替難。 2. 悲痛山河易主。 3. 痛斥高氏父子,也可看出他品格高尚。 4. 想要奪回大明江山,為此計畫重回宮中,突顯志氣與忠貞。
聰敏機智	臨場反應佳。	無。	1. 基本上承襲粵劇。 2. 臨場反應佳。
對愛情的態度	1. 欣賞公主憂國愛民的態度。 2. 不似前二作一樣癡情,但心中還是有公主這個紅顏知己的。	無	1. 對於感情的表達也很顯白。 2. 對於情感的表露比前幾作都還要明顯。
崇禎皇帝	**《紅綾恨》**	**《帝女·萬歲·劫》**	**《長平公主》**
悲嘆興亡	1. 公主時常在他面前談唱〈可憐荷鋤翁〉,然而他不以為意。 2. 積弊甚深,信任宦官。	1. 半瘋,陷入幻境。 2. 識人不明。	與粵劇的差不多。
舐犢情深	拔劍殺女時,屢屢下不了手。	1. 被孤零感包圍的他,看見長平時突然流露出親情的喜悅。 2. 阻止長平揮劍自殺。 3. 父女感情較不深,在生死時刻才有必生最親近的一刻。	1. 不忍看有情人生離死別而轉身。 2. 若是有緣分,再續父女之情,這一句話則是前幾個版本都沒有的。

夫妻情義	無相關描寫。	無相關描寫。	對皇后有一個口頭的承諾，要在九泉之下長相隨。
周鍾〔註13〕	《紅綾恨》	《帝女・萬歲・劫》	《長平公主》
見利忘義	被朱純臣說服而投效清朝，甚至要將公主獻上。	1. 在清帝說話時，又屢屢附和清帝言語，尤其是清帝說要長平來跟他共枕眠的時候，周奎還說「皇上，人說龍交龍、鳳交鳳，冤家變親家是好事情，是好事情。」 2. 是一個見風轉舵的小人，大明禮教對他來說沒有用，寧做太平犬，不為前朝戰，能夠重登榮華才是重點。	想要出賣公主，賣主求榮。
愚蠢	田大人不但不懂公主對他的諷刺，不知自己的阿諛諂媚對公主是沒用的，甚至不懂國家情況有多危急。	無相關描寫。	無相關描寫。
城府甚深		為了自己的榮華富貴，用公主的弱點誆騙公主回朝。	1. 救公主時，便已經「心內有主張」。 2. 迎鳳時，跟兒子一同在門外偷聽公主與駙馬說話，確認他們是否真的要降清。

〔註13〕此角在不同劇作中或有不同名稱，本表統一用周鍾表示。

附錄一、吳梅村〈思陵長公主輓詩〉〔註14〕

貴主徽音美，前朝典命光。鴻名垂遠近，哀誄著興亡。托體皇枝貴，承休聖善祥。
母儀惟謹肅，家法在矜莊。上苑穠桃李，瑤池小鳳凰。鸞音青繡雁，魚笏皂羅囊。
沉燎熏爐細，流蘇寶蓋香。禊期陪祓水，繭館助條桑。綠綬芃蘭佩，紅螭薜荔璋。
錫封需大國，喚仗及迴廊。受冊威儀定，傳烽羽檄忙。司輿停鹵簿，掌瑞徹珩璜。
婺宿明河澹，薇垣太白芒。至尊憂咄吒，仁壽涕彷徨。酈邑年方幼，瓊華齒正芳。
艱難愁付托，顛沛懼參商。文葆憐還戲，勝衣泣未遑。從容咨傅母，倥急詢貂璫。
傳箭聞嚴鼓，投簽見拊牀。內人縫使甲，中旨票支糧。使者填平朔，將軍帶護羌。
寧無一矢救，足慰兩宮望。盜賊狐篝火，關山蟻潰防。逍遙師逗撓，奔突寇披猖。
牙纛看吹折，梯衝舞莫當。妖氛纏象闕，殺氣滿陳倉。天道真蒙昧，君心顧慨慷。
剖慈全國體，處變重宗潢。冑子除華紱，家丞具急裝。敕須離禁闥，手為換衣裳。
社稷仇宜報，君親語勿忘。遇人崇退讓，慎己舊行藏。國母摩笄刺，宮娥掩袂傷。
他年標信史，同日見高皇。元主甘從殉，君王入未央。抽刀凌左闈，申脰就干將。
嚏血彤闈地，橫屍紫籞汪。絕吭甦又咽，瞑睫倦微揚。裹褥移私第，霑胸進勺漿。
誓肌封斷骨，茹戚吮殘創。死早隨諸妹，生猶望二王。股肱羞魏相，肺腑恨周昌。
賊遁仍函谷，兵來豈建康。六軍勞面慟，四海遏音喪。故國新原廟，群臣舊奉常。
賵圭陳厭翟，題湊載轀輬。隧逼賢妃冢，山疑望子岡。銜哀存父老，主祭失元良。
訣絕均坏土，飄零各異方。衣冠羸博葬，風雨鵁鶄行。浩劫歸空壤，浮生寄渺茫。
玉真圖下髮，申伯勸承筐。沇浦餘堯女，營丘止孟姜。君臣今世代，甥舅即烝嘗。
湯沐鄉亭秩，家門殿省郎。淒涼脂粉磑，零落綺羅箱。宅枕平津巷，街通少府墻。
畫閒偕妯娌，曉坐向姑嫜。偶語追銅雀，無聊問柏梁。豫遊推插柳，勝跡是梳妝。
菡萏鴛鴦扇，茱萸鸚鵡觴。大庖南膳廠，奇卉北花房。暖閣葫蘆錦，溫泉豆蔲湯。
雕薪獅首炭，甜食虎睛糖。壯麗成焦土，榛蕪拱白楊。麇遊鵁鶄觀，苔沒鬥雞坊。
苟灌心惆悵，秦休志激昂。崩城身竟殞，填海願難償。命也知奚憾，天乎數不臧。
累歔床簀語，即窆寢園傍。半體先從父，遺骸始見娘。黃泉母子痛，白骨弟兄殤。
夙昔銅駝泣，諸陵石馬荒。三年修荇藻，一飯奠嵩邙。寒食重來路，新阡宿草長。
溪田延黍稼，隴笛臥牛羊。朽壤穿螻蟻，驚沙起鷓鴣。病樗眠廢社，哀葦折寒塘。
列剎皇姑寺，馱經內道場。侍鬟稱練行，小像刻沉香。玉座懸朱帳，金支渡法航。
少兒添畫燭，保媼伴帷堂。露濕丹楓冷，星稀青鳥翔。幡旌晨隱隱，鈴鐸夜鏘鏘。

〔註14〕見〔清〕吳梅村：〈思陵長公主輓詩〉，《梅村集》，收錄於《文淵閣四庫全書》，
　　　　（臺北：臺灣商務，1984年），冊1312，頁163。

控鶴攀龍馭，驂麟謁帝閽。靈妃歌縹緲，神女笑徜徉。苦霧迷槐市，雌霓繞建章。
歸鄘思五廟，涉漢淚三湘。柔福何慚宋，平陽可佐唐。虞洲瞻返日，蒿裏叫飛霜。
自古遭兵擾，偏嗟擁樹妨。魯元馳孔亟，芊季負倉黃。漂泊悲臨海，包含恥溧陽。
本朝端閫閾，設制勝嚴疆。虞順惇恭儉，時危植紀綱。英聲起北地，雅操邁東鄉。
新野墳松直，招祇祠柏蒼。薤歌雖慘澹，汗簡自輝煌。諡號千秋定，銘旌百禩彰。
秦簫吹斷續，楚挽哭滄浪。

附錄二、張宸〈長平公主誄〉〔註15〕

　　松江張宸長平公主誄曰：長平公主者，明崇禎皇帝女，周皇后產也。甲
申之歲，淑齡一十有五，皇帝命掌禮之官詔司儀之監，妙選良家，議將降主。
時有太僕公子，都尉周君名世顯者，將築平陽以館之，開沁水以宅之，貳室
天家，行有日矣。夫何蛾賊鴟張，逆臣不誠，天子志殉宗社，國母嬪嬙慷慨死
焉。公主時在樨齡，御劍親揮，傷頰斷腕，頹然玉折，賷矣蘭摧。賊以貴主既
殞，授尸國戚，覆以錦茵，載歸椒里。越五宵旦，宛轉復生。泉途已宮，龍髯
脫而劍遠，蘭熏罷殿，蕙性折而神枯。順治二年上書今皇上：「兒死臣妾，踖
蹐高天，髡緇空工，庶申罔極。」上不許，詔求元配，命吾周君，故劍是合，
土田邸第，金錢牛車，錫予有加，稱備物焉。嗟夫，乘皇鳥扇引，定情於改朔
之朝。金犢車來，降禮於故侯之第。人非鶴市，慨紫玉之重生，鏡異鸞臺，看
樂昌之再合。金枝秀發，玉質含章，逢德曜於皇家，迓桓君於帝女。然而心戀
宮帷，神傷輦路，重雲畢陌，何心金榜之門，飛霜穀林，豈意玉蕭之館，弱不
勝悲，溘焉薨逝。當扶桑上仙之日，距穠李下嫁之年，星燧初周，芳華未歇，
嗚呼悲哉，都尉君悼去鳳之不留，嗟沉珠之在殯，銀臺竊藥，想奔月以何年，
金殿煎香，思返魂而無術。越明年三月之吉，葬於彰義門之賜莊，禮也，小臣
宸薄游京輦，式覩遺容，京兆雖阡，誰披柘館，祁連象冢，祇叩松關，擬傷逝
於子荊；朗香空設，代悼亡於潘令，遺掛猶存，敢再拜為誄云。又孫承澤《春
明夢餘錄》曰公主名徽娖。

〔註15〕見〔清〕吳梅村：〈思陵長公主輓詩〉後附，見其著《梅村集》，收錄於《文
　　　淵閣四庫全書》，（臺北：臺灣商務，1984年），冊1312，頁165。